KB270932

이훈구 교수의

심리학 이야기

法 文 社

머리말

　　심리학은 누구나 알고 싶어 하는 학문이다. 그런데 심리학은 어렵다. 일반인들이 나에게 심리학책을 소개해 달라고 할 때마다 난감하다. 물론 심리학의 어느 특정분야 예컨대 임상심리학이나 상담심리학에 관해 이야기를 쉽게 쓴 책은 몇 권 나와 있다. 그러나 이런 책은 심리학 전반이 아닌 일부 분야만을 다룬 것이다.

　　그러면 심리학 전반을 이해하려면 어떻게 해야 하나? 심리학 개론서를 읽어야 한다. 그런데 심리학 개론서는 일반인이 읽기에 너무 어렵다. 현재 전국 대학의 거의 모든 심리학과에서 과 교수들이 공동으로 쓴 심리학 개론서가 있다. 그러나 이런 개론서는 한결 같이 어렵다.

　　일반인들이 심리학을 쉽게 이해할 수 있는 책을 써야겠다는 생각을 한 지는 상당히 오래되었다. 그러나 개인 사정, 출판사 선정문제로 시일이 늦어졌다. 어떻게 심리학을 쉽게 전달할 수 있을까? 한참 고민하다 문득 실마리를 얻었다. 심리학을 이론이나 실험결과를 장황하게 열거하기보다 이야기식으로 설명하면 좋을 것이란 생각을 했다. 그래서 책의 제목도 이야기임을 강조했다. 우리가 할아버지 할머니로부터 옛날이야기를 재미있게 듣듯이 심리학도 이야기조로 만들어 보자는 것이었다.

　　이야기식의 심리학, 이런 착상은 그럴 듯하기는 하지만 막상 작업을 해보니 그것이 쉬운 일은 아니었다. 이야기식으로 심리학책을 꾸미기 위해서는 먼저 각 심리학분야마다 제일 주요한 줄거리가 무엇인가를 찾아야만 했다. 각 분야의 심리학에서 제일 중요한 주제를 두서 너 가지로 압축하고 이를 이야기하듯 풀어야한다. 이런 작업을 하느라고 많은 고생을 했다.

최근에 심리학의 각 분야도 명암이 엇갈리고 있다. 법심리학 같은 새롭게 떠오르는 분야가 있는 반면 어떤 분야는 퇴조하고 있다. 이 책은 현대 심리학의 이러한 사조를 반영하였다.

드디어 오랜 산고 끝에 책이 탄생되었다. 책이 의도대로 쉽게 쓰여졌고 재미가 있는지는 나로서는 판단할 길이 없다. 여러 독자가 판단할 일이다. 그래서 책을 내놓고 마음이 조마조마하다.

이 책이 심리학 전반을 이해하는 데 도움이 되지만 완벽하지는 않다. 그 이유는 일반인들이 쉽게 이해할 수 없는 분야는 일부러 제외했기 때문이다. 예컨대 지각심리학, 생리심리학은 심리학의 아주 중요한 분야이지만 이 분야를 쉽게 풀어 쓰는 것은 저자의 능력을 벗어난다. 그래서 다루지 못했다.

이번에도 법문사에 많은 신세를 졌다. 저자에게 각별한 애정을 표해준 법문사 배효선 사장님 이하 편집의 예상현 선생님, 그리고 위호준 차장님에게 깊은 감사를 드린다.

2005년 1월
위당관 407호에서

저자 씀

제 9 장　천재가 되고 싶습니까?; 지능의 발견

제 10 장　심리가 발달을 한다; 발달심리학

1장

여러분은 어떤 성격을 가지고 있나요. 내성적? 외향적? 그렇다면 여러분은 왜 그러한 성격의 소유자가 되었나요? 아니 내 성격에 대해 제대로 알고자 한 적은 있는지 스스로 질문해봅시다.

사람의 성격은 단순히 몇 가지 분류로 나뉘어 질 수 있는 사안이 아닙니다. 저마다의 인생이 가지각색이듯 사람의 성격도 너무나 다양하게 나타납니다.

역술인들은 사람의 사주를 보고 그 사람의 과거와 미래를 점쳐봅니다. 그렇다면, 한 날 한 시에 태어난 쌍둥이의 인생은 똑같아야 할까요? 하지만 현실 세계에서는 그렇지 않습니다. 이들 쌍둥이를 전혀 다른 환경에서 자라게 하면 그들의 인생은 너무나 다르게 흘러가겠죠. 우리가 주목해야 할 점이 바로 이 부분입니다. 같은 유전자를 가지고 한날한시에 태어난 사람이라도 환경과 자신의 의지에 의해 정반대의 인생 그림이 그려질 수도 있다는 사실.

그렇다고 우리의 타고난 성격은 무시해도 된다고 여긴다면 그것 또한 엄청난 착각입니다. 무엇보다 중요한 것은 우리의 인생에 있어 가장 밑거름이 되는 성격의 기초가 튼튼해야 한다는 것입니다. 그 성격 위에 인생의 목표를 정하고, 행동으로 실천한다면 성공하는 삶으로 가는 지름길이 보입니다.

그런 의미에서 여기에서는 같은 성격을 가졌지만 정반대의 인생을 살게 된 위대한 지도자 간디와 부모토막살해범 이○○의 성격과 행동 양식을 비교하면서 타고난 성격이 환경에 따라 어떻게 바뀌고 인생까지 뒤바꿀 수 있는지 이해해보기로 하겠습니다.

간디 VS 부모 토막살해범; 같은 성격, 정반대의 인생

타고난 성격은 인생을 좌우한다!

내성적인 성격 덕에 노벨상을 수상한 고이치

　매년 노벨상이 발표될 때마다 우리는 항상 기대하곤 합니다. 이번엔 혹시 우리나라도? 하지만 지금까지는 언제나 '꽝'. 그러던 와중에 지난 2002년 이웃나라 일본에서 노벨화학상 수상자가 나왔다는 소식을 듣게 되었습니다. 부러움 반 질투 반으로 그 소식을 들은 필자는 수상자의 경력을 듣고 다시 한번 놀라지 않을 수 없었습니다.

　노벨상 수상이라는 영광을 차지한 그는 대학교수도, 박사도 아닌, 학사 출신의 그저 평범한 회사원이었기 때문입니다. 그런 사실이 알려지자 일본은 물론이고 전세계까지 그 비범한 일반인에게 놀랐습니다.

세계를 놀라게 한 주인공은 바로 일본 시미즈제작소 분석계측사업부 생명공학 연구소 다나카 고이치 주임. 노벨상 수상자 이름이 밝혀졌을 때 그의 회사 동료들뿐만 아니라 그의 어머니조차 동명이인이라고 생각했을 정도라니 그 놀라움은 가히 짐작하고도 남음이 있겠지요. 게다가 고이치 주임은 대학에 다닐 때에도 모범생이기는커녕 놀다가 낙제를 하는 바람에 남들보다 1년 늦게 졸업한 '낙제생'이었습니다. 겨우겨우 졸업한 그는 대기업 SONY에 입사 지원서를 냈지만 떨어졌고 결국 시미즈제작소에 입사해 생소한 생화학을 연구하게 됐습니다.

그런데 평범하기만 한 그의 삶 속에서 우리가 놀랄만한 결정적 장면은 입사동기생들이 부장, 과장으로 승진할 때 그는 "연구에만 몰두하고 싶다"며 승진시험을 거부했다는 사실입니다(조선일보 2002년 10월 11일 사회면).

그렇다면 고이치는 왜 남들이 목을 매는 승진을 포기하고 연구에만 몰두했을까요? 그것은 그가 가진 독특한 성격 때문이었죠. 즉 그의 내성적인 성격과 자신만의 가치관은 관리직보다는 연구직에 더 적합했고, 그 또한 그러한 연구에 만족했기 때문입니다.

그렇다면 고이치는 왜 남들이 목을 매는 승진을 포기하고 연구에만 몰두했을까요? 그것은 그가 가진 독특한 성격 때문이었죠. 즉 그의 내성적인 성격과 자신만의 가치관은 관리직보다는 연구직에 더 적합했고, 그 또한 그러한 연구에 만족했기 때문입니다.

성격이란 무엇일까?

"당신은 성격이 참 좋아", "당신은 성격파탄자야" "당신 성격 참 고약하군."

여러분들은 '성격'이라는 것이 과연 무엇일까 고민해 본 적이 있나요?

"내 성격은 어떨까? 남들은 내 성격에 대해 어떻게 생각하고 있을까?" 누구나 이런 고민을 한번쯤은 해보지만, 자신의 성격을 정확히 판단하기란 정말 힘든 일입니다. 어떤 사람들은 평생 자신의 성격을 제대로 알지 못한 채 살아가기도 합니다.

'성격'이라는 문제를 연구하는 심리학자들이 맨 처음 관심을 가졌던 것이 사람들의 '성격특질'입니다. 성격특질이란 우리가 부모로부터 선천적으로 이어받은 타고난 기질을 말합니다. 우리 주변에 고집불통인 사람도 있고 온화한 사람도 있는 것처럼 세상에는 똑같은 성격을 가진 사람이 한명도 없을 정도로 많은 성격특질이 있습니다.

지금까지 성격을 연구해온 심리학자들이 이렇게 다양한 성격들에서 공통점을 찾으려 노력한 결과, 우리들의 성격에는 신경증적 성향, 외향성, 개방성, 우호성, 성실성 등 다섯가지의 성격특질(Big Five)이 공통적으로 존재한다는 사실을 밝혀냈습니다.

자. 그럼 자신의 성격특질이 어떤지 먼저 알고 싶으시죠? 그렇다면 아래 실험에 답해봅시다. 단, 결과에 실망하거나 놀라지 말 것을 당부합니다. 다섯가지 성격차원별로 여러 분의 성격점수를 산출할 수 있습니다. 예컨대 내향성에서 여러분

이 동그라미 표한 숫자를 모두 합산하십시오. 점수는 최하 5점에서 45점까지 나올 것입니다. 점수가 높을수록 외향적 성격입니다. 25점이면 내향성과 외향성이 반반인 성격입니다. 20점이하는 외향성에 가까운 성격이고 30점 이상이면 외향적 성격입니다. 그 외의 다른 성격 예컨대 개방성, 우호성, 성실성 등도 위와 같은 식으로 점수를 산출하고 해석하면 됩니다. 하나만 더 예를 들어볼까요. 우호성의 경우, 25점이면 적대적과 우호적이 반반인 성격입니다. 20점 이하는 적대적 성격에 가깝고 30점 이상이면 우호적 성격에 가깝습니다.

표 1-1을 보면 알 수 있듯이 「신경증적 성향」이란 불안, 분노를 포함하는 적대감, 우울, 자의식, 충동성 등을 나타내며 「외향성」이란 사교적이고 활동적인 특성을 나타냅니다. 「경험에 대한 개방성」은 창의성, 호기심을 말하며 「우호성」은 솔직함과 온유함을, 그리고 「성실성」은 책임감, 성취노력, 자기 절제 등을 나타냅니다.

만일 고이치 주임이 앞의 「다섯 가지 기본 성격특질검사」를 받았다면 그의 성격은 어떻게 나타났을까요? 아마도 그는 내성적이고 성실하며 개방적인 성격으로 나타났을 것입니다.

그의 사진을 들여다보면 그가 얌전한 새색시 타입이라는 것을 한눈에 알 수 있습니다. 노벨상 수상 이후 가진 기자회견에서 그가 보여준 모습을 보면 이러한 추측이 전혀 빗나간

당신 자신을 가능한 한 정확하게 기술하려고 노력하십시오. 미래에 되고 싶은 모습이 아니라 현재의 당신 자신을 기술하는 것이 중요합니다. 당신과 같은 성의 비슷한 나이의 다른 사람들과 비교해서 당신 자신이 어떤지 기술하십시오. 아래 목록의 특질 척도의 각각에 대해서 이 차원에서 당신을 가장 잘 기술하는 숫자에 동그라미 치십시오.

	내향성			대		외향성			
	매우	어느 정도			둘다 아님	어느 정도		매우	
조용한	1	2	3	4	5	6	7	8	9	말많은
주장이 약한	1	2	3	4	5	6	7	8	9	주장이 강한
모험적이 아닌	1	2	3	4	5	6	7	8	9	모험적인
정력적이 아닌	1	2	3	4	5	6	7	8	9	정력적인
소심한	1	2	3	4	5	6	7	8	9	대범한
	적대성			대		우호성			
불친절한	1	2	3	4	5	6	7	8	9	친절한
비협조적인	1	2	3	4	5	6	7	8	9	협조적인
이기적인	1	2	3	4	5	6	7	8	9	이기적이 아닌
잘 믿지 않는	1	2	3	4	5	6	7	8	9	잘 믿는
인색한	1	2	3	4	5	6	7	8	9	관대한
	방향의 결여			대		성실성			
비조직적인	1	2	3	4	5	6	7	8	9	조직적인
무책임한	1	2	3	4	5	6	7	8	9	책임감 있는
실제적이 아닌	1	2	3	4	5	6	7	8	9	실제적인
부주의한	1	2	3	4	5	6	7	8	9	철저한
게으른	1	2	3	4	5	6	7	8	9	근면한
	정서적 안정성			대		신경증 성향			
이완된	1	2	3	4	5	6	7	8	9	긴장된
마음 편한	1	2	3	4	5	6	7	8	9	불안한
안정된	1	2	3	4	5	6	7	8	9	불안정한
만족한	1	2	3	4	5	6	7	8	9	불만족한
냉정한	1	2	3	4	5	6	7	8	9	감정적인
	경험에 대한 폐쇄성			대		경험에 대한 개방성			
상상력이 빈약한	1	2	3	4	5	6	7	8	9	상상력이 풍부한
창의적이 아닌	1	2	3	4	5	6	7	8	9	창의적인
호기심이 많은	1	2	3	4	5	6	7	8	9	호기심이 많은
생각이 얕은	1	2	3	4	5	6	7	8	9	생각이 깊은
단순한	1	2	3	4	5	6	7	8	9	세련된

Goldberg의 간이 Big Five 검사

노벨화학상 수상자 고이치

것이 아니라는 것을 알 수 있습니다. 그는 기자들이 터뜨리는 맹렬한 플래시에 수줍어하며 기자들에게 기사를 너무 크게 다루어주지 말 것을 부탁했을 정도로 내성적인 성격을 가진 사람이었습니다.

또한 고이치는 회사에서 노벨상 수상과 관련, 이사로 승진시켜준 것에 대해서도 사임 의사를 밝혀 주위를 놀라게 했습니다. 그 이유를 묻자 그는 "이사로 승진하면 연구에 전념할 수 없기 때문"이라고 수줍게 말했습니다.

이것만 봐도 우리는 고이치 주임이 독특한 인생관과 가치관을 갖고 있는 사람이라는 것을 알 수 있습니다. 그는 돈과 명예를 마다하고 소박한 삶을 추구하면서 오로지 연구활동에서 생의 보람을 느끼는 사람이었던 것이죠.

나만의 가치관이 성격을 완성한다

하지만 성격특질검사만 가지고 우리의 성격을 모두 파악할 수 있을까요? 그것은 절대 아니죠. 우리의 성격을 올바로 읽어내기 위해서는 삶의 태도와 방식, 자아정체감, 가치관 등도 함께 이야기해야 합니다.

성격을 연구하는 방법에는 크게 세 가지가 있습니다.

그 중 첫째는 성격특질로 영어로 말하면 기질(having, 갖고 태어난 것)로, 이것은 우리가 선천적으로 타고난 성격적 특징을 말합니다. 둘째는 삶의 방식으로 이는 행위(doing)를 표현하는 말로, 이것은 우리가 매일 매일을 어떤 식으로 살

동그라미를 하나 그리고, 공간을 셋으로 나눈 다음 각각 '타고난 기질', '행동', '가치관'이라는 글씨를 써 넣는다

아가는가 하는 행동의 문제를 말합니다. 즉 우리가 어떤 것에 관심을 갖고, 어떤 노력을 하며, 어떻게 일을 해나가는가와 같은 삶의 내용과 실천을 말합니다. 시간상으로 볼 때 행위에 대한 연구는 세번째 수준인 가치관에 비하면 지극히 짧습니다. 왜냐하면 우리가 행위를 연구하는 시간 간격은 짧게는 개인의 하루생활, 길게는 대학생활과 같이 몇 년 정도이기 때문이죠.

성격의 세번째 수준, 즉 가장 높은 수준의 성격은 자아정체감 또는 가치관으로, 영어로는 소망(being)에 해당됩니다. 소망이란 우리가 지향하는 것에 대한 자신, 궁극적인 인생의 목표, 성취하고자 하는 생애과제 등을 말합니다. 따라서 한 사람의 소망을 연구하기 위해서는 그가 말하는 자아정체감,

인생관, 가치관, 인생목표들을 이해해야 하고 또 그가 살아온 생애를 살펴야 합니다.

그렇다면 이 세 가지 수준의 성격, 즉 기질, 행위, 소망은 서로 어떤 관계를 가지는 것일까요?

예들 들어, 성격을 하나의 집으로 간주해 봅시다. 우선 집을 지으려면 철근, 목재, 콘크리트와 같은 재료가 필요하겠죠. 이 재료들이 바로 성격특질입니다. 우리가 집을 지을 때 필요한 재료는 어떤 집을 짓든지 크게 다르지 않지만 모두가 똑같은 집을 짓는 것은 아니기 때문에 어떤 사람은 철근, 목재, 콘크리트를 많이 가지고 있고, 어떤 사람은 진흙, 목재, 기와를 많이 가지고 있습니다.

자! 재료가 준비됐다면 이제는 집을 지을 차례. 이것이 바로 성격의 '행위'에 해당됩니다. 여기에서 우리가 갖고 있는 재료가 무엇인지에 따라 집의 종류가 달라지지요. 진흙, 목재, 기와를 가진 사람은 한옥을 지을 가능성이 많고 철근, 목재, 콘크리트를 가진 사람은 빌딩을 지을 가능성이 많겠죠.

우리가 주목할 점이 바로 여기입니다. 우리의 타고난 성격특질이 삶의 방식과 가치관에 지대한 영향을 미치고, 그것이 우리의 직업까지도 결정할 수 있다는 점입니다. 고이치 주임의 경우를 예로 보면, 그의 '내성적 성격', '성실성', '경험에 대한 개방성'이 그로 하여금 정치가나 경제인이 아닌 생명과학도가 되도록 영향을 준 셈입니다.

부실한 성격 기초 공사의 원인은 행위에 대한 열의 부족

우리가 실제로 집을 지을 때에는 미리 '이런 집을 지어야

겠다'하는 설계도를 가지고 시작하지만 '성격'이란 집을 지을
때에는 문제가 약간 다릅니다.

　성격이란 집을 지을 때 많은 사람들은 중간에 집의 모양
을 바꾸기도 합니다. 어떤 사람은 자신이 처음에 생각한 그
대로 집을 짓기도 하고 어떤 사람은 일층집을 짓다가 갑자기
이층집으로 구조를 변경하기도 하지요. 물론 성격을 완성하
는 데 있어 뛰어난 기질을 타고난 사람이라면 처음부터 끝까
지 설계도대로 완성할 수 있을 것입니다. 성격의 측면에서
본다면 이런 사람은 자신의 소망을 아주 어릴 때부터 미리
생각한 사람입니다.

　소망, 즉 미리 성격의 건축 설계도를 가진 사람은 처음부
터 뚜렷한 목표와 방향을 가지고 집 짓는데 전심전력하여 빠
른 시일 내에 집을 완성할 수 있습니다. 우리 주위에는 간혹
어렸을 때부터 정치가, 경제인, 학자가 되기를 꿈꾸며 그 목
표를 향해 달려가 결국 성공한 사람들을 볼 수 있습니다. 그
런 사람들이 바로 성격이라는 집을 지을 때 처음부터 설계도
를 갖고 출발한 사람입니다.

　하지만 많은 사람들은 '성격'이란 집을 짓기 위해 설계도
를 가지고 출발하지는 않습니다. 그러나 그들도 어떤 식으로
든 집을 지어야 한다는 것을 알고 있으며, 그 집을 짓기 위
해 '평생'이라는 시간이 자신에게 주어져 있다는 것도 알고
있습니다.

　집을 짓는 과정, 즉 기초공사를 마치고 나서 집의 골조와
기둥을 세우는 과정은 성격심리학에서 볼 때 '행위'에 해당합
니다. 다같이 집을 만들지만 어떤 건축가는 성의를 갖고 열
심히 작업하는 반면 어떤 사람은 집에 대한 애착이나 관심이
없이 대충 대충하기도 합니다. 나중에 보면 앞의 사람이 지

은 집은 튼튼하지만 뒤의 사람의 집은 부실공사가 되기 마련입니다.

오래 가고 좋은 집을 지으려면 당연히 기초를 튼튼하게 해야 합니다. 우리가 비록 같은 재료를 갖고 집을 짓는다 하더라도 정말 열심히 집을 지은 사람과 대충 흉내만 낸 사람의 집은 다를 수밖에 없습니다. 이것은 같은 부모의 유전인자를 갖고 태어난 형제간에도 성격이 다르고 또 그가 성취한 최종 결과가 다른 것과 같은 이치입니다.

성의없이 지은 집은 부실공사로 언젠가 무너질 것이고, 남의 건축자재를 몰래 가져다가 지은 집이라면 그 사람의 행위는 자신에게나 남들에게 떳떳한 것이 될 수 없겠죠.

따라서 집을 짓는 과정은 최종목표인 '집'이라는 소망만큼이나 중요한 부분입니다.

나만의 성격 설계도를 확립하자!

대부분의 사람들이 성격의 기초공사가 완성되었다고 생각하는 시기는 고등학생 시절입니다. 그리고 진로를 결정하는 고등학교 3학년 때쯤부터 어떤 건축물을 지을 것인가 본격적으로 고민하게 됩니다. 이것이 성격의 '소망'에 해당합니다.

우선 설계도를 잘 그리려면 우리가 원하는 목표에 대한 지식이 꼭 필요합니다. 이러한 지식은 우리의 친구, 부모, 선배, 교사를 통해서 얻을 수도 있고 스스로 학습을 통해 배우는 사람도 있습니다.

하지만 우리가 친구, 부모, 선생님 등으로부터 설계도를 그리는 방법을 배운다하더라도 나의 집 설계도는 결국 내가 만드는 것입니다. 그들은 어떤 것이 좋겠다는 조언만 해줄 수 있을 뿐 결국 내가 살 집은 내가 아는 방법으로 만들어가야 하기 때문입니다.

그런데 어떤 사람들은 부모가 대신 설계도를 그려주기도 합니다. 만일 본인이 부모의 설계도에 만족한다면 별 문제가 없겠지만 대부분의 경우는 부모가 만들어주려고 하는 설계도보다는 자기 나름대로의 설계도를 원하기 마련이죠. 어떤 부모는 미리 자식을 위한 설계도를 작성하고 자식에게 그러한 집을 지으라고 강요하기도 합니다. 그럴 때에는 부모와 자녀 사이에 마찰과 갈등이 생기는 것입니다.

이런 일이 생기지 않도록 하려면 스스로가 먼저 자신만의 설계도를 그릴 줄 알아야 합니다.

우리가 지으려는 집, 즉 소망이 결정되면 우리는 본격적으로 집을 짓기 시작하고 마지막에는 집이 완성됩니다. 따라서 소망은 두 가지 측면으로 나누어 살펴볼 수 있습니다. 하나는 설계도, 다시 말해 목표를 이루려고 하는 계획과 과정 그 자체이고, 다른 하나는 설계도에 따른 최종성과인 건축물이죠.

이렇게 완성된 건물의 내부와 외부는 모두 한 사람의 최종적 성격을 말합니다.

그런데 과연 그 결과물이 훌륭하다는 판단은 어떻게 내릴 수 있는 것일까요? 물론 어떻게 지어져야 훌륭한 건물이라는 법칙은 결코 없습니다. 그것은 우리의 취향이 각기 다르기 때문이지요.

집이 모습이야 어떻든 자신이 그것에 얼마나 만족하는가에 따라 스스로 느끼는 성취감은 각자 다르기 마련입니다. 남들이 아무리 흉하다고 말하는 집이라도 스스로 최선을 다했고 그 과정에 만족했다면 그것으로 족한 것이죠.

　또 많은 사람들이 내가 지은 집을 보고 훌륭하다고 평가함으로써 그만큼 나의 소망에 대해 만족을 느낄 수도 있습니다. 노벨상을 수상한 고이치 주임이 여기에 해당되겠죠? 자신이 지은 집을 보고 많은 사람들이 감탄하는 걸 느낀 고이치 주임은 자신의 성격이나 인생에 대해서도 만족감을 느꼈을 것입니다.

　우리는 집을 짓는 동안 수많은 일을 경험하게 됩니다. 어떤 사람은 집을 짓다가 돈이 모자라 중간에 쉬어 가기도 하고, 또 어떤 사람은 인부들이 말을 안 들어서 고생을 하기도 합니다. 그 사람이 이러한 난관들을 어떻게 극복해냈는지에 대해 이해도 성격을 파악하는 데 중요한 단서가 됩니다. 난관을 잘 극복하고 자신의 꿈을 성취하는 사람이 있는가 하면 작은 어려움에도 굴복하고 쉽게 포기하는 사람도 있으니까요. 그렇기 때문에 성격을 완성하는 데에는 그 사람의 생애 전체를 연구하는 것이 매우 중요한 문제가 됩니다.

　자! 이제 이만하면 여러분은 성격의 세 가지 수준, 즉 기질, 행위, 그리고 소망이 서로 어떤 관계를 갖고 있는지 대략 이해할 수 했으리라 생각합니다.

간디 VS 부모 토막살해범; 같은 성격, 정반대의 인생

같은 기질 다른 사람:
소심한 그, 위대한 지도자가 되다

허름한 옷을 입고 수련을 하고 있는 간디와 가슴에
'부모토막살해범'이라는 팻말을 달고 수갑을 찬 채 포승줄에 묶여
끌려가는 이○○의 대조적인 모습

앞에서 저자는 '기질'을 설명할 때 '행위'와 '소망'을 함께 언급했습니다. 그러나 아마도 여러분은 '행위'와 '소망', 이 두 가지 성격수준이 어떻게 형성되고 또 그것을 어떻게 연구할 수 있는지에 관해서는 아직 희미하게 이해하고 있을지도 모릅니다. 여기에 이 두 가지 수준의 성격을 쉽게 설명하기 위해 두 사람의 생애를 소개하겠습니다.

그 첫번째는 여러분이 잘 아는 세계적 성인인 마하트마 간디이고 두번째는 부모를 잔인하게 살해한 다음 토막을 내 유기한, 패륜아의 대명사로 불리우는 이○○입니다.

이 둘은 같은 기질을 가지고 정반대의 삶을 산 인물들로 각자의 삶의 방식과 과정, 가치관이 인생에 미치는 영향이얼마나 큰 것인지에 대해 극명하게 보여줍니다.

이 두 사람의 생애를 살펴보면서 이들의 행위와 소망을 살펴본 후에 여러분은 전문가보다 뛰어난 성격심리학자가 되어있을지도 모릅니다.

먼저 간디의 일생과 그의 소망이 어떻게 실현되었는지 들여다보겠습니다.

절제와 비폭력의 대명사, 간디

여러분 중에서 '간디'를 모르는 사람은 아마 없겠죠. 간디의 일생 또한 잘 알려져 있습니다. 인도의 위대한 지도이자 세계적인 평화주의자로 유명한 간디는 누구나 알고 있습니다. 하지만 실제 생활에서 그의 성격이 어떠했을지도 궁금하지 않은가요? 간디는 과연 어떠한 성격의 소유자였고 그의 뛰어난 정신세계는 어떻게 만들어진 것일까요.

'간디' 하면 여러분은 어떤 모습이 떠오르나요. 많은 사람들이 등이 굽은 왜소한 노인네가 물레를 돌리고 있는 모습이 가장 먼저 떠올릴 것입니다. 그는 천한 계급의 인도인이 입는 남루한 옷을 입은 채 채식주의자로 일생을 보냈습니다. 영국 유학 시절 폐렴에 걸린 그에게 의사는 원기 회복을 위해 우유를 강력히 권했으나 그는 단호히 거절했습니다. 자신은 열렬한 채식주의자이기 때문에 고기는 물론 동물의 젖인 우유조차 마시지 않았던 것입니다.

간디의 인생

위대한 영혼(마하트마)으로 불리며 인도 건국의 아버지로, 세계적인 지도자로 유명한 간디. 그는 18살이었던 1887년 런던으로 유학을 떠나 법률을 배우고, 1891년 귀국하여 변호사로 개업하였다. 1893년 소송사건을 의뢰받아 1년간의 계약으로 부인과 함께 남(南)아프리카 연방의 더반으로 건너갔다. 이 남아프리카 여행은 간디의 생애에 커다란 전기를 가져왔다. 당시 남아프리카에는 약 7만 명의 인도 사람이 이주해 있었는데 백인들로부터 엄청난 박해를 받고 있었다. 이에 그는 거기에 사는 인도사람의 지위와 인간적인 권리를 보호하고자 결심하고 남아프리카 연방 당국에 대한 인종차별 반대투쟁단체를 조직, 1914년까지 지도자로 활동하였다.

특히 1913년에 44세가 된 간디가 선두에 섰던 나탈주(州)에서 트란스발주까지의 '사티아그라하 행진'은 전세계의 이목을 집중시켰다. 간디를 비롯한 행진 참가자 4,000

마하트마 간디

명은 남아프리카 당국에 체포되었으나, 악법을 반대하는 주장은 세계적 여론의 동정을 모아 당국을 굴복시켰다. 결국 아시아인 구제법이 제정되어 인도인에 대한 차별법은 모두 폐지되기에 이르렀으며, 이 투쟁으로 간디는 남아프리카의 간디에서 일약 세계의 간디가 되었다. 남아프리카에서 사명을 다한 간디는 1915년에 귀국하였는데, 정치운동에는 참여하지 않고 토지분쟁의 해결 등에 노력하였다.

제1차 세계대전이 일어나자 처음에는 인도의 독립을 촉진하기 위하여 영국의 입장을 지지하였으나, 전쟁 후 영국의 배신과 1919년의 롤라트 법안(Rowlatt Act)과 같은 반란진압조령(條令)의 시행 때문에, 사티아그라하운동(압박에 대한 투쟁)을 전개하기도 하였다. 1919년 인도국민회의파의 연차대회에서는 간디의 지도 하에 영국에 대한 비협력운동 방침이 채택, 납세거부·취업거부·상품불매 등을 통한 비폭력 저항을 실시하였다. 이듬해에 반영·비협력 운동이 선언되고 외국제 직물의 불매운동은 성공하였으나, 인도 각지에서 유혈사태가 일어나자, 1922년 간디의 호소로 운동은 잠시 중지되었다.

제2차 세계대전이 일어나자, 영국은 인도의 찬성을 얻지도 않고 인도를 전쟁에 투입하였다. 이 기회를 이용한 인도는 완전독립의 약속을 얻어 내려고 노력하였으나, 상반된 이해관계로 타결을 보지 못하고, 1942년의 봄베이대회에서 국민회의파는 영국세력의 즉시 철퇴를 요구하여 공전의 대규모 반영불복종운동에 돌입하였다. 이로 인해 간디는 73세의 노령으로 다시 체포되어 1년 9개월의 옥고를 치뤘다.

1947년 7월 인도가 힌두교와 이슬람교의 분란 속에서 분할 독립했을 E, 간디의 나이는 78세였으나 고령에도 불구하고 소동이 가장 격화되어 있던 벵갈에서 힌두·이슬람의 융화를 위한 활동을 계속하였다. 이듬해인 1948년 1월, 이 활동의 행선지를 뉴데리로 연장, 뉴델리의 소요를 진압하는 데는 성공하였으나, 1월 30일 반(反)이슬람 극우파의 한 청년의 흉탄에 쓰러졌다. 1922년 12월, 인도의 문호 R.타고르의 방문을 받아 '마하트마(Mahattma: 위대한 영혼)'라고 칭송한 시를 받고 그 후로 마하트마 간디라고 불

리게 되었는데, 그의 위대한 영혼은 인도민족에게 커다란 영향을
주었다.

두산 세계 대백과 EnCyber 인용

'간디'하면 떠오르는 것이 검소함과 청빈한 사상입니다.
사실 간디가 그런 사상을 갖게 된 배경에는 유학시절의 빈곤
함이 있습니다.

영국에서 공부하는 동안 그는 가정교사를 하면서 학비를
벌었고, 생활비를 줄이기 위해 점심은 가정교사 집에서 주는
과자와 홍차로 때우기가 일쑤였습니다. 당시 그는 채식주의자
모임, 독서모임과 같은 모임에도 열심히 참석했다고 합니다.

이러한 영국유학시절의 생활습관은 그가 후에 인도에서
검소한 생활을 국민운동으로 승화시키는 원동력이 됐습니다.

간디는 이외에도 부인을 두고도 선언했던 금욕주의, 비폭
력 무저항주의는 폭력이 난무하고 전 세계가 테러의 공포에
휩싸인 지금도 흙 속의 진주처럼 영롱하게 빛나고 있습니다.

그렇다면 위대한 영혼의 소유자인 간디는 어떻게 해서 자
신만의 독특한 인생관과 철학을 갖게 된 것일까요? 그의 소망
이 어떻게 그를 세계적인 지도자로 만든 것일까요? 그것을 알
기 위해 우리는 그의 일생을 자세히 살펴볼 필요가 있습니다.

인생을 뒤바꾼 대부의 결정적 조언

우리의 일생 중에는 우리의 생을 극적으로 변화시킬 어떤
모멘트가 있기 마련입니다. 첫눈에 반해서 결혼을 하게 된다

거나, 기타소리에 감명을 받아 뮤지션이 되는 사람처럼 말이죠. 간디도 마찬가지입니다. 그렇다면 간디의 인생을 전환시킨 결정적 장면은 과연 무엇이었을까요?

간디는 인도의 카스트제도에서 하류계층에 속하는 상인계급 출신이었습니다. 하류층 출신이라고는 하나 그의 아버지는 지방행정관의 재무를 담당하여 비교적 안정적인 수입을 갖고 있었습니다. 그런 아버지가 일찍 세상을 떠나자 간디는 미래에 대한 심각한 고민을 하게 됩니다. '공부를 하기 위해 영국으로 떠날 것인가! 아니면 아버지의 가업을 물려받아야 할 것인가!' 고민하던 간디는 평소 가족들에게 도움을 주어 왔던 부라만 계급의 한 대부에게 그의 인생에 대해 상의하기에 이릅니다. 이때 그는 간디에게 강력하게 유학을 권했고 간디는 이 말에 따르기로 합니다. 이것이 바로 간디의 인생을 좌우한 결정적 순간이었습니다.

그가 영국으로 떠나면서 시작된 모든 생활이 그의 향후 인생의 행로를 결정하는 밑거름이 되었습니다.

그가 유학을 결정하자 당장 걱정은 유학비용이었습니다. 그 당시 영국에서 정식으로 대학을 다니려면 많은 돈이 필요했기 때문에 그는 2년이면 마치는 변호사공부를 하기로 결심합니다. 하지만 그 돈조차 없던 그는 형제애가 각별했던 형의 도움으로 무사히 공부를 마칠 수 있었습니다.

그런데 막상 간디가 변호사가 된 후부터 형과의 사이가 멀어졌습니다. 그 이유는 간디가 영국정부와 고용자들에게 착취당하는 하류층 인도 노동자들을 위해 자신이 번 돈을 쓰기로 하자, 간디의 인류애를 이해하지 못한 형은 빚을 갚지 않는 동생이 늘 불만스러웠기 때문입니다. 간디는 형과 화해하지 못하고 따뜻한 가족의 정도 나누지 못한 채 형을 먼저

하늘로 보냅니다.

간디에게는 일찍 결혼해서 얻은 큰아들이 있었습니다. 방탕한 생활을 해서 간디의 명성에 흠집을 낸 그는 끝내 제대로 된 인생을 살지 못하고 아버지보다도 먼저 비참하게 죽게 됩니다. 이런 면에서 본다면 간디는 자식을 제대로 돌보지 못한 불행한 사람이기도 했습니다.

간디는 변호사자격증을 딴 이후 남아연방의 인도인 소송 문제를 다루는 변호사로 활동하며 무식하고 무질서한 인도인들을 교육하기 위해, 또 농장주로부터 착취당하는 것을 막기 위해 집단농장을 세우게 됩니다. 또한 인도인들의 생활방식에 영향을 주기 위해 그들과 함께 생활하면서 검소한 생활을 몸소 실천해 보이게 됩니다.

소망을 완성한 것은 끊임없는 자기 계발과 수련

간디의 생애를 살펴보면 그가 어떻게 해서 그렇게 유명한 세계적 지도자가 되었는지 잘 알 수 있습니다. 그럼 그의 소망을 이루게 한 원동력은 어디에 있었을까요?

간디는 인도의 하류층에 속하는 상인이었지만 재정담당비서관이었고, 그런대로 남들에게 존경받는 아버지와 자상한 어머니의 품에서 평화롭게 자라났습니다. 하지만 간디의 아버지는 일찍 세상을 떠나 간디가 중요한 인생의 결정을 해야 할 때에는 도움을 줄 수가 없었고 교육을 받지 못한 어머니도 마찬가지였습니다. 다시 말해 간디의 주변에는 청소년기에 인생의 강한 영향력을 줄 정도의 인물이 없었던 셈입니다.

하지만 간디의 대부였던 귀족은 "아버지의 가업을 잇기보다 영국에 유학해 더 많은 공부를 하라"고 조언함으로써 그의 일생을 바꾸었고, 그가 영국에 유학하고 나서부터는 더 많은 사람들이 간디에게 영향을 주었습니다. 그 중에서도 특히 영국 유학시절에 만난 인도협회회장과 남아연방에서 그를 취직시켜준 변호사, 그가 평소 존경한 셰익스피어 등은 그에게 지대한 영향을 끼쳤습니다.

한편 그의 평생종교였던 힌두교의 원리 역시 그에게 많은 영향을 주었는데 그가 하층 계급을 위해 투쟁하고, 비폭력적 해방운동을 하면서 검소한 생활을 보인 것은 모두 힌두교의 교리에서 얻은 것입니다.

앞에서도 얘기했지만 그에게 있어 부모의 영향은 별로 크지 않았습니다. 보통 사람들의 경우는 대부분 부모로부터 커다란 영향을 받지만 간디는 그렇지 못했습니다. 물론 자상하고 사랑을 듬뿍 주었던 어머니 덕분에 간디의 원만한 성격이 형성되었을 것이라는 추측은 가능하지만 그런 부모로부터 큰 영향이라고 하기에는 너무나 위대한 소망 즉 가치관, 철학관, 인생관을 스스로 만들어낸 인물이기 때문입니다.

결국 간디의 소망은 그의 끊임없는 자기 계발, 자기 수련을 통해서 이루어졌습니다. 아무도 그에게 무저항, 비폭력주의를 가르쳐준 적이 없었지만 그는 사회 문제, 인도인의 문제를 깊숙이 이해하고 전 인류의 얼룩진 모습인 폭력주의을 배격하는 비폭력 저항정신을 스스로 창안하고 실천했습니다.

연설도 못할 만큼 소심한 간디

간디가 과연 어떤 성격특질을 갖고 있었는지에 대해서는 사실 알려진 바가 많지 않습니다. 그러나 그의 영국 유학시절의 행동을 통해 우리가 유추할 수 있는 것은 그가 우호적

채식주의자 모임에서 땀을 뻘뻘 흘리며 말을 더듬고 있는 젊은
시절의 간디

이고 성실하며 다소 내향적인 성향을 보였다는 것입니다.

위대한 지도자였던 간디가 원래는 연설도 제대로 못할 정도로 내성적인 성격이었다면 여러분은 믿을 수 있을까요? 하지만 맞습니다. 간디는 영국 유학시절 한 모임에서 연설을 할 때 사람들을 똑바로 보고 또렷하게 말하지 못하고 가느다란 목소리로 웅얼웅얼 했을 정도로 내성적인 성격의 소유자였습니다.

그런데 이렇게 내성적인 사람이 어떻게 세계적인 정신적 지도자, 정치적 지도자가 될 수 있었을까요? 이것은 간디의 주변 환경이 그로 하여금 자신의 특질의 한계를 넘어서게 만들었기 때문입니다. 즉 그가 변호사로서 그의 동족을 위해 법정 투쟁을 하기 위해서는 외향적인 성격이 되어야만 했던 것이죠.

이처럼 우리가 성격을 파악할 때는 기질, 즉 성격특질만 가지고 설명할 수 없는 부분이 있습니다. 이것은 환경이 우리를 자신의 특질과 다르게 행동하도록 만들 수 있기 때문입니다. 이것은 우리는 스스로의 노력을 통해 타고난 성격적 특질을 뛰어넘을 수 있다는 뜻이 됩니다.

이와는 반대로 타고난 성격특질이 자신의 주변 환경을 만들어 간다는 이론도 있습니다(*특질-환경 합성이론, Pavot, Diener, Fukjita, 1990*). 앞에서 말한 고이치 노벨화학상 수상자의 경우가 이에 해당되는데, 내성적인 성격 때문에 연구자라는 직업을 택하고 노벨상까지 받게 되었다는 것이 바로 그 증거입니다.

간디가 걸어온 인생의 '행위'는 그가 성격을 완성하는 데 있어 어떤 의미가 있는 것일까요?

간디는 대부의 조언을 통해서 변호사라는 '소망'을 설계했습니다. 변호사가 되기 위해 그가 걸어온 과정에서 우리는 그의 '행위'를 파악할 수 있습니다. 그는 영국 유학 시절 변호사 공부를 위해 전력을 다했고 채식주의자의 길을 걷기위해 중병을 앓고 있었음에도 불구하고 육식을 단연코 거절했습니다. 이런 과정만 보더라도 우리는 간디의 행위가 뚜렷한 목표(변호사 수업, 채식주의자)를 위해 매진했다는 것을 알 수 있습니다. 이처럼 그는 자신의 행위를 통해 성취감을 맛보았으며 더 높은 소망을 위해 자신의 미래를 탄탄히 설계했습니다.

간디의 행위적 성격은 비단 그의 유학생활, 채식주의자의 생활에서만 나타난 것이 아니었습니다. 그는 하류층, 특히 농민과 인도의 하류층에 대한 깊은 애정을 갖고 있었으며 그들을 보호하고 돕기 위해 스스로 그들처럼 검소하게, 일관성있는 행동을 했습니다.

간디의 일생을 들여다 보면 그의 소망이 무엇이었는지 잘 알 수 있습니다. 그가 지은 최종 건축물은 천민에 대한 사랑이었으며 영국으로부터 박해받는 인도인을 해방하기 위한 투쟁이었습니다. 그러나 그의 독립투쟁은 오늘날 벌어지는 테러와 폭력을 통한 투쟁이 아니라 비복종, 비폭력에 의한 무저항 독립운동이었기에 그 의미는 더욱 빛나는 것입니다.

비록 간디가 힌두교와 이슬람교의 갈등으로 인해 목숨을 잃었지만 그는 아마도 마지막 순간에 만족스러운 웃음을 지었을 것입니다. 왜냐하면 그는 자신의 소망이 완성되었음을 보았고 그러한 소망을 추구하는 과정 또한 최선을 다하면서 스스로 만족한 삶을 살았기 때문입니다.

간디 VS 부모 토막살해범; 같은 성격, 정반대의 인생

같은 기질 다른 사람:
무엇이 그를 부모 살해범으로 만들었나

앞에서 간디의 일생을 통해 그의 성격이 어떻게 형성되었는지 살펴보았습니다. 그러면 이제는 두번째 사례인 부모토막살해범 이OO의 생애를 들여다 볼 차례입니다.

이OO은 우리나라에서 최초로 부모를 토막 살해한 반인륜적 살해범으로 잘 알려져 있는 인물입니다. 여기에서는 범죄의 원인이 무엇이었는지, 그의 어떤 성격이 그를 이런 끔찍한 범죄로 몰아간 것인지, 살해범성격심리학적인 측면에서 그의 짧은 생애를 분석해보기로 하겠습니다.

간명문대생 이〇〇의
부모토막살해 사건 전말

그의 입은 봇물이 터진 듯했다. 눌러 쓴 모자, 한순간도 가만히 있지 못하고 포승줄을 만지작거리는 손. 떨리는 목소리. 그런데도 침착하게 지난 일을 기자에게 털어놓았다. 그의 말은 부모를 엽기적으로 살해한 범인치고는 논리적이었다. 이〇〇(23). 명문 ㄱ대 산업공학과 휴학생인 그는 부모를 살해해 토막내고 시체를 유기한 혐의로 2000년 5월 24일 집에서 경찰에 연행되었다. 다음날 방송과 신문은 이씨를 '인면수심'의 살인자로 몰아붙였다.

하지만 이씨는 인격 파탄자가 아니었다. 정신병자는 더더욱 아니었다. 그는 오히려 사회와 부모가 요구하는 '모범생'으로 살아왔다. 그런 그가 상상하기도 힘든 끔찍한 범죄를 저지른 까닭은 무엇일까? 그의 삶은 개인을 파괴하기에 충분한 악조건에 철처하게 포위되어 있었다. 사랑 없는 부모의 부부 생활, 끝없는 공부 강요와 폭언, 학교에서의 집단 따돌림, 주변과의 대화 단절…

물론 그와 같은 악조건에서 살아가는 사람들이 모두 잔인한 살인자가 되는 것은 아니다. 그런 점에서 그의 범행은 동정 받을 여지가 없다. 하지만 그가 부모를 살해하기까지 살아온 과정을 더듬어 보면, 이 시대를 사는 젊은이들이 누구나 가슴에 간직하고 있을 법한 상처의 단면들을 엿볼 수 있다. 무엇보다도 주목해야 할 것은, 가정과 사회로부터 그 같은 상처를 받은 젊은 세대 가운데 도저히 이해할 수 없는 흉한 범죄를 저지르는 이가 점점 늘어나고 있다는 사실이다.

망치로 머리 내리치고 화장실에서 토막 내

지난 2000년 5월 21일 새벽 5시. 잠을 자지 않고 혼자 양주를 반병 정도 마신 이씨는 컴퓨터 책상 밑에 있는 망치를 집어들었다. 그가 어머니(50)가 자고 있는 방에 들어갔을 때, 인기척을 느끼지 못한 어머니는 편안히 잠들어 있었다. 이씨는 어머니 이마를 세 차례 내리쳤다. 그리고는 자기의 방으로 돌아가 네 시간 동안 앉아 있었다. 오전 9시 이씨는 또다시 아버지(59)가 자고 있는 건넌방으로 향했다. 그는 아버지 이마를 한 차례, 뒤통수를 두 차례 망치로 내리쳤다.

21일 오전 11시 30분께 이OO이 안방 문을 열어보니 벽과 매트리스에 피가 흥건히 튀어 있었다. 그는 어머니의 두 다리를 잡고 화장실 안으로 끌고 들어갔다. 자기 방에 있는 공구함에서 쇠톱과 가위를, 주방에서 칼 다섯 자루를 가지고 화장실로 간 이OO은 오후 4시께까지 어머니 시신을 열 토막으로 잘랐다. 그리고 나서 아버지 시체를 화장실로 끌고 가 똑같은 방법으로 열한 토막을 냈다. 밤 8시까지 시체를 토막 낸 이OO의 온몸은 피로 물들어 있었다. 그는 거울에 비친 자신의 모습을 보았으나 두렵지 않고 덤덤했다.

22일부터 이OO은 시신을 하나 둘 내다 버리기로 작정하고 새벽 3시부터 토막낸 시체를 비닐 봉지에 나누어 담았다. 오후 3시께 이씨는 시체 일부가 담긴 쇼핑백을 들고 지하철을 탔다. 'ㄷ' 역에서 내린 이OO은 역내 쓰레기통에 쇼핑백을 버렸다. 버스를 타고 집으로 돌아와 다시 음식물 쓰레기를 버리듯 위장해 시체 일부를 음식물 분리 수거함에 버렸다. 돌아오는 길에는 할인매장에서 세제를 사다가 집안 곳곳에 밴 핏자국을 없앴다.

시체 유기는 23일에도 계속되었다. 전날과 마찬가지로 이OO은 오전부터 지하철을 타고 다니며 시체를 버렸다. 그는 놀랍게도 돌아오는 길에 미장원에 들려 이발하는 태연함도 보였다. 그 날 이OO은 집에 돌아와 피묻은 옷가지를 세탁하고, 밤 11시에 마지막 시체 일부를 근처 아파트 쓰레기통에 버렸다. 이OO은 자신이 체포된 24일, 오전 9시에 전날 세탁한 피묻은 옷을 쓰레기장에 버리고 오후 2시까지 다시 집안을 청소했다.

(시사저널 2000.6.8 제554호, p.18-22. 고재규기자)

'등록금 때문에 살인' 보도는 사실과 달라

이처럼 이OO은 존속 살인 사건 중 가장 잔인하다는 토막 살인을 저질렀고 치밀하게 범행을 은폐하려 했습니다. 그는 1994년 부모를 흉기로 수십 차례 찌르고 불을 지른 박OO씨보다 더 대담했으며 1998년 치밀하게 계획을 세워 아버지를 살해한 김OO씨처럼 용의주도하게 범행을 은폐했습니다. 하지만 이OO은 이들과 근본적으로 구분됩니다. 박씨나 김씨는 모두 돈 때문에 부모를 살해했지만, 이씨는 언론 보도와는 달리 등록금 때문에 부모를 살해한 것은 아니었습니다. 이OO은 오렌지족처럼 돈을 낭비하는 문제아가 아니라 오히려 사회가 요구하는 '모범생'에 속했습니다.

고등학교 3학년 담임이었던 민 모 교사는 "OO이는 공부도 잘하고 정말 모범생이었다"고 그를 기억합니다. IQ가 138인 이OO은 고등학교를 졸업할 때 3년 개근상과 전교 8등을 차지할 정도로 성실한 학생이었고, "점수를 맞추면 충분히 서울대에 갈 수 있었지만 본인이 공과대에 진학하고 싶어해서 'ㄱ' 대에 특차 지원해 합격했다"는 소위 모범생이었습니다.

대학에 진학한 뒤 이OO은 과내 컴퓨터 동아리에 가입, 컴퓨터를 잘 다뤘던 그는 동아리 모임에 빠지지 않았으며. OO과 친하게 지냈다는 동아리 후배 ㅂ씨(22)는 "후배들 밥도 잘 사주는 편하고 자상한 선배였다. 워낙 컴퓨터를 잘하고 동아리 활동에 열심이어서 형을 아끼고 좋아한 사람이 많았다"라고 기억했습니다. 다른 동아리 회원들도 그에 대해 대부분 좋게 기억하고 있었고 그들이 지적하는 이씨의 특징은 말이 없고 조용한, 내성적 성격이었다는 점입니다. 친하게 지내기는 했지만 일상적인 이야기만 나눌 뿐 집안 이야기는 한번도 하지 않았다는 것이었습니다.

하지만 이OO이 학교 친구들보다 더 편하게 생각해, 자신의 이야기를 솔직하게 털어놓았던 모임도 있었습니다. 컴퓨터 도사인 동시에 영화 마니아였던 이OO은 PC통신 영화동호회에 가입해 '우리들 이야기'난에 개인적인 이야기를 털어놓았습니다.

부모의 억압때문에 스스로 열등감의 나락으로

서로 등을 돌리고 얼굴을 찌푸리고 있는 부모 사이에서 눈치를 보고 있는 이OO

'우리집 식구들은 서로서로 서먹서먹 썰렁한 관계. 같이 있어도 즐겁지도 슬프지도 않다. 한때는 그런 게 너무 싫어서 혼자서 씩씩거리던 시절도 있었는데, 이젠 무감각해져 버렸다.'(1996. 9. 23. '부러진 화살')

이〇〇은 해군사관학교 출신인 아버지와 ○여대 정외과를 졸업한 어머니 사이에서 태어난 2남중 둘째로, 군인이었던 아버지는 1986년 예편할 때까지 가족과 떨어져 지냈고, 이〇〇과 그의 형은 어머니와 살았습니다.

따로 떨어져 있었던 부모는 물리적인 거리만큼 마음까지 멀어졌는지 평소에 자주 다투었다고 합니다. 이〇〇의 형 이모씨(26)는 "아버지는 결벽증에 걸린 사람처럼 행동했다. 외출했다 돌아오면 반드시 옷을 털고 들어와야 했고 실내에서는 슬리퍼를 신고 생활했다. 그렇지 않으면 반드시 혼이 났다"라고 말했습니다. 아버지의 이런 성격을 참지 못했던 어머니는 아버지와 자주 다투었습니다.

결국 이〇〇씨가 어렸을 때부터 부모는 각방을 씁니다. 형 이씨는 "초등학교 2학년 때 친구 집에 놀러갔다가 친구 부모님이 한 방을 쓰는 것을 보고 놀랐다"며, 그때까지 부모가 각방을 사용하는 것을 당연하게 알았다고 했습니다. 이씨가 "친구 엄마 아빠는 방을 함께 쓰는데 우리 집은 왜 따로 주무세요?"라고 묻자, 부모님은 한동안 같은 방을 사용했다고 합니다. 하지만 그것도 잠시였을 뿐 부모는 숨진 그날까지 각방을 사용했습니다.

"누구 때문에 이혼 못하는 줄 아느냐? 다 너희들 때문이다"라며 이들이 어렸을 때부터 이혼한다는 말을 입에 달고 살았다는 어머니의 말은 어린 자식들에게 항상 마음의 짐이 되었습니다.

원만하지 못한 부부 사이에서 자란 이〇〇가 어머니와 아버지에게 두려움을 품게 된 것은 쉽게 짐작할 수가 있습니다.

'초등학교 3학년 때 숙제를 안 해 가자 담임 선생님이 어머니와 내 문제를 이야기하려 했다. 사실 굉장히 놀랐다. 어머니가 선생님 말을 듣고 화내실 모습이 연상되자 무한대의 공포를 느꼈다.'(1996. 10. 27. '가장 아찔했던 순간')

자식이 부모에게서 무한대에 가까운 공포를 느꼈던 까닭은 무엇이었을까요? 이○○은 자술서에서 '부모는 나를 항상 형과 비교했다. 또 다른 아이들과도 비교해 야단쳤다'라고 밝혔습니다. 이러한 부모의 무심한 언행은 이○○에게 열등감을 키웠습니다. 직업상 한 달에 한 번 정도 집에 오는 아버지는 아들에게 '사내놈이 왜 그러냐?', '굼벵이 같은 자식'이라고 쏘아붙였고 어머니는 더욱 냉정하고 공격적이었습니다. 그녀는 큰아들에게는 잘해 주었지만, 둘째 아들에게는 자신의 스트레스를 모두 쏟아 부었습니다. 이○○의 심리를 분석한 동국대학교 이상현 교수는 "어머니가 신경질적인 히스테리 환자로 여겨진다"라고 진단했을 정도입니다.

어머니에게 야단맞은 일이 잦았던 이○○은 점점 자신감을 잃어갔습니다. 그가 말이 없고 내성적인 아이가 된 것은 부모의 싸움 뒤에 찾아온 삭막한 분위기 때문이었습니다. 형 이씨는 "아버지와 어머니가 한번 부부 싸움을 하면 보통 2~3개월은 서로 말하지 않았다"며 냉랭했던 집안 공기를 전했습니다. 심하게 싸우고 나면 아버지는 식사시간에 밥그릇만 가지고 방으로 들어가는 일도 많았습니다. 형제가 모두 말이 없고 내성적인 성격을 갖게 된 것은 이런 집안 분위기 때문이었습니다. 결국 부부 사이의 갈등은 한 가정을 파탄으로 이끈 도화선이 됐습니다.

유일한 탈출구가 되었던 영화

'나도 같이 다닐 친구가 생기면 좋겠지만 이젠 누굴 다시 사귈 용기가 없어.'(1996. 10. 31. '항상 어색한 친구에게')

가정에서 외톨이였던 이○○은 중학교때부터 친구들에게 '왕따'를 당했습니다. 중학교 2년 때 성장이 멈춘 왜소한 체격, 말이 없고 순진했던 그를 친구들은 '원숭이 같은 놈'이라고 놀리고 억지로 교탁으로 끌어내 노래를 시키기도 했습니다. 이○○은 고등학교에 진학해서도 마음이 통하는 친구를 사귀지 못했습니다. 그런 아들에게 아버지는 "네가 뭘 잘하냐? 공부나 해라. 공부도 못하면 사회에서 낙오된다"라는 말을 서슴없이 퍼부었습니다.

공부를 잘해야만 부모로부터 인정받을 수 있다고 생각한 이○○는 고등학교 내내 공부만 했습니다. 성적은 항상 상위권을 유지했지만 정작 자신은 공부를 잘한다고 생각하지 않았습니다. 그는 "놀지도 않고 1년 365일 공부만 해보세요. 바보가 아닌 이상 이 정도는 할 수 있어요"라며, 기억하고 싶지 않았던 고등학교 3학년 생활을 털어놓았습니다. 아버지는 아들이 공부하는 것을 감시하면서 2~3시간마다 들어와 아들이 얼마나 공부했는지 점검했습니다. "조금 전에도 200쪽 보던데, 겨우 두 쪽밖에 못 봤어? 너 낙서한 '1987'은 무슨 의미냐"라며 ○○이를 다그쳤지요. 고교 3년 생활은 그에게 지옥과도 같은 시간이었습니다. 그가 서울대를 마다하고 굳이 ㄱ대에 특차 지원 한 것도 이런 생활에서 빨리 벗어나고 싶었기 때문이었습니다.

고등학교 때 친구가 없었던 그는 대학에 들어가자마자 바로 컴퓨터 동아리에 가입하는 등 친구를 사귀려는 노력을 했습니다. 하지만 이미 너무 내성적으로 되어버린 탓에 자신의 고민을 털어놓을 만큼 사람을 깊이 사귀는 법을 알지 못했습니다.

'모임에 나가면 난 항상 침묵한다. 워낙 대화에 소질이 없다 보니 그렇게 된 것인지, 아니면 침묵을 지키다 보니 대화에 소질이 없어진 것인지 분명치 않다.'(1997. 3. 17. '침묵의 소리')

얼굴을 맞대고 대화하는 법을 몰랐던 그는 컴퓨터 화면을 보며 조금씩 자신의 마음을 풀어나갔습니다. 그래서였을까요? 그가 그나마 잘 어울렸던 사람들이 바로 PC통신 영화동호회 사람들이었습니다. 현재 시삽인 ㄱ씨(23)는 "OO이는 영화를 많이 보고 영화 평도 아주 잘 썼다. 통신 모임에서 운영위원을 할 정도면 열심히 활동했다는 뜻이다"라고 말했습니다. 하지만 오프라인 모임에서는 비교적 말수가 적었다고 합니다. 사람을 만나는 현실 세계에서 그는 여전히 외톨이였던 것이죠. 보다 못한 한 친구가 MT때 돌려가며 하고 싶은 말을 적는 종이에 '사람을 사랑하십시오. 여자를 사랑하십시오'라는 말을 적어 주기도 했습니다. 하지만 이OO은 쪽지를 보고 '사람이고 여자고 간에 자기 자신을 사랑해야 누구를 사랑하지 않느냐?'라는 생각을 했습니다.

그래서인지 그는 혼자 돌아다니기를 좋아했습니다. 학교 수업은 대충 듣고, 영화 자료실에서 영화와 관련된 책을 보고. 그러다 종로까지 걸어가면서 레코드 가게에 들려 좋아하는 음악을 듣고, 교보문고에서 밤 9시까지 보고 싶은 책을 뒤적였습니다. 집에 들어가기 싫었던 그는 명동을 돌아다니며 거리와 사람들을 구경한 뒤 밤 10시가 넘어서야 지하철에 몸을 실었습니다. 그길로 곧장 집에 들어가지 않고 동네 근처 공원에서 어슬렁대다가 밤 12시가 넘어서야 집에 들어갈 만큼 집은 그에게 고통스런 공간이었습니다.

이와는 반대로 그는 "내가 무엇인가를 해서 인정받을 수 있었던 유일한 때가 바로 군대 시절이었다"며 집을 떠나 있었던 군대 시절을 행복했던 때로 기억하기도 했습니다.

하지만 집에 있으면서도 그가 유일하게 즐거워했던 시간이 있었습니다. 그 순간은 바로 영화를 볼 때였습니다.

'내가 좋아하는 영화를 보면서 그 순간을 즐긴다. 그때만큼은 나도 남들처럼 살아 있다는 걸 느낄 수 있다.'(1996. 9. 2. '왜 또 나는 영화를 보는가?')

이OO이 10년 넘게 드나들었던 단골 비디오 가게 주인 홍 아무개씨(34)는 "하루에 4~5편 빌리는 것은 기본이었다"며 그를 영화 마니아로 기억하고 있었습니다. 이OO은 이 대여점에서 영화를 6백 편이나 빌려 보았습니다.

그가 주로 좋아하는 영화는 '피 튀기는 잔인한 영화'로 그 중에서도 올리버 스톤의 <킬러>(원제: Natural Born Killers)는 그가 "진짜 정말 너무 굉장히 아주 매우 미치도록 존경한다"라며 최고의 수식어를 붙여 '명작'이라 치켜세운 영화입니다.

경찰청 범죄심리분석 자문위원인 신민섭 서울대 교수는 "이OO에게 영화는 도피처였다. 영화를 보면서 대리 만족을 느꼈을 것이다"라고 말합니다. 신교수는 이OO이 만성적인 우울증과 회피적인 성격 장애로 진단했습니다. 어려서부터 부모의 구박을 받으며 열등감에 사로잡혔던 OO이가 군대를 제대하고 다시 집으로 돌아와 부모와 부딪치면서 비극은 시작된 것입니다.

부모의 정신적 학대가 살해의 직접적인 원인

그는 군대에 있는 동안 PC통신 영화동호회와 멀어졌고, 과내 컴퓨터 동아리 친구들과도 거의 연락하지 않았습니다. 형도 아버지와 다툰 뒤 따로 나가 살고 있었기에 그는 완전히 고립된 채 외톨이가 되었습니다.

사건 당시 이OO은 영문과로 편입하기 위해 휴학한 뒤 과천 도서관과 집에서 영어 공부만 하고 있었습니다. 형 이씨는 "여기 경찰서에 와서야 동생이 영문과에 편입하려고 휴학한 것을 알았다"라고 말했습니다. 이것은 가족과의 대화가 단절된 이OO의 상황을 단적으로 보여주는 대목입니다.

아무 말 없이 집과 도서관을 오고가는 그를 못마땅하게 여긴 아버지는 사건 발생 1주일 전 "너 같은 놈은 사회생활 못한다"며 크게 야단쳤습니다. 제대 후 가정에 적응하지 못하고 자신감을 잃어가던 이OO에게 아버지의 이 말은 큰 상처가 되어 박혔습니다.

사건이 발생하기 하루 전에도 아버지는 비슷한 말로 그를 야단쳤습니다. 내성적이었던 이OO는 아버지의 말을 가슴에 품고 있다가 결국 폭발하고 말았던 것입니다. 야수로 돌변한 이OO은 '이제는 끝이다'라는 심정으로 일을 저질렀습니다. 나중에 이OO는 "시체를 토막내고 유기한 것은 깨끗이 없던 일로 만들고 싶어서였다"고 털어놓았습니다.

그의 정신 상태를 감정한 신민섭 서울대 교수는 "거울에 비친 자신의 피 범벅된 모습을 보고도 두렵지 않았던 것은 일종의 정신적 마비 상태에 빠져 있었다는 증거"라고 말했습니다. <시사저널>이 단독 입수한 이OO의 글을 본 신교수는

"부모를 살해하기까지는 어려서부터 받은 정신적 학대가 직접적인 원인이었다. 살해한 뒤 시체를 토막내고 유기한 것은 '피 튀기는 영화'가 간접적인 영향을 미쳤을 것이다"라고 덧붙였습니다. 이 말은 이OO이 무의식 상태에서 그가 즐겨 보던 영화대로 '타고난 킬러'처럼 행동했다는 뜻입니다. 또한 신교수는 "마음을 털어놓을 친구가 한 명이라도 있었다면 이런 일은 일어나지 않았을 것"이라고 설명했습니다.

검거된 뒤 형과의 면담을 거부했던 이OO은 며칠 후 형을 만나 긴 대화를 나누었습니다. 면회가 끝난 뒤 형 이씨는 "동생이 사형만 면한다면 평생 뒷바라지하겠다. 친구가 되겠다"라며 참담한 심정을 토로했습니다. 형과의 대화를 끝낸 이OO은 입술을 굳게 닫은 채 더 이상 논리적으로 자신의 주장을 펴지 못했습니다. 가정과 사회가 만들어낸 '엽기적 살인범' 이OO은 그제서야 두려움에 떨려 '후회한다'는 말만을 중얼거렸습니다.

간디 VS 부모 토막살해범; 같은 성격, 정반대의 인생

같은 기질의 두 사람:
다른 행위와 소망으로 만들어낸 대조적인 삶

일러스트: 간디와 이○○ 사이에 '내성적인 성격'이라는 공통분모가 그려져 있고, 간디는 '목표'라고 써 있는 쪽을 향해 밝은 표정으로 나아가는 반면, 이○○은 '방황'이라고 써 있는 쪽을 향해 괴로운 표정으로 나아가고 있다

지금까지 우리는 두 명의 대조적인 인물, 즉 간디와 부모 토막살해범 이OO의 일생을 살펴보았습니다. 여러분들 중에는 세계적인 지도자인 간디와 반인륜적 패륜아인 이OO를 서로 비교한다는 자체가 무의미하다고 생각하는 사람도 있을 것입니다.

그러나 이 두 사람의 성격적 기질은 매우 흡사합니다. 겉으로 볼 때 둘의 가정환경 역시 평범한 보통의 가정으로 특이한 점이 없습니다. 하지만 이 두 사람의 행위와 소망은 너무도 달랐고 결국은 전혀 다른 결과를 가져왔습니다.

만약 간디와 이OO이 다섯 가지 기본 특질 검사를 받았다면 과연 어떤 결과가 나왔을까요? 물론 이 검사는 이OO이 부모를 살해한 시점이 아니라, 그가 왕따를 당하고 부모로부터 스파르타식 자녀교육을 받기 이전이었던 중학교 시절에 받았다는 가정을 해야겠죠.

저자는 '경험에 대한 개방성'에 있어 이OO이 간디에 비해 다소 낮게 나왔을 것이라고 생각합니다. 왜냐하면 그는 유학을 떠난 간디처럼 혼자 고립된 상황에서 더욱 안으로만 침잠하는 내향적 성격의 소유자이기 때문입니다. 그러나 나머지 네 차원에서는 간디와 비슷하게 나왔을 것이라고 확신합니다.

계속되는 혼란과 무의미, 불만으로 나를 잃어버린다

그렇다면 비슷한 성격 특질을 갖고 있는 사람들이 왜 성인이 되어서는 전혀 딴 사람으로 변한 것일까요?

이것을 살펴보기 위해 우리는 간디와 이OO의 가정환경을 살펴보면 이OO은 어쩌면 간디보다 더 유복한 가정환경에서 성장했습니다. 그의 부모는 모두 고등교육을 받은 엘리트였고 그를 대학에 보낼 수 있는 경제적 여유도 있었기 때문이죠.

자! 그러면 이OO의 무엇이 잘못 되었던 것일까요.

우선 여러분은 맨처음 이OO의 소망과 행위가 잘못되어 있다는 것을 발견할 수 있습니다. 그의 행위, 즉 그의 중고등 학교에서의 학업활동을 분석해 보면 그것이 스스로 진정 추구하는 목표가 아니었다는 것이 나타납니다. 사실 이OO은 '부모의 기대를 저버리지 않기 위해, 인정받기 위해' 무작정 열심히 공부했습니다. 즉 이OO 스스로가 아니라 부모가 대신 그의 소망(건축설계도)을 미리 그려놓았고 그는 이를 단순히 따랐던 것이죠.

물론 공부가 정말 하고 싶어서 하는 사람은 극히 드물고 부모의 강요나 기대 때문에 열심히 공부하는 경우가 더 많은 것이 현실이긴 합니다만 부모의 격려와 애정이 함께 한다면 우리는 이를 충분히 이겨낼 수가 있습니다. 또 그런 와중에서 좋은 성적을 올리면 자기의 지적 능력이 높아진다고 믿게 되기도 합니다.

그러나 이OO의 부모는 오직 스파르타식으로 자식들을 양육했으며 애정과 관심보다는 채찍질 한다는 뜻에서 오히려 그의 단점을 지적하고 모욕하는 것으로 그를 대했습니다. 그러다 보니 이OO은 점차 자신을 잃고 학업에 대한 스트레스를 받게 되었습니다. 다시 말하면 이OO은 그 스스로의 '행위'에 만족하지 못하고 점점 방황하게 된 것입니다.

대학에 입학한 후에도 이OO의 행위와 소망은 계속되는 혼란과 무의미, 불만족 안에 놓여 있었습니다. 그는 학교공부에 취미를 붙일 수 없었고 학점도 B학점을 간신히 유지하는 수준이었습니다. 그나마 그 정도의 학점을 유지할 수 있었던 것은 그가 교양과목에서 받은 높은 점수 덕분이었으며 그가 선택한 전공 학점은 오히려 수준 이하였습니다. 그래서 그는 뚜렷한 가치관, 인생관, 생애목표를 상실한 채 매일 비디오방에서 영화를 보며 현실로부터 도피하려 했습니다.

만일 그가 산업공학과에 만족했었더라면, 즉 그의 대학시절의 '행위'와 '소망'이 순조로운 것이었다면 그의 인생은 180도로 바뀌었을 것입니다. 물론 전공 선택은 스스로 한 것이었지만 그는 자신의 전공에 만족하지 못했습니다. 그가 만약 컴퓨터공부에 만족했더라면 가정에서 받는 스트레스를 학업을 통해 어느 정도 극복했을 것이고 또 대학을 무난히 졸업한 뒤 좋은 직장에 취업하여 정상적인 삶을 누릴 수 있었겠죠.

그러나 그의 행위와 소망이 비틀어진 이유가 전공이 원래부터 적성에 맞지 않았기 때문이었을까요? 아니면 그가 중고등학교, 군대 시절 동료로부터 받은 집단따돌림, 부모와의 불화 때문에 그의 정신적 능력이 고갈되었기 때문이었을까요? 어떤 이유에서였든지 그는 범행 몇 달 전부터 영문과에 편입하기 위해 영어공부를 새롭게 시작하게 됩니다.

저자는 그가 자신의 전공에 만족하지 못한 것은 스트레스 때문이었다고 생각합니다. 왜냐하면 고등학교를 졸업한 후, 대학에 입학하기까지 2개월 동안 그는 매일 5~6개의 영화를 보며 주위 사람들로부터의 시달림에서 도피하려고 했기 때문입니다. 따라서 그가 어떤 전공을 선택했든, 이미 공부에 매진할 정력은 고갈된 상태였고, 대학에 들어간 후에도 그것은 마찬가지였습니다.

천국과 지옥을 선택하는 것, 인생의 목표와 행동

이OO가 보여준 행위는 뚜렷한 목표가 없고 노력도 없는, 그저 시간을 죽이기 위한 도피적 삶이었습니다.

앞에서 저자는 내성적이었던 간디가 남을 돕기 위한 변호사로 활동하면서 자신의 외향적으로 변하게 되어, 결국 내성적 성격특질을 극복했다고 설명했습니다. 그러나 이OO의 경우는 그와 정반대였지요. 이OO이 천성적으로 갖고 태어난 내성적 성격은 오히려 상황을 악화시켰습니다. 만일 그가 외향적인 성격의 소유자였다면 부모와의 불화에도 불구하고 학업에 더 정진했을 것이고 그런 가운데에서 친구들과 더 자주 만나 자신의 스트레스를 극복할 수 있었을 것입니다. 그러나 그는 타고난 성격특질인 내향성, 신경증적 경향 때문에 남들이 부러워하는 일류대학에 진학하고도 자신의 성격특질을 뛰어넘지 못했습니다.

단적인 예를 들어 그는 대학에 다니던 2년 내내 과천에서 버스를 타고 안암동에 위치한 ㄱ대학의 정문 앞에서 하차하지 않고 한 정거장 전에 내려 ㄱ대학으로 걸어갔습니다. 그것은 등교하는 도중에 친구를 만날까봐 겁이 났기 때문이라고 합니다.

만일 그가 외향적인 성격을 갖고 있었다면 아마도 군대제대 후 그의 형처럼 가출을 했을 것입니다. 사실 그는 일류대학의 우수한 학과에 재학 중이었으므로 마음만 다부지게 먹는다면 집을 나와 독립하고 어떻게든 생활을 할 수 있었습니다. 그러나 그의 스트레스는 너무나 심한 경지에 이르렀고 설상가상으로 그의 기질적인 신경증 경향과 내향성이 겹쳐 결국 불행한 길로 들어섰습니다.

자! 이제 여러분은 간디와 이〇〇의 차이가 무엇인지 알게 되었을 것입니다.

타고난 성격특질 면에서 간디와 이〇〇은 별다른 차이점이 없었지만 삶의 방식과 활동면에서 두 사람은 엄청난 차이를 보입니다.

간디의 학창시절은 확고한 목표를 향해 전력을 다하는 아주 활동적인 삶이었던 반면 이〇〇의 학창시절은 뚜렷한 인생관, 가치관, 인생목표가 정해지지 않은 채 방황하는 도피적 삶이었죠. 성격을 형성하는 마지막 단계인 '소망'을 살펴보더라도 그 차이는 확연하게 드러납니다. 자신의 소망을 이룬 간디는 세계적인 인물로 성장한 반면 자신의 소망조차 알지 못했던 이〇〇은 반인륜적 범죄자로 감옥에 갇혀 있습니다.

이 두 사람의 사례를 통해 우리는 한 인간의 성격이 발달하는 것은 우주를 형성하는 것과 같다는 것을 알 수 있습니다. 우리의 삶이 천국이 될지, 지옥이 될지는 우리의 타고난 성격특질인 기질에 달려 있지 않습니다. 이것 보다는 행위를 어떻게 설계하고 이를 실천하며 자기에게 맞는 소망을 설계하고 이에 얼마나 매진하느냐에 달려있습니다.

우리의 타고난 가정환경과 친구, 부모, 교사와 같은 주변 인물, 책들은 우리의 성격을 형성하는 데 영향을 줍니다. 또한 적절한 시기의 충고, 조언, 도움은 우리의 삶을 풍요롭게 만듭니다. 그러나 이들은 어디까지나 조력자에 불과합니다.

자신에게 알맞은 인생을 설계하고 성취하는 것은 결국 우리 자신뿐입니다.

2장

사람으로 태어나 아무런 스트레스 없이 산다는 것은 불가능한 일입니다. 오죽하면 갓 태어난 아기도 엄마 자궁을 떠나면서 극심한 스트레스를 받는다고 할까요.

학생은 성적 때문에 스트레스 받고, 주부는 살림살이 때문에 스트레스를 받고, 직장인은 과중한 업무에 스트레스 받고, 노인은 노인 나름대로 죽음에 대한 스트레스를 받기 마련입니다.

의사들은 스트레스가 면역성을 떨어뜨리고 각종 성인병과 암의 원인이 된다고 경고합니다. 실제로 스트레스로 인한 만성 위염에 시달리고 있는 직장인들이 새벽마다 위통을 경험하고 있으니 스트레스가 만병의 근원인 것은 증명된 사실입니다.

그렇다면 이 지긋지긋한 스트레스는 도대체 어디에서 오는 것이며 이를 극복하는 방법에는 무엇이 있을까요?

이 장에서는 여러 종류의 스트레스가 우리의 건강에 미치는 영향을 살펴보겠습니다. 특히 우리의 일상생활에서 어떤 부분이 스트레스를 주는지에 대해 생각해보도록 하죠.

여기에서는 어떤 직업이 어떤 스트레스를 불러오는지, 스트레스로 인해 암에 걸린 사람과 그가 어떻게 병을 이겨나가는지에 대한 이야기를 집중적으로 해보겠습니다.

만병의 근원, 스트레스를 극복하라!

나의 스트레스 점수는?

스트레스는 개인마다 그 정도의 차이가 있을 뿐 현대를 사는 우리 모두에게 피할 수 없는 무거운 짐입니다. 그렇다면 여러분은 일상생활에서 얼마나 많은 스트레스를 받고 있을까요?

사실 우리는 언제, 어떻게, 무엇 때문에 스트레스를 받고 있는지조차 잘 모르고 있는 경우가 많습니다. 그렇다면 우리에게 스트레스를 주는 일들은 과연 어떤 것들일까요?

임상심리학자로서 삶의 스트레스가 우리의 건강에 미치는 영향을 연구한 학자인 홈스와 라헤(1967)는 우리가 살아가면서 어떤 변화를 겪을 때, 그것이 유쾌한 것이든 불쾌한 것이든 어느 정도의 스트레스를 준다고 말했습니다. 또 생애에 일어난 사건이―그것이 유쾌한 것이든 불쾌한 것이든―많을수록 더 큰 악영향을 받는다고 보았습니다. 먼저 그들은 다음과 같이 여러 종류의 우리 인생에서 일어나는 보편적인 사건이 일반인에게 어느 정도의 적응적 스트레스를 주는지 조사하기로 했습니다. 여러분도 아래의 테스트를 통해 지금 얼마나 스트레스를 받고 있는지 알아보기 바랍니다.

여러분은 아래에 있는 43가지의 스트레스를 주는 사건을 지난 1년 간 경험한 적이 있습니까? 여러분이 경험한 적이 있는 사건에 표시를 한 다음 옆에 있는 생애사건에 따른 생애변화점수 (즉 스트레스 점수)를 적고 최종적으로 이를 합산합니다.

생애사건	생애변화점수	생애사건	생애변화점수
배우자의 사망	100	일의 책임상의 변화	29
이혼	73	자녀의 출가	29
별거	65	시집 식구와의 문제	29
감옥살이	63	우수한 개인적 성취	28
일가친척 혹은 가족의 사망	63	아내의 맞벌이의 시작 혹은 중지	26
개인의 부상 혹은 질병	53	학교의 입학 혹은 졸업	26
결혼	50	생활조건의 변화	25
해고	47	개인 습성의 개정	24
부부간의 화해	47	상관과의 갈등	23
은퇴	45	주거의 변화	20
가족구성원의 건강문제	44	학교의 변화	20
임신	40	오락생활의 변화	19
성적인 장애	39	교회활동의 변화	19
새로운 가족구성원의 수용	39	사회활동의 변화	18
사업의 재적용	39	잠버릇의 변화	16
경제적 상태의 변화	38	식사습관의 변화	15
친한 친구의 사망	37	휴가	13
다른 분야의 직업으로 전환	36	성탄절	12
저당권의 상실	30	사소한 법률의 위반	11

만일 여러분의 점수가 150점 이하인 경우 여러분의 스트레스는 없는 편입니다. 그러나 150점 이상부터는 스트레스를 받는 경우이고 그 점수가 300점을 초과하면 심각한 스트레스를 받는 편입니다. 이런 사람은 자신의 건강에 아주 조심해야 하는데 병이 날 확률이 높습니다.

홈스와 라헤의 생애사건의 척도

사별한 남자의 사망률은 그렇지 않은 경우보다 40%나 높아

"결혼하는 것도 스트레스를 준다?"

결혼하는 일처럼 행복한 일은 없을텐데 결혼으로 인해 스트레스를 받다니. 얼핏 들으면 이해가 안되는 명제입니다. 하지만 결혼이라는 것은 두 사람이 서로 양보하고 타협해야 하는 조정의 과정이 필요하기 때문에 결혼의 과정은 큰 스트레스를 낳습니다.

따라서 홈스와 라헤는 '결혼'이라는 조금은 아이러니하지만 인생에서 가장 중요한 사건을 기준(50점)으로 나머지 42가지 생애사건의 스트레스점수를 추정하게 했습니다. 그리고 이들은 실험에 참가하는 사람들에게 '다른 생애사건이 얼마나 스트레스를 주는지 평가하기 위해 각 사건이 주는 스트레스가 결혼보다 더 많은지 더 적은지 판단해 이를 점수로 표시해 줄 것'을 요구했고 그렇게 해서 얻어진 결과가 바로 앞에서의 테스트입니다. 여기에서 보면 배우자의 사망이 가장 스트레스를 많이 주는 사건으로 밝혀졌고(100점) 그 다음이 이혼과 별거의 순으로 나타났습니다.

홈스와 라헤의 연구에서 특이한 점은 우리가 일상생활에서 겪는 사건 중에서 부정적인 사건이 우리에게 스트레스를 주는 것은 당연하고, 긍정적인 사건도 우리에게 나쁜 영향을 준다는 사실입니다. 즉 흥분을 일으키는 긍정적 사건이라고 해도 우리에게 반드시 좋은 영향을 주는 것만은 아니라는 것이지요.

한편 연구자들은 수천 명의 해군 장교와 사병에게도 '생

애 변화 척도' 실험을 실시하여 그들이 지난 1년 간 겪은 생
애사건을 모두 표시하게 하고 그에 따른 스트레스점수를 산
출했습니다. 군인들의 스트레스 점수는 앞에서 일반인을 대
상으로 조사한 생애사건별 스트레스점수를 참조하여 산출했
습니다.

그 결과 충격적인 사실이 나타났습니다. 실험에 참가한
군인들 중 스트레스 점수 150점 이하를 받은 사람은 비교적
건강하게 지내고 있었으나, 300점 이상을 받은 사람의 70%
는 이듬 해 모두 질병과 관련된 신체적 증상이 났다는 결과
였습니다. 결국 스트레스 점수가 높은 사람일수록 1년 후 병
에 걸릴 확률이 높다는 것이 입증되었습니다.

앞에서도 언급했지만 이 실험을 통해 가장 큰 스트레스를
주는 생애사건은 배우자 죽음으로 나타났습니다. 영국에서
파크스와 그의 동료들이 실시한 연구(1969)도 그것을 증명하
고 있지요. 그들이 4,500명의 사별한 남자들을 살펴본 결과,
배우자가 사망한 후 6개월 뒤 많은 사람들이 질병, 특히 우
울증에 시달렸으며 이들은 비교집단보다 40%나 더 높은 사
망률을 보였습니다.

만병의 근원, 스트레스를 극복하라!
직무와 스트레스

　우리가 스트레스를 받는 이유에는 여러 가지가 있겠지만 그 중에서도 직장에서 받는 스트레스의 문제는 심각한 수준입니다.

　그런데 한 가지 놀라운 사실은 우리가 어떤 일을 하느냐에 따라 각기 다른 종류와 강도의 스트레스를 받는다는 사실입니다. 즉 직업에 따라 스트레스를 받는 정도가 다르다는 것이죠. 그렇다면 어떤 종류의 직업이 어느 정도의 스트레스를 불러오는 걸까요? 지금부터 자신의 직업과 연관시켜 보면 더욱 재미있는 사실을 발견하게 될 것입니다.

· 마감병에 시달리는 기자들

　일반적으로 마감에 쫓기는 사람들은 강한 스트레스를 받

기 마련입니다. 그럼 마감에 쫓기는 사람들은 누구일까요? 대표적인 사람들이 매스컴에 종사하는 사람들입니다. 신문기자들은 오후 3시까지 기사를 데스크에 제출해야 합니다. 사회부기자를 예로 들어봅시다. 그들은 오전부터 오후 2시까지 각종 살인사건, 교통사고, 기타 사회에서 발생하는 중요한 사건을 취재하러 현장을 누비고 다닙니다. 그 후에는 본사에 돌아와서 사건을 정리한 다음 데스크에 기사를 제출해야 합니다. 그것도 짧은 시간 안에, 데스크가 요구하는 방식으로 드라마틱하게 내용을 구성해야 하죠. 그런데 이때 마감 시간은 몇 분 남지 않았고 기사는 아직 머릿속을 헤매고 있다면? 등에서는 진땀이 흐르고 입술은 바짝바짝 타들어 가고 연신 담배만 피우게 됩니다. 기사를 데스크에 넘긴 후에야 비로소 안도의 한숨을 쉬고 긴장을 풀 수 있습니다.

이러한 스트레스는 방송기자, 잡지사기자 등도 마찬가지입니다. 이들도 신문기자와 마찬가지로 원고를 마감하는 시간이 정해져 있고 대부분의 시간을 취재 현장을 쫓아다니는 데 할애하고 있습니다. 그러다 보니 마감시간이 다 되어서야 원고 작성에 들어가고 언제나 시간에 쫓길 수 밖에 없겠죠. 마감병에 시달리는 기자들이 태반이라는 사실도 이를 입증하는 것입니다.

· 사람의 생명을 다루는 직업의 스트레스

'마감'이라는 시간에 쫓기는 직업 다음으로 스트레스를 많이 받는 직업은 중요한 업무를 다루는 것입니다. 사실 업무치고 중요하지 않은 것은 없지만 어떤 직업은 사람의 생명과 관련이 있기 때문에 특히 중요합니다.

공항을 예로 들어볼까요? 항공기의 이륙과 착륙을 안내하는 직업을 갖고 있는 사람을 공항 관제사라고 합니다. 그런데 이 관제사가 어떠한 착각으로 인해 이착륙하는 비행기에게 잘못된 지시를 내렸다가는 비행기가 서로 충돌하여 수많은 사상자가 발생할 수 있습니다. 이런 사고는 실제로 발생한 적도 있습니다. 따라서 관제사들은 근무시간 내내 긴장해야 하고 이러한 긴장은 그들에게 많은 스트레스를 가져옵니다.

이는 외과의사의 경우도 마찬가지입니다. 항상 수술을 하는 외과의사는 한번의 실수로 환자의 생명을 위태롭게 만들 수도 있습니다. 따라서 관제사 못지 않게 외과의사도 언제나 긴장을 하면서 수술에 임해야 합니다.

· 비서는 피곤해! 직무과다로 인한 스트레스

그 다음으로는 직무가 너무 과다한 경우입니다.

단편적인 예를 들어봅시다. '비서'라는 직업을 가진 사람은 굉장히 많은 업무를 수행해야 합니다. 특히 자신이 모시고 있는 상관이 바쁜 사람일 때에는 더욱 과다한 업무에 시달리게 됩니다. 상관의 하루 일과를 짜는 것에서부터 상관이 만날 사람과 피해야 할 사람을 정하는 것, 해외출장 준비를 해주는 것, 기타 보고서를 워드프로세싱하는 것 등 셀 수 없을 정도로 많은 일들을 해야 합니다.

또 비서는 상관의 개인적인 일에까지도 일일이 신경을 써야 합니다. 상관의 가족들 생일을 기억해야 하는 것은 물론이고 상관 대신 생일선물을 사두는 것도 잊지 말아야 합니다. 남자 비서의 경우는 상관이 골프를 치러 갈 때 골프 가방을 들고다니는 케디 역할도 해야 한다고 합니다. 즉 비서는 상관의 일거수 일투족을 늘 지켜봐야 하고 상관을 만나겠다고 떼쓰는 사람들을 적당히 따돌리는 동시에 상관에게 중요한 사람은 반드시 만날 수 있도록 세심하게 배려해야 합니다.

미국의 어떤 심리학자가 조사한 바에 따르면 가장 바쁜 비서의 경우에는 무려 50가지나 되는 업무를 수행해야 한다고 합니다. 50가지의 업무를 수행하는 '비서'라는 직업, 엄청난 스트레스는 당연한 결과겠죠?

· 결혼한 직장 여성은 슈퍼우먼? 역할과다로 인한 스트레스

앞에서 얘기한 직무과다와 비슷하지만 약간 성격이 다른 '역할과다'도 많은 스트레스를 불러옵니다. 역할과다란 해야 할 일의 역할이 많은 것을 말합니다.

그 대표적인 예가 바로 결혼해서 아이가 있는 직장여성입니다. 자! 이제 그녀의 역할에는 어떤 것들이 있는지 살펴볼까요? 첫째는 아내의 역할이고 둘째는 어머니의 역할입니다. 셋째는 시부모의 며느리 역할, 친정부모의 딸 역할입니다. 넷째는 가정주부의 역할이고 다섯째는 가장 중요한 직장인으로서의 역할입니다. 이처럼 기혼 직장여성은 최소한 다섯 가지의 역할을 담당하고 있는 것이죠.

역할과다가 직무과다와 다른 것은 무엇일까요? 직무과다는 업무를 볼 때 비슷한 일들을 하면서 그 양이 많은 것입니다. 예컨대 마켓팅조사부는 회사제품에 대한 고객의 만족도나 회사제품의 시장점유율을 주로 다룹니다. 그런데 이를 처리하는 데에는 많은 시간이 소요됩니다. 즉 수많은 고객을 대상으로 상품만족에 관한 자료를 조사해야 하고, 또 수많은 현장 점포를 방문해 회사제품의 판매실적 등을 조사해야 하는데 그 업무량이 만만치 않습니다. 하지만 업무의 가짓수는 그다지 많지 않습니다. 다만 처리해야할 업무의 양이 많을 뿐이죠.

그러나 결혼한 직장여성의 경우를 다시 생각해봅시다. 그녀는 크게 중요한 다섯 가지 역할을 해야 합니다. 그런데 여기에서 가장 문제가 되는 것은 그 역할이 서로 다른 성격을 갖고 있다는 것입니다. 어머니로서 자녀들에게 해야 하는 역할은 며느리나 딸로서 시부모와 친정부모들에게 해야 하는 역할과 완전히 반대이며 가정 내에서는 아내의 역할을, 회사에서는 커리어우먼의 모습을 보여주어야 하는 것도 다른 성격의 역할이죠.

이렇게 역할의 가짓수가 많으면 그 역할을 잘 수행하기 위해 언제나 정신적인 긴장을 늦추지 말아야 하고 엄청난 노력을 쏟아부어야 합니다. 스트레스를 덜 받으면서 자신에게 맡겨진 역할을 제대로 수행하기 위해서는 역할의 가짓수가 적으면 적을수록 좋은데, 결혼한 직장여성처럼 너무 많은 역할을 맡게 되면 짜증은 늘어나고 다 때려치우고 싶다는 생각만 간절해집니다. 그러니 각기 다른 성격의 역할을 많이 갖고 있는 사람들은 자연히 스트레스를 많이 받을 수밖에 없습니다.

·애매모호한 업무는 NO!!! 역할모호로 인한 스트레스

일을 하면서 받는 또 다른 스트레스로는 '역할모호'가 있습니다. 역할모호란 자기가 하는 역할이 애매한 것입니다. 역할모호는 상급자가 자신에게 무엇을 해야 할지를 분명히 가르쳐 주지 않을 때 발생합니다.

많은 사람들은 자신의 역할이 모호하다고 생각할 때 갈등을 갖고 스트레스를 받습니다. 앞에서 저자는 비서의 역할을 설명하면서 비서가 상관의 캐디 역할, 상관 가족의 생일선물까지 골라야 하는 경우가 있다고 말했습니다. 이럴 때 비서들은 역할모호를 느끼게 됩니다. "내가 왜 캐디 역할을 해야하고 상관 가족의 생일선물까지 골라야 하는가"라는 회의를 느낄 수 있습니다. 그리고 이러한 역할모호는 비서에게 심한 스트레스를 불러옵니다.

비서가 자신의 역할에 대해 모호하다는 생각을 갖지 않으려면 상관의 태도가 분명해야 합니다. 상관은 비서에게 그가 해야할 일을 분명히 알려주어야 하고 또 비서의 업무를 회사와 관련된 공적인 일에 국한시켜야 하며 사적인 일은 비서 업무에서 제외시켜야 합니다. 그러나 적지 않은 상관들은 비서에게 아무 생각없이 사적인 일까지 맡기기 때문에 대부분의 비서들은 역할모호로 인한 스트레스를 받게 됩니다.

· 단순반복작업 종사자의 엄청난 스트레스

앞에서 애기했듯이 우리는 직업에 따라서, 그리고 구체적인 업무에 따라 스트레스를 더 받기도 하고 덜 받기도 합니다. 항공사 관제탑의 관제사, 의사, 매스컴 종사자, 직장여성, 비서 등은 스트레스를 많이 받는 직업입니다. 이 사람들은 중요하고 과중한 업무에 시달리고 있고 많은 역할을 수행해야 하기 때문에 스트레스를 받습니다.

그렇다면 도대체 스트레스를 받지 않는 직업에는 무엇이 있을까요? 업무가 그다지 중요하지도 않고 역할도 모호하지 않으면서 눈감고도 쉽게 할 수 있는 직업, 또는 직무는 어떤 것이 있을까요? 조립공장에서 반복적으로 조립작업을 하는 사람을 생각해봅시다. 자동차조립공은 한 두가지 일만 합니다. 예를 들어 자동차 앞 유리창을 끼운다든가 에어백을 장착하는 사람이 있다고 합시다. 그리고 그는 이 일을 하루에

8시간 동안 일년 내내 계속하게 됩니다. 자동차 조립공은 앞서 예를 든 직장여성이나 비서에 비해 업무의 양은 적지 않지만 하는 일은 간단합니다.

자! 여기에서 위에서 말한 이론의 모순이 드러납니다. 이론대로라면 자동차조립공과 같이 그다지 중요하지 않고 역할이 모호하지도 않으면서 비교적 쉬운 일을 하는 직종에 있는 사람들은 자신의 일에 만족하고 스트레스도 덜 받아야 합니다. 그런데 실제적으로는 이들이 비서나 직장여성보다 더 많은 스트레스를 받습니다. 미국에서 조사한 바에 따르면 여러 종류의 단순반복작업에 종사하는 사람, 예컨대 TV, 오디오 세트, 컴퓨터, 자동차 조립공 등이 다른 직업보다 훨씬 더 높은 스트레스를 받는다는 것이 밝혀졌습니다. 왜 그럴까요? 그 이유는 단순반복작업이 작업자에게 지루함을 느끼게 해주기 때문입니다. 즉 단순한 일을 매일 똑같이 반복하는 사람은 그 작업에 흥미를 잃고 쉽게 지루함을 느끼게 되므로 더 많은 스트레스를 받는 것입니다.

여러분 중에는 "단순반복작업이 생산직이기 때문에 그렇다"라고 말씀하는 분들도 계실 것입니다. 그러나 같은 생산직 종사자라 할지라도 업무가 그때 그때 달라지는 직업일 경우에는 스트레스를 덜 받고 자신의 일에도 만족하게 됩니다. 어떤 직업이 그러냐구요? 바로 건설직 종사자가 이에 해당됩니다. 건설직 종사자들도 생산직이라 벽돌로 건물과 방을 쌓고 시멘트를 바르는 등 육체적인 일을 합니다. 그리고 그 일은 분업화되어 있어 자동차 조립공처럼 같은 일을 반복합니다.

그렇다면 똑같이 단순반복 작업을 하는데 왜 건설업 종사자들은 자동차조립공보다 직무 만족도가 훨씬 높고 반대로 스트레스는 낮은 걸까요? 그것은 건설직 노동자들의 경우,

같은 일을 반복해도 짓는 건물이 매번 다르고 또 자기가 한 일이 눈 앞에 쉽게 성과로 나타나기 때문입니다. 어떤 때에는 아파트를 짓고, 또 어떤 때에는 핵발전소를 건설하고, 또 다른 현장에서는 학교나 공공건물을 건축하기도 하죠. 이처럼 자신이 짓는 건물이 매번 달라지기 때문에 건설직 노동자들은 자기 일에 흥미를 갖고 지루함을 느끼지 않습니다.

이와는 반대로 사무직의 직원이 자기 업무에 불만을 갖는 이유는 아무리 매일 매일 이리 뛰고 저리 뛰어도 실제로 자기가 한 일이 눈에 보이지 않기 때문입니다. 그래서 사무직 종사자들은 허탈감에 빠지기 쉽습니다. 하지만 건설직 노동자들은 건물의 기초가 다져지고, 건물의 뼈대가 올라가는 것을 직접 눈으로 볼 수 있기 때문에 스트레스를 훨씬 덜 받는 것이지요.

· 적당히 복잡한 업무는 스트레스를 덜 받아

과다한 업무와 스트레스의 관계는 [그림 2-1]과 같은 도표로 잘 설명할 수 있습니다. [그림 2-1]의 X축은 스트레스의 양이고 Y축은 업무의 복잡성입니다.

여기에서 볼 때, 스트레스가 가장 적은 경우는 업무의 복잡성이 중간 정도일 때입니다. 즉 업무가 너무 쉬워도 스트레스가 많고 반대로 업무가 너무 복잡해도 스트레스가 많습니다. 따라서 업무는 적당히 복잡해야 스트레스를 덜 받고 직무에 만족하게 됩니다.

· 백수의 스트레스, 무료함이 주는 괴로움

지금까지의 이야기를 살펴보면 우리는 우리의 직업으로 인해 많은 스트레스를 받는다는 것을 알게 됩니다. 그러나 직

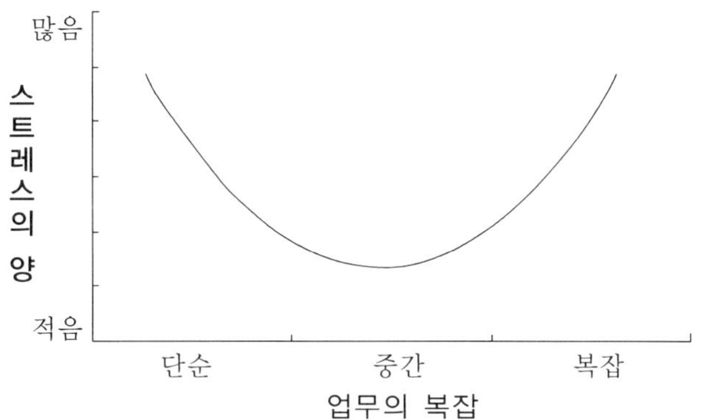

그림 2-1. 업무의 복잡성정도와 근로자가 업무에서 느끼는
스트레스의 양

무가 아무리 어렵고 복잡하다고 해도 직업을 가진 사람은 직업을 갖지 않은 사람보다 스트레스를 덜 받고 행복합니다. 우리에게 직업이란 일을 함으로써 월급을 타고 그것으로 생계를 이어나간다는 의미에서 필요불가결한 요소입니다. 그러나 우리에게 있어 직업이 중요한 이유는 그것이 생계 수단이기 때문만이 아닙니다. 직장은 우리에게 중요한 하루 일과를 짜줌으로써 우리로 하여금 하루를 지루하지 않고 알차게 보낼 수 있도록 해줍니다. 취업하지 못했거나 실직한 사람이 갖는 가장 커다란 스트레스가 무엇인지 아십니까? 그것은 긴 긴 하루를 할 일 없이 무료하게 보내야 하는 데에서 오는 스트레스입니다. 회사 일에 지친 사람 중에는 "단 하루만이라도 집에서 빈둥거릴 수 있다면 원이 없겠다"라고 생각하는 사람이 많습니다. 그러나 그런 사람이 막상 집에서 쉬게 되면 금세 무료해지고 답답해져서 스트레스를 더 많이 받게 됩니다.

또한 직장은 우리로 하여금 친구를 사귀고 그들과 재미있게 지낼 수 있도록 인간관계의 폭을 넓혀줍니다. 직장을 얻지 못한 사람의 인간관계는 고작 학교친구, 가족밖에 없겠죠. 하지만 직장에 다니는 사람은 회사에서 동료와 같이 일하고 그들과 같이 여가를 즐길 수 있습니다.

그리고 직장이 우리에게 베풀어주는 최고의 선물은 우리로 하여금 자아실현을 가능하게 해준다는 것입니다. 연구를 하고 싶은 사람에게 연구소라는 직장이 없으면 그의 자아실현은 달성될 수 없지요. 마찬가지로 어린 아이, 청소년을 가르치는데 보람을 느끼는 사람에게 학교라는 직장이 없다면 그는 불행합니다. 공무원, 판사, 검사, 요리사, 디자이너, 의사들도 모두 각자에게 맞는 직장이 있기 때문에 삶의 보람을 느낄 수 있습니다. 따라서 직장이란 우리에게 스트레스를 주기도 하지만 반대로 우리가 생을 영위하고 자아실현을 하는데 없어서는 안될 존재이기도 합니다. 이렇게 직업 또는 직무는 스트레스와 관련해 이중성을 갖고 있습니다.

여러분은 지금 직장 때문에 스트레스를 받고 있습니까? 스트레스가 너무 많아서 당장 때려치우고 싶은 생각이 굴뚝같다고요? 그것이야말로 정말 어리석은 생각이 아닐 수 없습니다. 왜냐하면 그 생각을 행동으로 옮기는 즉시 여러분은 무료해지고 생계의 위협을 받으며 인생의 보람을 느끼지 못할 것이기 때문입니다. 따라서 우리는 마음에 드는 직업을 발견할 때까지 현재의 직업을 그대로 유지할 필요가 있습니다. 구정물이 더럽다고 그대로 하수구에 쏟아붓는 사람처럼 바보는 없습니다. 구정물은 맑은 물을 얻을 때까지 그런대로 쓸 데가 많기 때문이죠. 하다못해 화단에 물을 줄 수도 있지 않겠습니까?

만병의 근원, 스트레스를 극복하라!

스트레스가 질병을 부른다

앞에서 우리는 직업이 주는 스트레스에 대해 살펴보았습니다. 물론 직장에서 받는 스트레스도 심각한 문제지만 이런저런 스트레스가 질병까지 불러온다면 그것은 더 큰 문제가 아닐 수 없습니다.

스트레스가 우리의 면역성을 떨어뜨리고 각종 고혈압, 심장병, 당뇨와 같은 성인병에 심하면 암까지 유발한다고 하는데 그것이 정말 사실일까요? 이것이 만약 사실이라면 피할 수도 없는 공포감이 밀려옵니다.

도대체 스트레스는 어떻게 병을 만들고 우리의 건강을 악화시키는 것일까요?

설사 아직 스트레스가 각종 성인병과 암의 직접 원인이 된다는 결과가 나오지 않았다고 해도 스트레스 극복이라는 과제는 현대인에게 것은 매우 중요한 문제입니다.

어떤 사람은 스트레스 해소를 위해 술을 마시고 담배를 피우기도 하며 또 어떤 사람은 위험한 성행위에 몰두하기도 합니다. 하지만 이러한 스트레스 대처 방법은 현실을 회피하기 위한 것일 뿐 결국엔 우리의 건강을 해치게 됩니다.

그렇다면 스트레스를 긍정적으로 극복할 수 있는 방법은 어떤 것이 있을까요? 다음은 스트레스로 인해 병을 얻었지만, 투병 기간 동안의 스트레스를 효과적으로 극복해낸 암 환자의 사례입니다.

이민 사회에 적응하면서 받은 스트레스

서울에서 대기업 재무담당이사로 근무했던 강씨는 60세의 나이로 정년퇴임을 한 뒤 아들이 있는 미국으로 이민을 갔습니다. 처음 얼마간은 아들과 함께 살았지만 아들이 이혼하자 강씨 부부는 아들집에서 독립해 나옵니다.

충분히 일할 수 있는 나이였던 강씨는 조그마한 미국 회사에서 경리 일을 맡게 됐습니다. 그는 독실한 크리스천이었고 집사로 교회 살림을 관리하는데도 열심이었습니다. 그에게 교회는 고달픈 미국생활에서 크나큰 마음의 안식처가 되었습니다.

그러나 그의 사회생활은 그렇게 만족스럽지 못했습니다. 유창하지 못한 영어 때문에 직장 상사와 동료들은 은근히 그를 따돌리기까지 했습니다. 하지만 맡은 일에 대한 강한 책임감 덕분에 많은 나이에도 불구하고 사장은 그를 해고하지 않았습니다.

그러던 지난 2001년, 그의 나이 79세가 되던 해 그는 갑자기 췌장암이라는 진단과 함께 3개월 시한부 인생을 선고받게 됩니다. 꾸준히 건강진단을 받고 있었고, 불과 3개월 전에도 아무 이상이 없었던 그는 의사의 오진이라 생각했습니다. "암은 유전과 깊은 연관이 있는데 나의 가족 중에는 암으로 죽은 사람이 없고 모두 장수하고 있다"며 자신이 암에 걸릴 일이 없다고 확신했습니다.

그 후, 다른 병원에서도 같은 결과를 얻은 강씨는 치료를 포기하고 집에서 쉬기로 했습니다. 그러나 몸이 점점 야위어 가고 심한 통증이 반복되면서 말기 암환자를 위한 특수병원에 입원하기에 이릅니다.

그런데 보통 암 말기환자들의 경우는 식사도 제대로 못하고 심한 통증 때문에 신경이 극도로 날카로워지는데 반해 강씨는 다른 환자들과는 달리 얼굴이 밝고 의료진들과 농담도 주고받는 등 병원생활에 잘 적응했습니다. 환자들의 우울증 치료를 위한 놀이와 게임에서 자주 상을 타기도 했습니다.

혼수상태에서 깨어난 의지

그렇다면 강씨는 언제부터 병을 느끼게 된 것일까요? 강씨에게는 서울에 결혼한 딸이 있었는데 그 가족들이 강씨 부부를 만나러 미국에 다녀간 2000년 여름 직후부터 강씨의 몸에 이상이 오기 시작했습니다.

평소에 강씨는 외손자를 매우 그리워했습니다. 하지만 대학에 다니고 있던 외손자는 쉽게 미국으로 건너갈 수가 없었고 강씨의 딸은 아버지의 병간호를 위해 혼자서 미국으로 갈 수밖에 없었지요.

딸과 아내가 간호를 하면서 이들이 놀란 것은 강씨가 자신의 병이 암이라는 것, 그것도 살날이 얼마 남지 않았다는 것을 알면서도 이를 초연하게 받아들이고 있다는 사실이었습니다. 심지어 강씨는 아내와 지나간 결혼생활에서 가졌던 여러 가지 추억을 되새기면서 딸과는 어렸을 때 보냈던 여러 가지 즐겁고 재미난 사건을 회상하기도 했습니다. 물론 강씨의 나이가 많았던 것이 이런 마음을 가지게 한 원인이 되었을 수도 있습니다.

시간이 지날수록 강씨의 병은 점점 악화되고 있었습니다. 그가 기다리는 것은 오직 한국의 외손자, 사위, 미국에서도 먼 곳에 있는 외손녀의 전화였습니다. 2001년 5월이 되자 강씨의 몸은 너무나 쇠약해졌고 외손녀는 강씨가 사망할지도 모른다는 생각에 급히 달려갔습니다. 그런데 극도로 약해진 체력에 의식마저 희미해졌던 강씨는 외손녀를 보자마자 기적적으로 기운을 차렸고 그동안 하지 못했던 식사도 시작했습니다. 하지만 일주일동안 머물렀던 외손녀 부부가 돌아가자 좀 나아진 듯 했던 강씨의 병세는 다시 갑자기 악화되었습니다.

직장과 학교 때문에 미국으로 건너갈 수가 없었던 사위와 외손자는 강씨에게 일주일에 서너 번 씩 전화로 "저희들이 미국으로 출발하는 6월 하순까지만 기다려달라"는 간청을 했습니다. 하지만 "그래, 너희들이 보고 싶으니까 그 때까지 무슨 일이 있더라도 참아야지"라며 자신을 채찍질하던 강씨도 6월에 들어서면서부터 "이제는 자신이 없다"는 말만 되풀이 했습니다.

강씨의 통증은 점점 심해졌고 다리부터 몸 전체가 부어오르기 시작했습니다. 복수가 차서 배가 남산만 해졌지만 그는 "오늘이 며칠이지"하고 외손자가 올 날을 손꼽아 기다리기 시작했습니다.

혼수상태를 거듭하던 강씨는 6월 25일 드디어 꿈에 그리던 사위와 외손자와 상봉했습니다. 놀랍게도 사위와 외손자를 본 강씨는 어디서 그런 힘이 솟았는지 얼굴에 화색이 돌며 또렷하게 대화까지 했습니다.

외손자가 할아버지를 위해 지어온 시를 돋보기를 써가며 한자 한자 음미하고, 또 서울에서 혼자 생활하느라 수고가 많다며 사위를 격려하기도 했습니다.

그런데 참으로 이상한 일이 발생했습니다. 강씨는 사위와 외손자에게 "밤새도록 비행기를 타고 왔으니 그만 집에 가서 쉬라"면서 내일 다시 만나자고 했습니다. 가족들은 강씨가 혼수상태를 자주 반복해 임종이 얼마 남지 않았다고 생각했지만 다시 건강한 원기를 회복하여 최소한 내일까지는 돌아가시지 않을 것이라고 믿었습니다. 그러나 딸 가족이 돌아간 그날 저녁, 강씨의 병은 갑자기 악화되어 그는 부인의 손을 잡은 채 조용히 영면했습니다.

암의 원인은 스트레스

우리 주위를 둘러보면 스트레스가 무서운 질병을 불러온 사례를 자주 볼 수 있습니다. 강씨의 경우가 바로 그 예가 되겠죠. 그의 가족이나 가까운 친척 모두 장수했고 암 경력이 전혀 없는데도 강씨는 췌장암에 걸렸습니다. 물론 다른 원인들도 있겠지만 가장 큰 원인은 낯선 미국생활에서 받은 스트레스 때문이었습니다.

하지만 이 문제는 아직 우리가 모두 공감할 명확한 결론이 나와 있지 않습니다. 어떤 사람은 스트레스를 아주 많이 받아도 암이나 성인병이 발생하지 않는데, 이런 사람들은 체질적으로 스트레스를 극복하는 면역체계가 따로 있는 것이

의사가 '원인＝스트레스'라고 써있는 종이를 암환자에게 건네고 있다

아닐까 하는 학자들의 의견도 있습니다.

지금까지 심리학자들이 연구한 결과로는 스트레스가 호흡기 감염 즉 감기, 각종 감염성 질환, 임신합병증에 영향을 준다는 것에는 명확한 증거가 제시되어 있습니다. 스트레스가 쌓이면 독감에 잘 걸리고 피부에 종기가 생기며 임신중독이나 유산하는 경우가 많다는 것이 여기에 해당합니다.

그러므로 우리는 스트레스로 인한 심리적인 압박, 신체적인 위협에서 벗어나기 위해서라도 스트레스에 효과적으로 대처할 수 있는 방법을 찾아야 합니다.

만병의 근원, 스트레스를 극복하라!

우리는 스트레스에 어떻게 반응하는가?

　　스트레스를 받으면 여러분은 어떻게 대처하는지요. 어떤 사람을 소리를 지르기도 하고, 술을 마시거나 괜히 주변 사람들에게 화를 내기도 합니다. 스트레스에 대해 표현하는 방법은 사람마다, 성격마다 모두 다릅니다. 하지만 우리들이 어떤 강력한 스트레스에 마주했을 때 심리적으로 느끼는 감정은 어떤 특징이 있습니다. 연구자들은 사람들이 과도한 스트레스를 받았을 때의 반응에서 나타나는 공통점을 발견해내었고, 스트레스에 긍정적으로 대처하는 방법을 연구했습니다. 이제 이에 관한 자세한 이야기를 해보기로 하지요.

강력히 부인하다 결국 현실로 받아들이다

의사가 '에이즈'라고 진단하자 손사래를 치며 강하게 부인하는 환자

　암에 걸렸다는 의사의 진단은 우리가 받을 수 있는 가장 과도한 스트레스입니다. 이런 사형선고를 받았을 때 우리는 어떤 식으로 대처할까요? 물론 여러 가지 방법이 있겠지만 일단은 긍정적인 것과 부정적인 것, 두 가지로 나뉘게 됩니다. 앞에서 예로 든 강씨의 경우, 췌장암이라는 사망률이 높은 병을 진단받았을 때 그가 처음 나타낸 반응은 부인(否認)이었습니다.

　그는 '아마도 의사가 오진했을 것이라며 자신을 달랬지요.

또 자신은 하느님을 열심히 믿었고 지금까지 양심껏 살아왔
는데 하느님이 그러한 자신에게 사형선고를 내렸을 거라고
생각하지 않았습니다. 그러나 그는 두번째 검사를 받고 똑같
은 진단을 받고서야 이를 받아들였습니다.

암이나 AIDS와 같은 위험한 병을 진단받은 사람들은 처
음엔 그 사실을 믿지 않으려 합니다. 이런 행동을 심리학적
으로 '부인(否認)'이라고 하며, 환자들은 자신의 질병을 인정
하지 않습니다. 그래서 이런 사람들은 여러 병원과 여러 의
사를 찾아다니며 자기가 중병에 걸리지 않았음을 확인받으려
발버둥칩니다. 이런 증상을 '의사쇼핑'이라고 부릅니다. 즉 자
신의 병이 사실이 아님을 인정받고자 의사를 두루 찾아다니
는 것입니다.

이처럼 현실을 인정하지 않으려고 하는 것, 즉 '부인'이
스트레스에 대처하는 한 방법입니다. 그런데 '부인'은 병에
따라서, 또 병의 진행시점에 따라서 환자의 건강에 도움이
되기도 하고 해가 되기도 합니다.

예를 들어, 관상동맥경화증환자에게 '부인'은 오히려 건강
에 도움이 되기도 합니다. 즉 급성 심근경색이 나타난 사람
은 심한 충격으로 갑작스런 심장마비가 올 수도 있으므로 자
기가 심각한 병에 걸리지 않았다고 생각하는 가벼운 마음이
오히려 도움이 됩니다.

그러나 병이 어느 정도 진행된 후라면 이러한 대처는 해
(害)가 됩니다. 왜냐하면 환자는 자기의 심장병이 대수롭지
않다고 생각하고 적절한 치료를 받지 않으려 하기 때문이지
요. 메에스의 연구(1996)에 의하면, 심장마비환자 중, 병을 강
하게 부인했던 사람은 이를 약하게 부인했던 환자에 비해 병
원입원기간이 짧았고 입원해 있는 동안에 심장기능의 장애도

덜 발생했습니다. 그러나 이들은 퇴원 후 의사의 지시를 잘 따르지 않았고 이 때문에 다시 입원하는 경우도 더 많은 것으로 나타났습니다.

그러나 자기 병을 강하게 부인했던 환자들도 병이 진행되면서 신체적으로 고통을 받다보면 어느 시점에 가서 자신이 중병에 걸렸음을 인정할 수밖에 없게 됩니다. 이 때도 사람들은 여러 가지 반응을 보이는데 대부분은 강씨와 같이 현실적으로 이를 수용(受容)하게 됩니다. 즉, 자기가 암에 걸렸다는 것을 인정하고 현실로 받아들이는, 어떻게 보면 현명한 판단을 선택합니다.

그런데 이러한 수용이라는 선택은 병의 진행에 어떤 영향을 줄까요? 아이러니하게도 현실적으로는 건강에 해가 되는 여러 가지 행동을 불러옵니다. 의사의 치료를 따르지 않고 처방을 무시하는 등의 행동이 바로 그것입니다. AIDS환자의 경우, 현실을 인정하고 받아들일 때 오히려 면역체계가 무너지고 바이러스가 빠르게 진행되는 등 악영향을 준다는 것이 밝혀졌습니다. 물론 이러한 현실적 수용이 건강에 직접적으로 영향을 주는 것은 아닙니다. 그보다는 앞에서처럼 의사의 처방을 무시하고, 치료를 거부함으로써 환자의 행동에 간접적인 영향을 주는 것이지요.

놀이 활동을 통해 사고를 전환한다

암 환자들은 대부분 만성적인 고통을 호소합니다. 그렇다면 약물에 의존하거나 고통을 있는 그대로 받아들여야 할까요?

이런 만성적인 고통에도 특효약은 있습니다. 그것은 바로 환자의 관심을 다른 데로 돌리는 것입니다. 그러기 위해서는 우선 환자들이 집중할 수 있는 활동을 해야 합니다. 예를 들면 강씨가 입원했던 병원에서처럼 환자들에게 빙고게임, 종이 접기 등의 어렵지 않은 활동을 말합니다.

이러한 '사고의 전환'은 앞서 말한 '부인'과는 다르지만 그 행동자체가 고통의 인식을 회피하거나 경감하는 방법이란 점에서 이것 역시 일종의 부인방법이라고 볼 수 있습니다.

그런데 이 '사고의 전환'방법은 환자가 주의를 집중하고 노력해야 하는 치료나 어떤 절차를 받아야 하는 경우에는 비효과적입니다. HIV±환자는 상당히 탄력적인 행동을 요구하는 복잡한 약물요법을 따라야하는데, 이런 환자가 부인하거나 사고의 전환을 하면 큰일이 납니다. 이는 엄격한 절제를 요구하는 당뇨병환자에도 마찬가지입니다.

사고의 전환과 비슷한 또 다른 대처방법은 병에 대해서 더 이상 생각하지 않는 것, 즉 생각을 억압하는 방법입니다. 그런데 이 방법은 우리에게 보이지 않는 많은 에너지를 소모하게 합니다. 그러므로 낮은 수준의 스트레스라도 오랫동안 지속되는 '억압'은 우리의 건강에 좋지 않은 영향을 줍니다.

에핑－조르단(1994)는 흉부암, 위암, 혈액암, 뇌종양 등 여러 가지 암환자 66명을 대상으로 그들이 자신의 병에 대한 불쾌한 감정을 얼마나 억압하고 그것이 병의 진행에 어떠한 영향을 미치는지를 연구했습니다. 그들은 병에 대한 환자의 자기보고 이외에도 의료차트, 종양학전문의로부터의 예후진단(prognosis) 등을 참고했습니다. 조사를 시작한 지 일년이 지난 후의 결과를 보면, 실험 대상자 중 79%에 해당하는 48명의 환자는 병이 나았으나 19명의 환자(27%)는 원래의 상태였거나, 재발 또는 사망했습니다. 그런데 이들 중에서 최초의 예후진단을 통제하고 자신의 병에 대해 더 이상 생각하지 않으려 했던 환자들의 결과는 참담했습니다. 병세가 그대로이거나 악화된 19명의 환자 중 대부분이 자신의 병을 억압했던 사람들이었던 것입니다.

투병의지가 생명을 연장시킨다

질병을 때려부수는 의지의 환자

앞에서 얘기한 췌장암 환자 강씨는 처음엔 자신의 병을 부인하다가 곧 이를 현실적으로 수용했습니다. 앞서 살펴본 실험결과대로라면, 그는 병을 수용하게 된 이후 오히려 병이 악화되어 더 빨리 사망했어야 합니다.

그런데 그는 어떻게 다른 사람보다 더 오래 살아있을 수 있었을까요? 일단 그는 암이라는 사실을 수용했지만 의사의 지시를 잘 따랐고 만성적인 통증을 잊기 위해 빙고게임, 종이접기 등에 몰두했습니다.

그러나 그가 좀더 생명을 연장하는 데 결정적인 역할을 한 것은 좀더 오래 살려는 투쟁의지가 있었기 때문이었습니다. 즉 그에게는 좀더 오래 살아 그가 보고 싶은 손자와 손녀 딸, 사위를 만나고 싶다는 욕구가 있었습니다.

우리가 주변에서 큰 병을 이겨내거나, 시한부 선고를 받았던 기간을 훨씬 넘기고도 꿋꿋히 치료를 받고 있는 사람들 중에는 이렇게 강한 투병의지를 보여주는 사람들이 많이 있습니다.

이처럼 병을 이기려는 투쟁의지는 환자가 스트레스를 효과적으로 대처하는 긍정적이고 적극적인 방법 중의 하나입니다. 아무리 사망률이 높은 병이라 하더라도 예외는 있을 수 있고 자기가 그 예외를 만들겠다고 생각하는 투쟁의지는 병의 진행을 막을 수 있고, 환자의 상태를 더 좋게 만드는 데 큰 기여를 합니다.

만병의 근원, 스트레스를 극복하라!
스트레스로부터의 도피

　　많은 사람들이 스트레스를 받으면 맞서 해결하려하기보다는 도피하려고 합니다. 예컨대 술에 빠져들거나 위험한 성행위에 나서는 사람도 있습니다.

　　이처럼 스트레스에 부정적인 방식으로 대처한 예로는 앞서 소개했던 부모토막살해범 이○○을 들겠습니다. 그는 부모를 살해하기 약 한달 전부터 갑자기 윤락여성과의 성행위에 몰두했습니다.

　　그의 성생활은 오늘날 대부분의 한국청년들이 경험하는 것과 크게 다르지 않았습니다. 그는 일기에서 "군대에서 휴가 나올 때 처음 윤락가에 출입했다"고 말합니다. 군대 동료들이 무용담처럼 말하는 윤락여성들과의 이야기를 듣고 자신도 과감하게 시도한 듯합니다.

우리가 여기에서 관심을 가져야 할 것은 이○○의 사례를 단순한 호기심으로 볼 것이 아니라 그가 스트레스를 대한 태도입니다. 그를 위협했던 압박과 그에 따른 성적 몰두의 관계를 이해해야 합니다.

스트레스를 회피하면 절대로 해결할 수 없다.

그의 일기를 보면 부모를 살해하기 약 한 달 전부터 윤락여성에 몰두하여 10일 동안에 무려 5회나 동침했다는 것을 알 수 있습니다. 윤락가에 출입하기 위해서는 많은 돈이 필요한데 아르바이트도 하지 않았던 그에게는 부담스러운 돈이었습니다. 그래서 그는 소장하고 있던 책, 비디오 필름 등을 닥치는 대로 처분하기에 이릅니다.

그는 제대 이후 짧은 시간동안 8번이나 사창가에 드나들었고 일기에 이들과의 관계를 많이 기술했습니다. 그 내용을 보면 그가 윤락여성과의 성행위에 있어서 상당히 순진한 면이 있다는 것을 알게 됩니다. 예를 들어 그는 윤락여성들에게 자기가 원하는 걸 부탁하면서 그에 대한 많은 요금을 지불했습니다. 그리고 자신의 부탁을 들어준 윤락여성을 잊지 못해 다시 방문하기도 했으나 그가 기대한 만큼 환대받거나 특별한 대우를 받지는 못했습니다.

그가 제대한 이후 윤락여성을 그렇게 자주 찾아간 원인은 성에 대한 욕구도 있었지만 앞날에 대한 두려움과 어머니의 히스테리로 인한 스트레스로 점점 용기를 잃고 있었기 때문입니다. 자신이 스트레스를 피해 기대고 싶은 대상을 찾았던 것이죠. 이○○의 경우, 스트레스에 직면했을 때 그것을 회피해버린 대표적인 사례라고 볼 수 있습니다.

우리 주위에는 스트레스를 풀기 위해 성행위에 몰두하거나, 술, 환각제를 사용하는 사람들이 많습니다. 예컨대 의사들 특히 외과의사들 중에는 술을 과음하는 사람들이 많습니다. 그들이 과음하는 원인은 환자의 생명을 좌우하는 아주 스트레스가 심한 수술을 하기 때문입니다. 하지만 이런 경우 스트레스는 절대로 해소되지 않고 오히려 건강만 악화시킵니다. 물론 스트레스 자체도 우리의 건강에 나쁘지만 그 대처 방법에 따라 더욱 악영향을 주기도 합니다.

스트레스에 대한 회피적 대응방안은 병의 진행에도 영향을 줍니다. 즉 회피적 대응방안 자체가 강한 스트레스와 정서적 각성을 불러오기 때문에 몸의 상태를 매우 불안한 상태로 만듭니다. 이에 대한 예로 이OO처럼 잦은 성행위를 하거나 의사들과 같이 과도하게 음주를 하거나, 기타 스트레스를 받은 사람들이 약물을 남용하면 그들은 지속적으로 긴장 상태를 갖게되고 정서적으로도 강한 흥분에 빠져있게 되어 이는 건강에 절대적인 해가 됩니다.

무력감은 최대의 적

스트레스에 대응하는 방법은 비단 회피적인 방안만 있는 것이 아닙니다. 그리어(Greer, et. als., 1990)가 62명의 유방암환자를 대상으로 15년 동안 조사한 바에 의하면 환자들은 부인(긍정적 회피), 투쟁의지, 태연한 수용, 무력감 등 네 가지의 반응을 보입니다. 연구 결과 투쟁의지와 부인, 즉 질병에 대한 스트레스를 긍정적으로 회피하는 환자들은 병의 재발이 줄고 생존율 또한 높았습니다. 그러나 운명론적, 또는 무력감으로 대응했던 환자는 병의 재발이 높고 생존율은 낮았습니다.

중병을 앓고 있는 사람들은 불안감과 스트레스를 많이 받기 때문에 정신적인 장애를 겪기도 합니다. 신체적인 병이 설상가상으로 정신병까지 불러오는 것이지요. 이것은 환자 자신뿐만 아니라 환자를 돌보는 가족들도 마찬가지입니다.

통증이 심한 만성적 질병은 환자에게 심한 스트레스를 주어 주변 사람들에게 자신의 통증을 호소합니다. 암을 치료하는 과정을 이렇게 표현한 환자도 있었습니다.

"내가 겪는 통증은 마치 누가 나의 생살을 칼로 도려내는 것 같이 아픕니다. 칼로 뼈까지 갉아내는 것처럼 참을 수 없는 고통이지요."

암환자의 경우 항암치료를 받기 시작하면 머리털이 빠지고, 한동안 식사조차 할 수가 없습니다. 그러면서 환자는 점점 더 쇠약해지고 외모에 대한 상실감으로 누군가를 만나는 것조차 두려워집니다. 예전에 건강했던 자신의 모습을 생각하며 지금의 비참한 모습과 자꾸 비교하게 되고, 환자는 점점 더 우울증의 나락으로 빠져들고 맙니다.

만병의 근원, 스트레스를 극복하라!

스트레스에서 벗어나는 지름길

　　중병에 걸렸거나 직장 내에서 심한 스트레스를 받았을 때 대부분의 사람들은 좌절하고 분노하며 때로는 인생을 포기하기도 합니다. 즉 추하게 남은 인생을 보내는 것이지요. 하지만 중병에 걸린 사람들 중에는 영광된 죽음을 준비하는 사람들도 있습니다. 죽음을 인정하고 이에 초연하게 대처하는 사람들이 여기에 해당됩니다. 물론 이것은 쉬운 일이 아니지요. 책 한 권을 읽고 죽음에 초연할 수는 없기 때문에 평소 죽음에 관한 자신의 철학, 생각 등을 정리해 두는 것이 좋습니다.

　　그러나 이 방법은 다분히 철학적인 방법에 해당됩니다. 모든 사람들이 자신만의 뚜렷한 철학을 갖고 사는 것은 아니기 때문이지요. 그렇다면 이보다 더 간단한 방법을 없을까요? 철학보다 더 실질적인 방법이 있습니다. 그것은 자신과 같은 병을 앓고 있는 사람들과 만나는 것입니다. 우선 자신과 비슷한 사람이 있다는 사실은 우리에게 자신만이 불행하다는 생각을 잊게 해주지요. 특히 자신과 비슷한 병을 앓은 사람이 영광된 죽음을 맞이하려는 사람이라면 우리는 그로부터 많은 깨우침을 얻게 됩니다. 또한 종교에 의지해 마음을 편하게 갖는 것도 한가지 방법입니다. 하지만 무엇보다 중요한 것은 스스로 살고자 하는 욕구를 키우는 것입니다. 살고 싶은 욕망은 생명을 연장시키기도 합니다.

또 우리는 직장에서 받은 스트레스를 풀기 위해 여러 가지 행동들을 보이곤 합니다. 어떤 사람들은 술과 담배에 의지해 스트레스를 풀어보려고 하지만 이것은 결코 좋은 방법이 아닙니다. 적당한 운동과 자신만의 취미활동, 친구와 같은 사람들과의 대화로 스트레스를 풀고자 노력한다면 훨씬 더 좋은 효과를 얻을 수 있을 것입니다. 자! 그런 의미에서 이제부터는 질병과 직업의 스트레스에서 벗어나는 방법들에 대해서 자세히 살펴보기로 합시다.

자신의 인생을 새롭게 보라

어떻게 하면 환자나 그의 가족들이 질병을 잘 이겨낼 수 있을까요? 이를 위해서는 의사나 심리학자들의 노력이 필요합니다. 이들이 환자나 그 가족을 도울 수 있는 방법은 크게 두 가지입니다.

하나는 환자의 기분에 초점을 두는 것입니다. 이것은 환자가 스트레스에 대처할 때 생각이나 행동에 변화를 갖도록 하는 것입니다. 나을 수 있다는 긍정적 생각을 갖게 해주거나 병을 현실적으로 수용하도록 것 등이 여기에 해당됩니다.

그러나 병에 대해서 낙관적 사고를 갖게 해주는 것은 필요하지만 허황된 희망을 갖게 해주는 것은 오히려 해가 됩니다. 췌장암이 불치의 병이고 앞으로 살 수 있는 시간도 짧다는 것은 우리 모두가 다 알고 있는 사실입니다. 그런데 의사나 환자의 가족이 환자에게 "당신의 병은 꼭 고칠 수 있다"라고 말해주는 것은 환자에게 아무런 도움이 되지 않습니다. 환자 자신도 이것이 단순한 위로의 말이라는 것을 잘 알고 있습니다.

이 경우에는 자신의 인생을 새롭게 보는 태도를 심어주는 것이 더 효과적입니다. 누구나 죽음을 맞이하고, 인생은 길고 짧은 것의 문제가 아니라 어떻게 살아왔는가가 더 중요하다는 말로 환자의 일생을 긍정적으로 평가해주는 방법이 더 효과적입니다.

만약 여러분이 시간이 얼마 남지 않은 질병을 진단받았다면 어떨까요? 아마도 어떻게 해아할지 몰라 망연자실할 것입니다. 있는 돈을 모두 털어 자기가 죽을 때까지 하고 싶은 일을 다 해야 할지 아니면 차분히 인생을 정리해야 할지 도대체 감을 잡을 수 없겠지요.

그럴 때 우리는 다른 사람들은 어떻게 행동하는지 알고 싶고 그들로부터 조언을 듣고자 합니다. 이럴 때에는 의사나 신부, 목사 등의 조언자보다는 자신과 같은 병을 앓고 있는 사람과 이야기를 나누는 것이 훨씬 효과적입니다. 왜냐하면 환자는 같은 처지에 있는 사람이 해주는 조언을 더 신뢰하기 때문입니다. 물론 이때는 무력감으로 질병을 포기해버린 환자보다 자신의 생을 담담하게 정리하는 환자를 만나게 하는 것이 좋습니다.

환자에게 병의 진행과정을 솔직하게 말해주어라

위의 치료방법이 환자의 기분과 태도를 다루는 것이라면 스트레스 문제 그 자체에 대해 도움을 주는 방법도 있습니다. 병이 가지고 오는 문제점, 이것을 어떻게 이겨낼 것인가 하는 병 자체에 대한 조언을 해주는 것입니다. 그러기 위해서는 앞으로 병이 어떤 식으로 진행될 것이고, 그 결과 어떤 신체적인 변화가 발생한다는 사실을 환자에게 알려주는 동시에 치료 방법과 환자 자신이 어떻게 대처해야 한다는 것을 알려줘야 합니다.

그러나 환자에게 어떤 식으로 얘기할 것인가는 환자의 성격과 병의 특징에 따라 달라져야 합니다. 환자들 중에는 병에 대한 지식이나 정보를 적극적으로 듣는 사람이 있는가 하면 이에 둔감한 사람도 있습니다. 정보에 민감한 사람은 병에 대한 정보와 관심을, 그리고 안심을 시켜줄 때 좋은 결과를 가져오고, 정보에 둔감한 사람에게 많은 정보를 주고 질병에 대한 지나친 관심을 갖게 하는 것은 효과적이지 않습니다.

이러한 조치는 병의 특성과도 관계가 있습니다. 그 병이 확실히 치유되는 것인지, 아니면 치유가 불가능한 것인지에 따라 그 효과가 달라지기 때문입니다. 예를 들어서, 불치의 암이나 AIDS와 같은 병을 앓고 있는 환자에게는 병에 대해 너무 많은 정보를 주는 것이 좋지 않습니다. 물론 앞으로 병이 어떤 식으로 진전될 것이며 어떤 신체적 증상과 통증이 생기고 어떤 식으로 대처해야 한다는 정보는 필요하지만 이 병의 생존율이 얼마나 되고 현재 어떤 약이 개발되고 있다는 등 환자가 알아서 절망을 느낄 수 있는 불필요한 정보는 자제하는 것이 좋습니다.

반면에 지속적인 관리가 필요한 당뇨, 고혈압, 심장병 환자에게는 될 수 있는 대로 많은 정보를 주어야 합니다. 이런 환자들에게는 더 이상 병이 진전되거나 재발하지 않도록 어떤 주의를 기울여야 하며 병이 왜 발생하는지에 대해 자세히 가르쳐 주어야 합니다. 또한 이러한 정보는 환자뿐만 아니라 그의 가족에게 알리는 것도 중요합니다.

공포감을 잊기 위해 종교에 의지한다

십자가를 향해 기도를 올리는 평안한 모습의 환자

말기 병은 환자뿐만 아니라 그의 가족에게도 엄청난 스트레스를 줍니다. 환자를 간호하느라 심신이 지친 가족들은 환자가 극심한 통증을 겪을 때 자신도 똑같은 통증을 느끼기도 합니다. 환자가 고통스러워하는 모습을 보는 것만으로도 가족에게는 참을 수 없는 고통이기 때문이지요. 그런데 환자가 그 고통을 이겨내지 못하고 흥분하거나 삶의 의지를 잃는 경우, 환자 가족의 스트레스는 극에 달합니다.

말기환자와 그 가족에게 있어서 가장 중요한 것은 환자가 영광스럽게 생을 마감하도록 도와주는 것입니다. 그 한 가지 방법은 죽음에 대한 공포를 잊게 해주는 것입니다. 만일 환자가 교회에 다닌다면 믿음을 주는 신부나 목사가 죽음에 대한 공포를 덜어줄 수 있습니다.

그런데 환자가 종교를 갖고 있지 않다면 어떻게 해야할까요? 죽음에 대한 철학도 갖고 있지 않은 상태에서 갑자기 죽음이 임박했다면? 이럴 때 우리는 환자를 설득해 종교를 갖게 해 줄 수 있습니다. 일반적으로 대형병원에는 이런 경우를 위해 작은 성당이나 교회가 마련되어 있습니다. 환자에게 영세나 세례를 받아 종교에 기대어 죽음에 대한 공포에서 벗어나게 해 줄 필요가 있습니다.

그러나 종교를 믿지 않는 환자도 영광스러운 죽음을 맞이할 수 있습니다. 평소 죽음에 대해 많은 생각을 해왔고 나이가 지긋한 사람이라면 자신이 살만큼 살아왔다는 생각을 할 수 있기 때문이지요. 또 철학서적과 종교서적을 읽음으로써 스스로 영광스런 죽음을 준비할 수도 있습니다.

살고자 하는 욕구를 키워라

지금까지 우리는 스트레스가 질병에 어떤 영향을 주고 그것에 대응하는 방법에 대해 살펴보았습니다.

여러분은 스트레스가 직접적으로 병을 일으킬 수도 있지만 스트레스에 대응하는 방법 때문에도 병이 들 수도 있다는 사실을 알았을 것입니다.

스트레스를 받은 사람, 중병에 걸린 사람이 이를 어떻게 받아들이는가, 이에 대한 대응방안으로 어떤 행동을 취하는가 등 모든 환경과 행동은 건강에 영향을 주는 중요한 요소입니다.

앞에서 얘기한 췌장암 환자 강씨를 다시 한번 떠올려 봅시다. 그는 다른 일반적인 췌장암 환자에 비해 최소한 3개월 이상 더 생존했습니다. 이것이 가능했던 이유는 그가 병을 현실적으로 수용했고 독실한 크리스천으로 죽음에 대한 공포를 극복했으며, 또 그의 가족들이 사랑과 연민으로 그를 돌본데다 스스로 오래 생존해야겠다는 욕구가 있었기 때문입니다. 이처럼 살고자 하는 의지 자체는 우리의 생명 연장에 커다란 효과가 있습니다. 다시 말하면 우리의 생명은 어느 정도 살려는 의욕에 달려있다고 해도 과언이 아닙니다.

결국 스트레스나 병은 우리가 그것에 대해 어떤 생각, 기분을 갖는가를 결정하게 만들고 이러한 대응방법이 효과적이냐 아니면 비효과적이냐에 따라 우리의 건강에 엄청난 영향을 주고 있습니다. 현대생활에서 스트레스는 피할 수 없습니다. 이를 잘 이겨내고 더욱 중요한 것은 스트레스로 인해 병이 발생했어도 이를 어떻게 이겨나가는가가 병을 이겨내는데 관건이 됩니다. 우리가 스트레스를 잘 이해해야하는 이유가 바로 여기에 있습니다.

운동, 취미, 인간관계로 스트레스를 해소하라!

스트레스가 우리의 신체에 주는 악영향을 제거하려면 어떻게 하는 것이 좋을까요? 스트레스는 정신적으로 짜증, 좌절, 분노, 불안을 초래하는데 이것은 우리의 심장박동을 빠르게 하고 혈압을 높이며 당뇨를 가져옵니다. 따라서 가장 심각하다고 얘기하는 성인병, 즉 고혈압, 심장병, 당뇨병 등은 스트레스로 생기는 병이라고 할 수 있죠. 그럼 이런 증세를 어떻게 감소시킬 수 있을까요?

첫째는 운동입니다. 운동은 체내의 노폐물을 걸러내고 앤돌핀을 생성하며 심장을 튼튼하게 해줍니다. 노인들에게는 가볍게 걷는 운동이 좋지만 젊은 사람들일 경우 땀을 흠뻑 흘리는 힘든 운동이 좋습니다. 저자는 미국 유학시절 스트레스를 해소하기 위해서 테니스를 치곤 했습니다. 테니스장에서 힘차게 공을 치다보면 언어의 장벽과 쌓여있는 과제들로부터 오는 스트레스를 날려버릴 수 있었기 때문이죠. 그런데 이러한 운동도 자신의 몸 상태에 맞고 적성에 어울리는 것을 선택하는 것이 좋습니다. 자신에서 맞지도 않는 운동을 하게 되면 오히려 스트레스를 더 받을 수 있기 때문입니다. 축구, 야구 탁구, 배드맨튼 같은 구기종목도 좋고 수영, 아령, 줄넘기운동과 같이 혼자서 하는 운동도 좋지만 개인적인 생각으로는 혼자하는 운동보다는 여럿이 함께 하는 운동이 더 좋습니다. 친구와 같이 하는 운동은 함께 얘기하고 웃을 수도 있기 때문에 기분이 더 상쾌해집니다.

좋은 취미활동을 하는 것도 스트레스로부터 벗어나는 지름길입니다. 등산이나 음악, 독서, 바둑, 당구, 장기 등에 몰두하면 직장에서 받은 스트레스를 잊어버릴 수 있습니다. 자기가 좋아하는 일에 몰두할 수 있으면 세상만사를 다 잊고 희열감에 빠지게 됩니다. 산악등반을 생각해 봅시다. 혼신의 힘을 다해 높고 위험한 산으로 한발 한발 전진할 때 우리는 온갖 잡념을 잊어버리고 한 가지 일에 몰두하게 됩니다. 이처럼 자아조차 망각하는 몰두는 희열을 동반합니다.

취미가 다양한 사람은 그렇지 않은 사람보다 스트레스를 훨씬 더 잘 극복할 뿐 아니라 더 행복합니다. 여러분은 "Shall we dance?"라는 일본영화를 보신 적이 있습니까? 이 영화의 스토리는 평소 춤에 관심은 있었지만 용기가 없어 배우지 못했던 한 중년의 남자가 우연히 춤교습소에서 춤을 배우면서 다시 삶의 활기를 찾는다는 내용입니다. 이 영화는 너무나 평범한 이야기를 다루고 있지만 삶의 기쁨이 취미생활에서 온다는 중요한 사실을 일깨우고 있습니다.

그런데 스트레스가 너무 과도해 보통방법으로는 해소할 수 없을 때는 어떻게 할까요? 스트레스는 특히 인간관계의 갈등에서 발생하는 경우가 많습니다. 부모와 자식, 직장 상사와 부하, 연인, 그리고 친구 사이에 갈등이 생기면 운동이나 취미로 간단히 해결하기 어려운 법이죠. 왜냐하면 그 인간관계 사이의 문제가 해결되어야만 비로소 스트레스가 해소되기 때문입니다.

이 때에는 친한 친구를 찾아가 자신의 속마음을 털어놓는 것이 좋습니다. 그 친구가 애정을 갖고 고민과 슬픔을 들어준다면 여러분의 정신적 문제는 어느 정도 해결될 수 있습니다. 이런 문제를 혼자서 끙끙 앓거나 스스로 해결해야 한다고 생각하는 것은 바보짓입니다. 그런 사람은 해결은 커녕 자살하기 쉽습니다. 한 가지 놀라운 사실을 얘기해 볼까요? 노르웨이 사람들의 자살율이 높은 것은 밤이 길고 낮이 짧은 북극의 특성 때문입니다. 그런데 그런 이유 이외에도 또 한 가지 중요한 심리적 요인이 작용을 하고 있습니다. 노르웨이 사람들은 바이킹의 후예라서인지 자기의 문제는 자기가 해결해야한다는 엉뚱한 생각을 하는 경향이 있습니다. 그래서 혼자서 고민고민하다 결국 우울증이 깊어져 자살까지 하는 것이죠.

저자가 볼 때에는 한국인도 노르웨이 사람들과 비슷한 점이 있습니다. 한국인은 스트레스나 걱정이 있을 때 이것을 남에게 털어놓으려 하지 않고 스스로 해결하려 애씁니다. 이것은 매우 나쁜 생각입니다. 정신적인 고민으로까지 이어지는 심한 스트레스를 지닌 사람은 반드시 전문가, 즉 정신과 의사나 심리학자를 만나서 상담을 해야 합니다. 앞서 말한 부모살해범 이OO씨의 경우도 부모와의 갈등을 친구나 전문가에게 털어놓았다면 그런 끔찍한 범죄를 저지르지 않았을 것입니다. 마음의 짐을 내려놓는 것은 혼자의 힘으로 부족할 때가 있기 때문입니다.

3장

모든 범죄엔 심리적 원인이 숨어 있다;
법과 심리학

외국 영화들을 보면 법정에 선 변호사가 "피의자는 불안정한 정신 상태에서 범죄를 저질렀으니 무죄입니다"라고 말하는 대목이 심심찮게 등장하곤 합니다.

만약 우리나라 법정에서 변호사가 그런 말을 했다면 "무슨 핑계를 대는 거냐. 말도 안 된다"라며 그 주장을 일축했을 지도 모릅니다. '법정 심리학'은 최근에 각광받기 시작한 심리학 분야입니다. 최근에 이르러 심리학자가 전문가로 법정에 출두해 목격자의 진술이 믿을만한 것인지 감정하고, 피고가 범행 당시 정상적인 상태였는지 감정하는 일이 자주 발생하기 때문입니다.

최근 들어 부쩍 증가한 정신질환자들의 범죄행위나, 교묘한 방법으로 지능적인 범죄를 저지르는 화이트칼라의 범죄를 살펴보면 그 이면에 숨겨져 있는 범죄심리가 우리의 혀를 내두르게 하지요. 이를 밝혀내고 범죄를 미연에 방지하기 위해 드디어 심리학이 나섰습니다. 그런 의미에서 여기에서는 모든 범죄엔 심리적인 원인이 존재한다는 전제 하에 목격자의 미묘한 심리 변화와 각종 지능범죄에 속수무책인 우리나라 사법제도의 허점 등을 짚어보도록 하겠습니다.

모든 범죄엔 심리적 원인이 숨어 있다

목격자의 증언, 어디까지 믿어야 하나?

　　재판에서 목격자의 증언은 피고의 유죄, 무죄를 판가름하는 중요한 증거로 채택됩니다. 따라서 목격자의 증언을 정확하게 얻어내는 것은 재판장, 피고인 모두에게 아주 중요한 일입니다.

　　졸지에 범행현장을 목격하게 된 목격자들은 대부분 당황하고 흥분된 상황에서 범죄를 목격하게 되므로 나중에 이것을 정확하게 기억하기가 아주 어렵습니다. 그래서 목격자의 증언을 정확히 청취하기 위해서 재판 과정 중 심리학자의 도움을 받는 경우가 많습니다.

　　아래에서 얘기하는 사례는 실제로 한국에서 일어난 살인 방화사건으로 그때 한 아동이 이를 목격하고 증언한 것을 다룬 것입니다. 이 사건은 아동도 증언능력이 있다는 사실을 입증한 중요한 사례입니다.

아동 목격자의 증언은 몇 살부터 가능한가

4살짜리 여자아이가 법정에서 증언을 하고 있고 재판장은 고개를 갸웃거리며 의심스러워 하고 있다

1996년 서울 후암동 다세대 주택에서 불길이 치솟았다. 출동한 소방대원이 화재 현장인 3층에 도착했을 때 3개의 방과 거실은 불기둥에 휩싸였고 한 쪽 방에선 어린 아이의 울부짖는 소리가 들렸다. 어린 아이는 다른 방을 가리키며 엄마를 연신 불러댔지만 그곳에는 불에 탄 20대 여인이 이미 숨겨 있었다.

현장감식을 했지만 누전이나 가스누출의 흔적은 없었고 3개 방의 곳곳에는 발화흔적이 남아있었다. 더욱이 죽은 여인의 머리부분에 커다란 상처가 있는 걸로 봐서는 타살임이 분명했다.

경찰은 피살자 김모씨의 주변인물을 탐문 조사하던 중 4세된 딸로부터 결정적인 단서를 확보했다. 김양은 공포에 떨면서 범인은 '애기 아저씨'라고 말하는 동시에 "그 아저씨는 이마에 점이 있고 그 집에 놀러간 적도 있다"고 말했다. 경찰은 이모씨를 범인으로 지목하고 그를 즉시 입건했다. 그러나 검찰이 네 살짜리 어린이의 진술은 증거로 채택하기 어렵다며 재수사를 지시하자 사건은 다시 미궁 속에 빠지게 됐다.

그로부터 2년이 흐른 뒤, 보강수사를 하던 경찰이 일본에 있는 김양을 다시 불러 조사를 하게 됐다. 그런데 2년이라는 시간이 지났음에도 불구하고 김양이 사건 당시와 똑같은 내용을 진술하자 경찰은 이씨에 대해 구속영장을 다시 신청하기에 이르렀다. 경찰은 피의자 이씨의 행적을 조사한 끝에 그가 피살자 김씨로부터 빚을 지고 있었고 사건 직전에 빚독촉을 받아왔던 것으로 드러났다. 피의자는 범행을 자백하고 검찰은 그를 살인 및 방화죄로 기소했다.

아동의 기억력을 얼마나 믿어야 할까요? 우리는 어린 아이의 기억력에 의존해 범인을 가려낸다는 것에 조금은 의문을 가집니다. 그리고 아동의 증언은 신빙성이 없다는 고정관념을 갖고 있습니다.

하지만 많은 심리학자들은 2~3세의 아동이 지나간 경험을 정확하게 기억하고 보고할 수 있으며 3살밖에 안된 아동의 증언도 법정에서 믿을 만한 사실로 채택될 수 있다는 것을 밝혀냈습니다. 아주 어린 아동일지라도 아동 스스로 이해할 수 있는 방법으로 질문한다면 스스로 알고 있는 사실을 정확히 증언할 수 있습니다.

다음의 표는 안네 그랲팜 워커(1999)가 아동을 증인으로
삼아 조사할 때 어떤 식으로 질문해야 하는지를 정리한 것입
니다.

학령 전 아동의 사고의 특징과 그들에게 질문하는 법

1. 아동은 말을 문자 그대로 사용하고 해석한다. 전형적인 예는 다음과 같다. "만일 아동에게 시력 측정표를 '읽을 수 있는가'라고 물으면 아동은 '아니예요. 그 표는 말이 아니니까요'라고 대답한다. 따라서 아동이 쓰는 말을 사용해야 한다.
2. 추론을 잘 하지 못한다. 학령 전 아동은 진실과 허위의 차이를 설명하는 데 아주 익숙하지 못하다. 아동은 이 두 추상적인 개념을 자기가 알고 있다는 것을 잘 설명할 수는 없지만 이것의 예를 들어 보라고 하면 아주 잘 한다.
3. 사물을 성인이 하는 식의 범주로 묶어두는 것을 잘 못한다. 따라서 아동에게 '전에 이와 유사한 일이 있었는가'라고 물으면 대답을 잘 못한다.
4. 시간, 거리, 친척, 크기 등과 같은 단어를 그들이 이해하기 전에 어떤 식으로 말했는지 그 방법으로 말하라.
5. 단어를 아주 간략하게 행위지향식으로 정의(定義)하라. '어머니'는 '나를 돌봐 주는 사람'으로 표현하는 것도 좋다.
6. 대명사를 잘 모른다. '그이', '우리', '그들', '그것', 그리고 이외에 이들 대명사가 언급하는 것은 무엇이든 간에 잘 이해하지 못한다.
7. 부정문을 이해하지 못한다. "그 차를 안 보았지 않아?"라는 간단한 부정문조차 아동을 헷갈리게 만든다. "너는 그 차를 보지 않았지?"라고 물어야 한다.
8. 주어, 목적어, 동사로 이루어진 간단한 문장을 잘 이해하지만 수식어는 잘 이해하지 못한다.
9. 한 번에 한 상황 또는 한 질문에 관한 것만 집중하는 경향이 있다. 여러 생각이 들어 있는 복잡한 질문은 성과가 없다.
10. 아동은 사건을 성인이 하는 식으로 자기 마음 속에 조직하지 않는다. 아동은 어떤 과거 사건을 진술할 때 흔히 장소, 묘사, 연대(年代), 동기, 정서를 생략한다.
11. 아동은 아직 언어를 배우는 과정에 있다. 성인식으로 말하는 아동에게 속지 말라. 그러나 당신의 질문을 이해하지 못하는 아동을 무능력한 아동으로 간주하여 그의 말을 무시해서는 안 된다. 아동이 이해하지 못한 것은 질문의 언어가 부적절했을 가능성이 많다.

12. 아동은 자기가 어떤 일을 잘 이해하지 못한다는 것을 잘 모른다. 따라서 "너 이것을 알겠니?"하고 묻는 것은 쓸데없을 것이다.
13. 대체로 아동은, 성인은 사실대로 말하고 솔직하며 자신을 속이지 않는다고 믿는다.

완벽하게 확실한 것은 없다

주변상황을 잘 이해하지 못하는 아동은 그렇다 치더라도 가끔은 성인조차도 자신이 목격한 사실을 착각해 전혀 엉뚱한 진술을 하기도 합니다.

지금부터 소개하는 이야기는 BBC방송국에서 제작한 "얼굴"(face)이라는 제목의 다큐멘터리로, 목격자가 범인의 얼굴을 잘못 인식한 것이 얼마나 큰 파문을 일으키는지에 대해 보여주는 사례입니다.

엉뚱한 사람을 강간범으로 몰다

영국에서 강간사건이 발생했다. 피해자는 여자였는데 한 밤중에 창문을 통해 어떤 괴한이 침입하여 그녀를 20분 동안 강간했다. 그녀는 너무 억울하고 화가 나 범인의 얼굴을 똑똑히 보려고 노력했다. 마침 달빛이 방안에 비치고 있어 그녀는 강간범을 확실하게 머리에 새겨둘 수 있었다.

범인이 떠난 후 피해자는 곧 경찰에 연락하였고 피해자의 진술에 따라 몽타주가 만들어졌다. 경찰이 가지고 있던 강간전과가 있는 사람들의 사진첩을 보고 피해자는 한 명의 용의자를 가려냈는데 그 용의자는 몽타주와 거의 일치했다. 곧 경찰은 강간용의자를 검거했고 그를 다른 인물과 뒤섞어 놓은 가운데 피해자로 하여금 그들 중에서 범인을 가려내게 했다. 그러자 피해자는 범인을 바로 지목했고 재판에서 용의자는 범인으로 인정되어 종신형이 언도되었다.

그로부터 10년 후, 우연히 어떤 사건으로 체포된 범죄자가 그동안 자신이 저지른 범행을 털어놓는 가운데 앞서 말했던 강간사건의 범인이 자기라고 자백했다. 반신반의한 경찰과 검찰은 그동안 보관하고 있었던 범인의 정액을 다시 꺼내 재검사를 하게 됐고 그 결과 두 정액이 서로 일치한다는 사실을 알았다. 결국 10년 동안 교도소에서 복역했던 범인은 실제 범인이 아니었음에도 아무런 죄도 없이 강간범이란 누명을 쓰고 억울한 옥살이를 했다.

이는 목격자가 범인의 얼굴을 잘못 기억하고 진술한 탓에 무고한 사람이 10년 동안 감옥살이를 한 어처구니없는 사건이었다.

이미 말해버린 증언 때문에 스스로를 세뇌한다

그렇다면 그 피해자는 왜 범인을 정확히 알아보지 못했을까요? 한 심리학자는 "피해자는 그 당시 감정이 격해 있었기 때문에 범인의 얼굴을 완벽하게 머리 속에 각인시켜놓지 못했다"고 진단했습니다. 범인은 흑인이었는데, 실제 그의 얼굴과 다르게 피해자는 강간범을 흑인의 전형적인 얼굴로 머리에 저장하고 있었습니다.

평소에 우리는 백인이면 백인, 흑인이면 흑인, 동양인이면 동양인 특유의 전형적인 얼굴을 머리 속에 저장하고 있는데 자세히 보지 않은 얼굴은 이 전형적인 인종의 얼굴로 착각하기 쉽습니다. 피해자도 이런 착각을 일으켰던 것이죠.

대부분의 목격자들은 '이 사람이 범인이다'라고 확신에 찬 진술을 하는 경우가 많습니다. 그러나 실제로는 목격자의 확신과 그가 지명한 용의자가 확실히 범인인 것과는 관계가 없다는 사실이 밝혀졌습니다.

  그렇다면 목격자는 왜 자신도 없으면서 이렇게 확신에 찬 목소리로 증언을 할까요? 목격자는 애초에 용의자가 자기가 목격한 사람인지 아닌지 자신이 없다가 어떤 이유로든지 일단 '범인인 것 같다'고 진술하고 나면 그 때부터 정말 그가 범인이라고 확신합니다. 왜 그렇게 말할까요?

  우리가 만약 무죄인 사람을 범인이라고 몰아간다면 그것은 한 사람의 생명과 일생을 좌우하는 일입니다. 그러므로 목격자는 '이 사람이 범인이다'라고 진술하고 나서 고민에 빠지게 됩니다. "정말 그 사람이 범인일까?" 아닐 수도 있고 사실일 수도 있습니다. 그런데 목격자는 이미 경찰과 검찰에서 그가 범인이라고 증언한데다 나중에 가서 그 말을 번복하자니 어렵게 느껴집니다. 게다가 경찰과 검찰은 사건을 빨리 마무리하기 위해 증인에게 말을 번복할 기회를 주지도 않습니다.

  그렇다면 이제 그에게는 한 가지 길밖엔 없습니다. 그가 지목한 용의자가 진짜 범인이라고 확신하는 것입니다. 왜냐하면 자기가 잘못된 진술을 했을지도 모른다고 생각하면 너무나 고민스러울 뿐더러 이미 목격자 증언까지 마친 상황이기 때문에 더 이상은 돌이킬 수 없다고 생각합니다. 자기 스스로를 정당화시키기 위한 심리적 현상으로 자기가 말한 것을 사실이라고 강하게 믿게 됩니다.

  자! 이제 여러분은 목격자의 말이라고 해서 100% 믿어서는 안 된다는 것을 알게 되었습니다. 다시 한번 예를 들어 보겠습니다.

  아래의 이야기는 목격자의 증언이 잘못될 수 있다는 것을 보여준 "용감한 7인의 배심원"이란 영화의 내용입니다.

한 명의 배심원이 무죄를 입증하다

한 명의 배심원이 '무죄'임을 주장하면서 손을 들고 있고 그 옆에는 물음표를 그리고 있는 배심원들이 있다. 뒤에서 한 명이 손을 슬며시, 반쯤 들고 있다

어떤 기차길 옆의 집에서 총소리가 나고 한 사람이 뛰어 나오는 것을 목격한 증인이 있었다. 이 목격자의 진술을 토대로 한 명의 용의자가 수사선상에 떠오르고 마침내 용의자는 체포되었다.

미국이나 우리나라에서나 법정에서 목격자의 진술은 용의자를 범인으로 인정하는 데 결정적인 역할을 한다. 그래서 이 사건의 배심원들은 범인이 정해진 사건이라 생각하고 가벼운 마음으로 배심원 역할을 맡았다(미국의 재판은 한국과 달리 피의자의 무죄 또는 유죄를 민간인으로 구성된 12인 또는 7인의 배심원이 결정한다).

이 사건의 배심원들은 여러 부류의 사람으로 구성되었는데 상인, 가정주부, 수학교사 등 여러 직종을 가진 사람들이 있었다. 일단 배심원으로 선정된 사람들은 아무도 모르는 장소에서 외부와의 접촉을 일체 금지당하기 때문에 생업에 종사하고 있는 이들로서는 재판이 빨리 끝나기를 바라는 마음이 간절했다.

재판이 시작됐고 법정에 소환된 증인은 '피의자를 분명히 목격했다'고 진술했다. 증인의 진술이 있은 후 배심원들은 피의자가 유죄 또는 무죄인가를 놓고 토론하기 시작했다. 때는 여름이라 날씨는 덥고 벌써 일주일 동안 집에 돌아가지 못한 것에 화가 난 배심원들은 빨리 결정을 내리고 싶었다. 배심원들의 대표인 상인이 먼저 입을 열었다.

"이번 사건에는 분명한 목격자가 있으니 빨리 투표를 해서 그가 유죄인지의 여부를 결정합시다."

모두들 이에 찬성하고 상인의 말대로 차례차례 자신의 의견을 말하는데 대부분의 배심원들은 피의자가 범인이라고 결정을 하는 것이었다. 그런데 수학교사 단 한 사람이 이의를 제기하고 나섰다.

그는 증인이 범인을 어떤 상황에서 어떻게 목격했는가를 따져볼 때 좀 수상한 점이 있다고 말했다. 즉 목격자는 기차를 타고 가면서 차창을 통해 피의자를 목격했다고 진술했는데, 그 때 달리던 기차의 속도를 감안한다면 목격자의 진술은 신빙성이 없다고 주장한 것이다. 그러자 그 얘기를 듣고 있던 한 사람이 "그때가 밤이었으니 사람을 식별하기가 더 어려웠을 것"이라고 맞장구를 쳤다. 하지만 배심원 대표인 상인은 목격자가 애매한 사람을 범인으로 지목했을 리 없다며 배심원들을 설득했고 곧바로 투표를 하기로 결정했다. 그런데 맨 처음에는 수학교사 한 사람만이 '피의자는 무죄'라고 했던 것에서 두번째 배심원 투표에서는 두 명의 배심원이 무죄 쪽의 손을 들었다.

첫번째 투표에서 수학교사 혼자 무죄를 주장했을 때 다른 배심원들은 "여기 있는 사람들은 모두 그를 유죄라고 보는데 왜 당신만 반대하는가? 우리 모두 지쳤고 집에 가서 할 일이 많다. 그러니 빨리 결정하고 집으로 돌아가자"며 그에게 노골적으로 불만을 털어놓았다. 하지만 수학교사는 자기의 의견을 굽히지 않았고 결국 두번째 투표에서는 자신의 같은 의견을 한 명 만들게 된 것이다.

다시 토의를 하던 과정에서 이제는 또 다른 배심원이 기차 선로와 살인 사건이 났던 집과의 거리가 꽤 멀었다는 점을 들어 "그

거리에서는 사람을 정확하게 식별할 수 없다"는 의견을 제시했
다. 그래서 배심원들은 세번째 투표를 단행했다. 그 결과 이제는
피의자가 무죄라고 주장하는 사람이 네 명으로 늘어났다.

이렇게 피의자가 무죄일 수 있다는 쪽으로 분위기가 바뀌어가
자 또 다른 배심원은 "목격자의 시력이 얼마나 좋은가도 문제인
데 목격자의 연령으로 볼 때 그가 사물을 정확하게 지각하기에는
너무 나이가 많다"라고 지적했다.

결국 마지막 투표를 했을 때에는 모든 배심원들이 '피의자는
무죄'라고 결정했다. 즉 목격자의 증언이 신빙성이 없다고 판단한
것이다.

결국 배심원 중 목격자의 증언에 의심을 품었던 수학교사 한
사람만이 사건을 조목조목 검토한 결과 목격자의 증언이 신빙성
이 없다는 쪽으로 판결이 나왔고 이로써 무고한 사람이 누명을
벗게 되었다.

02 사람이 내리는 판결엔 오류가 있을 수 있다!

재판장도 사람인 이상 판단의 오류를 범할 수 있습니다. 더구나 사건이 복잡하게 얽힌 사건에서, 또 증언과 반대증언이 난무하는 사건에서는 누가 옳고 그른지를 판단하기가 무척 어렵지요.

그래서 미국에서는 재판장은 재판을 진행시키고 7명 또는 12명의 배심원들로 하여금 피고의 유무죄를 결정하도록 하는 배심제를 택하고 있습니다. 현재 우리나라에서도 사법개혁위원회에서 배심제의 도입을 신중히 검토하고 있습니다.

미국의 배심원제 *VS* 한국의 재판장제, 공정한 판결을 위해 투표는 동시에

미국의 법정은 배심원이 판정을 내리는 배심원제를 채택하고 있는 반면, 한국의 법정은 재판장이 모든 권한을 가집니다. 그래서 미국의 법정심리학에서는 배심원의 의사결정과정이 매우 중요한 연구주제로 떠오르고 있습니다. 앞에서 이야기한 "7인의 용감한 배심원"이란 영화에서처럼 배심원의 판정은 배심원 대표나 설득력있게 말하는 사람, 학력수준이 높고 존경할 만한 직업을 가진 사람의 영향을 많이 받습니다. 또한 많은 배심원들은 재판내용을 과학적으로 분석하고 자기 소신껏 판단을 내리기보다는 집단의 다수 의견을 따르고 집단의 조기 결정압력에 굴복하는 경향이 있습니다. 이는 많은 실험에서도 입증된 권위에 대한 사람들의 심리입니다.

재판의 결과는 어느 쪽이 먼저 투표를 하느냐에 따라서도 달라질 수 있습니다. 무죄라고 생각하는 배심원들이 먼저 자기 소신을 밝히는 경우, 유죄라고 생각하는 배심원은 자기의 의견을 의심하고 무죄쪽으로 기울어지기 쉽습니다. 분명 자신은 유죄라고 판단했지만 다수의 배심원이 무죄라고 주장하는 분위기 속에서는 그 확신이 흔들리게 되는 것입니다. 반대로 유죄라고 판단한 배심원이 먼저 투표를 한 뒤 무죄라고 판단한 배심원이 판단하는 경우는 어떨까요? 이때에도 뒤에 투표를 하는 배심원은 앞의 투표한 배심원(만일 그들이 다수라면)의 결정에 영향을 받습니다. 그러나 앞에서의 예처럼 무죄라고 주장한 배심원이 자기 마음을 바꾸는 경우는 많지 않습니다. 그 이유는 배심원이 무죄를 선고하는 것이 유죄를 선고하는 것보다 더 마음 편하기 때문이지요.

그러나 어떤 경우에서든지 배심원 중 어떤 의견을 갖고 있는 사람이 먼저 말하는가는 뒤의 사람의 의견에 영향을 줄 수 있습니다. 따라서 법정심리학자들은 배심원들이 동시에 자기의 의견을 투표하도록 권고하고 있습니다.

배심원제를 채택하고 있지 않은 한국의 법정에서 형사재판의 경우, 검사가 피고를 고소하고 변호사가 피고를 대신해 변론을 합니다. 재판진은 한 명의 재판장과 두 명의 입회판사로 구성되고, 재판진들은 검사와 변호사가 제출한 각종 자료와 법정진술을 토대로 판결을 내립니다.

재판진들은 서로 의견을 모으고 토론해서 판결을 내리지만 아무래도 신분서열상 재판장이 가장 높은 권위를 가지므로 그의 의견이 더 많이 개입되기 마련입니다.

미인이 사기를 치면 형량이 늘어난다?

형량을 결정하는 데에도 미묘한 심리가 작용한다는 사실을 아십니까? 물론 재판장은 공명정대함을 생명으로 하고 있지만 그도 사람인지라 저마다의 판단대로 판결을 내리기 마련이지요.

죄수들은 같은 죄를 졌을 때 어떤 판사가 가벼운 처벌을 내리고 어떤 판사가 무거운 벌을 언도하는지 잘 알고 있습니다. 그래서 자신의 재판에 누가 판사로 임명되는가에 큰 관심을 가집니다. 이것은 학교에서 선생님이 학생들의 시험지를 채점하는 것과도 같은데 주관식 문제일 경우, 같은 답안지라 하더라도 관대한 선생님은 점수를 많이 주고 야박한 선생님은 점수를 적게 주는 것과 일맥상통합니다.

그런데 판사들이 형량을 내릴 때마다 이런 경향을 보인다면 문제는 심각해집니다. 이것은 한 사람의 인생을 좌지우지한다는 점에서 학생 답안지를 채점하는 것과는 비교할 수 없을 만큼 중요한 문제이기 때문입니다.

하지만 판사도 인간이기 때문에 그들이 갖는 고정관념에 따라 잘못된 판단을 할 수도 있습니다. 그래서 미국에서는 배심원 선정에 있어서 인종 차별주의자를 제외시키려는 노력을 하고 있습니다. 우리나라도 예외는 아니어서 대부분의 사람들은 각종 사회집단에 대한 고정관념과 편견을 갖고 이에 따라 사람을 다르게 평가하는 경향이 있습니다.

예를 들어 우리는 성, 학력, 종교, 경제수준 정도에 따라 각기 다른 고정관념을 갖고 있기 때문에 만약 피고가 재판장이 싫어하는 사회집단에 속해 있다면 형량을 내릴 때 편견이 작용하여 무의식적으로 형량을 무겁게 내릴 가능성도 배제할 수 없습니다.

그런데 참으로 재미있는 사실이 있습니다. 일반적으로 판사들도 사람이라 미인에게는 호감을 가집니다. 그래서 미인들은 평범한 외모나 못생긴 여자에 비해 비교적 가벼운 형량을 언도받기도 합니다.

하지만 단 한가지 죄일 경우는 제외입니다. 그것은 바로 '사기죄'인데 이런 경우에는 호감과는 오히려 그 반대의 현상이 발생, 다른 사람보다 더 많은 형량을 받게 됩니다. 왜일까요? 판사는 피고가 자신의 아름다움을 미끼로 사기를 쳤다고 생각하기 때문에 더 악랄하다고 판단하는 것입니다. 이처럼 피의자의 외모가 재판장에게 미치는 영향도 무시하지 못하는 조건입니다.

주먹구구식 판단으로 무죄가 유죄로 둔갑하다

　앞에서도 지적했지만 판사와 검사의 오판은 사람의 인생을 뒤바꾼다는 점에서 매우 중요한 문제입니다. 그러므로 우리는 복잡 미묘한 심리를 잘 이해한다면 혹시 닥칠지도 모르는 불행한 사태를 미연에 방지할 있겠죠.

　지금까지 사회심리학에서는 인간의 사물에 대한 지각, 이해, 판단을 집중적으로 연구해 우리가 지각상의 오류 때문에 잘못된 이해와 판단을 내리는 경우를 많이 밝혀냈습니다.

　노벨 경제학상 수상자 카네만의 경우는 대부분의 사람들이 과학적이고 구체적기기보다는 주먹구구식으로 판단하는 경향이 있다는 것을 낱낱이 밝혔습니다. 한 가지 예를 들어볼까요? 일반적으로 우리는 비행기사고가 자동차사고보다 더 자주 일어난다고 착각합니다. 그런데 실제로는 자동차사고가 비행기사고보다 압도적으로 많습니다. 그렇다면 우리는 왜 사실과 반대로 생각하고 있을까요?

　카네만은 이를 가용성(可用性)이론으로 설명합니다. 우리가 '사고'하면 가장 먼저 떠오르는 것은 자동차사고가 아니라 비행기사고입니다. 왜냐하면 자동차사고는 워낙 자주 발생하기 때문에 매스컴의 뉴스거리가 되지 못하므로 우리는 그 사건을 자주 보지 못합니다. 이와는 반대로 비행기사고는 드물게 일어남과 동시에 일단 사고가 발생하면 많은 사람들이 죽는 대형사고이기 때문에 큰 뉴스거리가 되고 매스컴에도 대대적으로 보도됩니다. 따라서 우리의 머리 속에는 자동차사고에 대한 장면보다는 비행기사고에 대한 장면과 기사가 더 많이 저장되어 있습니다. 그래서 사고의 발생율에 대한 질문

을 받으면 우리의 머리 속에 먼저 떠오르는(즉 가용한 자료)
비행기사고 때문에 자동차보다는 비행기사고율이 더 높다고
대답하는 것이지요. 이런 주먹구구식 판단은 비행기공포증환
자에게도 나타나는데, 자동차여행공포증환자는 드문 대신 비
행기여행공포증 환자는 의외로 많다는 사실에서도 이를 증명
해줍니다.

모든 범죄엔 심리적 원인이 숨어 있다
피의자가 정신이상자일 수도 있다

법정심리학자가 법정에서 두번째로 많이 하는 역할은 '피의자의 정신감정'입니다. 이는 적지 않은 범죄가 정신이상자에 의해서 저질러지기 때문입니다. 만일 피의자가 정신이상 상태에서 범행을 저질렀다면 그는 형벌을 받기보다는 정신치료를 하는 치료감호소에 보내져야 합니다(미국에서는 정신병원으로). 따라서 피의자가 정신이상자인지의 여부를 판단하는 것은 아주 중요 문제입니다.

미국에서는 피고의 변호사가 피고를 보호하기 위해 임상심리학자나 정신과의사를 고용하여 이들로 하여금 피고의 정신감정을 하게 합니다. 그러나 우리나라에서는 변호사가 아닌, 경찰이나 검찰, 재판장이 피고의 정신상태가 의심되거나,

상식밖으로 엽기적인 살인사건인 경우 그들의 재량으로 임상심리학자, 범죄심리학자, 정신과 의사에게 피고의 정신감정을 의뢰합니다.

따라서 피고를 보호하기 위해서는 우리나라에서도 미국에서처럼 변호사가 자신이 맡은 피고를 위해 심리학자에게 정신감정을 의뢰할 수 있는 제도를 마련할 필요가 있습니다.

부모토막살해범, 그는 정신이상자였나?

앞에서 언급한 부모토막살해사건의 경우에는 경찰과 검찰이 이OO의 정신감정을 여러 전문가에게 의뢰했습니다. 지금부터는 전문가들이 정신감정을 했던 그 결과를 통해 범죄와 관련된 그의 심리상태를 살펴보기로 합시다. 검찰에서는 세 명의 임상심리학자, 한 명의 사회심리학자에게 이OO의 정신과 성격을 판단하게 했습니다. 여기에서는 그 결과를 요약해 보기겠습니다.

이OO의 심리검사결과: 심각한 우울증이 패륜아를 탄생시키다

이OO의 성격은 내향적이고 정서적으로 불안정하며(조은경 교수의 아이젱크 성격검사결과) 더 구체적으로는 우울증(이훈진, 신민섭교수의 다면적 성격검사, 즉 MMPI검사결과)과 회피적 성격장애(신민섭교수의 종합소견결과)의 문제를 갖고 있다.

여기에서 회피적 성격장애라 함은 낮은 자존심, 거부에 대한 극도의 예민함, 불안과 불신, 사회적 두려움, 소심함, 사회적인 불편, 당황하거나 바보스럽게 행동할지도 모른다는 자기의식을 갖는 억압되고, 내향적이며, 불안한 행동유형을 말한다.

(필자 주: 이것은 미국심리학회에서 분류한 정신장애 진단 명으로 DSM-Ⅳ, 1995판의 해당 분류명임)

이○○의 정신감정에 있어 검사자들의 검사결과는 상당한 일치를 보입니다. 세 명의 임상가들은 모두 이○○의 성격적인 문제로 우울증을 지적했으며, 또 이○○의 일기를 살펴보면 그가 평소에 우울증 증상을 겪고 있는 증거가 도처에서 발견됩니다. 이로 미루어 보아 이○○에 대한 심리검사결과는 상당히 신빙성이 있습니다.

그런데 조은경 교수가 보고한 아이젱크 성격검사(영국의 아이젱크박사가 만든 검사로서 주로 성격의 내·외향성을 판단하는 데 쓰인다)를 살펴보면 약간 이상한 점이 발견됩니다. 그것은 이○○이 강인성 차원에서 낮은 점수를 받았다는 사실입니다. 그의 범죄수법으로 보아서는 강인성, 즉 공격적이고 극히 냉담한 정서가 높게 나타나야 하는데, 그가 허위로 문항에 답했는지 아니면 검사자체에 문제가 있었는지는 원인을 알 수 없는 낮은 점수를 받았다는 것에 의문이 생깁니다. 그토록 잔인하게 부모를 살해한 그의 경우, 억압된 것이나마 상당한 공격성을 나타나기 마련인데, 왜 검사결과에서는 이러한 흔적을 발견할 수 없었던 것일까요. 물론 부모에 대한 적개심을 표출하지 않고 억압했기 때문에 이것이 우울증으로 나타난 것이기도 하지만, 잠재되어 있다고 해도 어떤 형태로든 공격성이 나타나는 것이 정상적이기 때문에 의문이 생깁니다.

그렇다면 그가 심리검사에서 자기 자신을 숨겼던 것일까

요? 그는 세 명의 임상가로부터 동일한 심리검사, 즉 MMPI (미국의 미네소타대학의 심리학과에서 제작된 검사로 일명 미네소타 다면적 성격검사로 불리우며 정신병의 유무를 밝히는 데 주로 이용된다)를 검사받았기 때문에 이 검사들을 비교해 보면 그가 심리검사를 할 때 자기 자신을 얼마나 솔직하게 드러냈는지 확인할 수 있습니다. 만일 그가 자기 자신을 감추었다면, 그는 세 번의 MMPI검사에서 각기 다른 방식으로 반응했을 것이기 때문입니다. 그러므로 여기에서 세 결과를 비교해 보도록 하겠습니다.

필자가 얻을 수 있는 MMPI 자료는 두 가지였습니다. 두 자료 중 첫번째 자료는 앞서 조은경 교수가 2000년 6월 9일 실시한 것이고(사건 후 20일 후) 두번째 자료는 2000년 9월 28일에 실시한 것(사건 4개월 일주일 경과 후)입니다.

이 두 자료를 비교해 보면 F척도를 제외하고는 거의 동일하다는 것을 알 수 있습니다. 따라서 이OO이 솔직하게 검사에 응했다는 것을 알 수 있지요. 두번째 결과에서 F척도가 높게 나타난 것은 그가 자신의 건강상태를 보다 아픈 것으로 보고한 것을 의미합니다. 이것은 그가 자신이 아프다는 것을 과장되게 표현했다는 뜻인데 왜 그가 첫번째나 두번째 검사보다 세번째 검사에서 자신을 더 아픈 사람으로 진술했는지는 불분명합니다.

오랫동안 지속된 경찰과 검찰의 심문으로 심신이 모두 지쳤기 때문이라고 볼 수도 있고 그가 의도적으로 그렇게 진술했다고 볼 수도 있습니다. 그러나 나머지 MMPI검사결과를 보면 그는 비교적 성실하게 응답한 것으로 나타났습니다.

필자는 보다 자세한 해석을 위해 두번째 MMPI결과(그림을 참조)를 또 다른 임상 심리학자에게 보이고 그 해석을 부

탁했습니다. 해석을 맡은 대인관계 클리닉 정승아 임상심리
학자는 다음과 같이 진단했습니다.

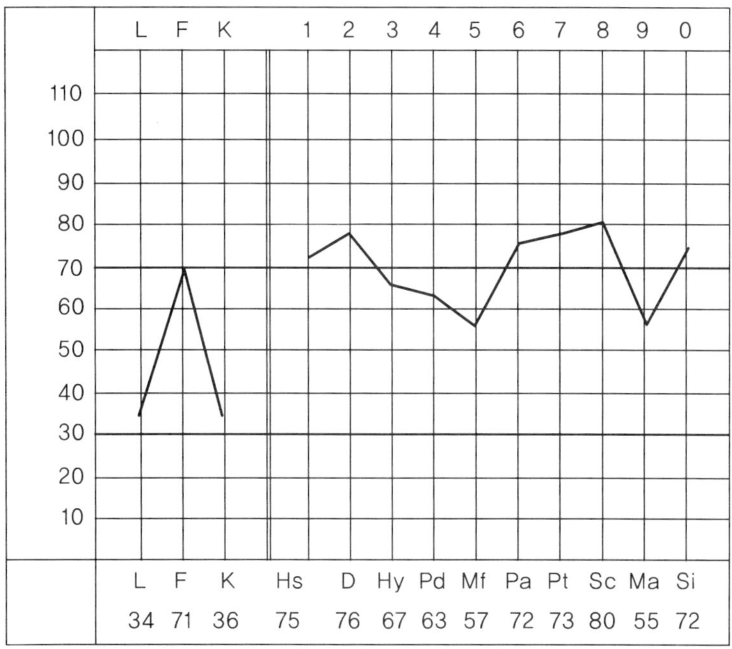

그림 3-1. 이○○의 MMPI 심리검사 결과

심각한 피해의식, 현실감 상실, 극심한 불안감으로 통제 능력을 잃다

아무런 정보 없이 이 프로파일 자체로만 보면, 심각한 피해의식과, 현실감의 상실, 극심한 불안감 등을 경험하고 있고, 이러한 내적인 정서를 의식적인 힘으로 적절하게 통제하고 조절할 만한 힘이 크게 상실된 상태라고 해석할 수 있다.

그러나 내가 현재 알고 있는 이○○에 대한 배경정보(부모를 살해하였고, 장기간의 경찰조사와 정신과적인 면담을 하였으며, 구속되어 현재 무기징역을 받은 상태)를 고려하여 '이○○'의 다면적인성검사(MMPI) 프로파일을 보면, 크게 세 가지 가능성을 생각해 볼 수 있다.

일부러 정신병자인 척 했다

첫째, 자신의 상태를 고의적으로 나쁜 쪽으로 과장했을 경우(faking bad)를 생각해 볼 수 있다.

병역의무를 회피하기 위해 정신과에 입원하여 검사를 받는 경우, 혹은 교통사고를 당하여 보상금을 염두에 두고 있는 환자의 경우 이런 유형의 프로파일을 자주 볼 수 있는데 이○○도 이들처럼 뭔가를 바라고 일부러 자신의 상태를 과장되게 표현한 것일 수도 있다.

이같은 진단을 내리게 된 것은 일반적인 정신병리의 정도를 나타내는 F척도가 90점을 훨씬 넘고 있고, 대부분의 임상척도가 70점을 상회하고 있기 때문이다. 이처럼 높은 상승도만 본다면, 이○○은 심각한 정신병적 상태에 있을 가능성이 높기 때문에 보다 정밀한 정신과적 면담이나 종합적인 심리평가가 강력하게 요구된다. 아마도 군 입대나 여타 공식적인 자격을 위한 적성검사에서 이런 프로파일이 나왔다면, 담당자는 정밀진단서를 요구하게 될 것이다.

만일 과장한 것이라면, 왜 그런 식으로 과장을 하였는지 그 동기를 보다 세밀하게 살펴볼 필요가 있다. 자신이 정신적으로 건강한 상태가 아님을 타인에게 보여주고 어떤 법적인 이득을 얻기 위함일 수도 있고, 아니면 실제로 심리적으로 매우 혼란스런 상태이기 때문에 누군가에게 긴급하게 도움을 요청할 목적으로 이러한 반응을 보였을 수도 있다. 짐작컨데, '이OO'에게는 이 모두의 가능성이 있다고 생각된다.

정신적 혼란과 두려움을 경험하다

둘째, 정말 심리적으로 매우 혼란스럽고 스스로를 컨트롤하기 어려운 정신병적 상태, 혹은 그에 준하는 상태에 있을 가능성도 배제할 수 없다.

그처럼 부모 모두를 잔인하게 살해하고 난 이후, 시간이 흘러 감정적으로 그 사건과 조금 거리를 둘 수 있게 되고 자신이 저지른 행동과 당시의 장면들이 자꾸 떠오르면서 그 행동의 의미를 생각해 볼 때, 심각한 정신적 혼란과 두려움을 경험하고 있을 수 있기 때문이다.

예를 들면, 친부모를 살해했다는 극심한 죄책감이나 피해의식, 현실감이 약화된 상태가 초래되어 있을 수도 있다. 그렇다면, 결국 이러한 상태는 평상시의 성격패턴을 나타내는 것이 아니라, 그러한 끔찍한 사건을 경험한 이후에 파생된 것으로 볼 수 있다. 만일 이것이 사실이라면, 이OO은 현실생활을 건강하게 이끌어 나가기가 매우 어려운 상태라고 볼 수 있다.

이미 정신병적 경향을 갖고 태어났다

셋째, 현재의 프로파일은 그 사건을 저지르기 이전부터 '이OO'이 지니고 있던 정신병적인 경향성을 나타내고 있고 그러한 잠재적인 경향성이 사건을 촉매로 하여 보다 뚜렷하게 나타난 것으로 해석될 수도 있다.

이를 검증하기 위해서는, 이 사건이 있기 전의 '이OO'의 일반적인 적응패턴(학교생활, 교우관계 등)이 어떠했는지를 알아 볼 수 있는 자료가 뒷받침되어야 할 것이다. 만일 적어도 겉보기에는 별다른 무리 없이 대인관계를 잘 맺고 학교생활에서 요구되는 일들을 해 나갈 수 있었다면 현재와 같은 프로파일이 나타날 수 있는 가능성은 매우 희박하다.

재범 가능성 검사로 가석방을 결정한다

미국에서 심리검사는 다양한 용도로 사용됩니다. 미국이나 한국에서 초범은 흔히 가벼운 처벌을 내리는 경우가 많은데 미국에서는 이를 더 확실히 하기 위해 초범자의 재범가능성을 측정하는 검사가 개발되어 있습니다. 이 재범가능성검사는 가석방을 결정하는 데에도 적극 이용됩니다.

미국에서는 죄인이 교도소에 수감되어 일정한 형기를 마치고 모범적인 교도소생활을 한 경우에 가석방을 시킵니다. 하지만 이때 가석방판정위원들은 죄수가 가석방을 해서 사회에 잘 적응하고 다시는 범죄를 저지르지 않을 것이라는 확신을 가져야 합니다. 따라서 가석방판정위원회에서 가장 중요하게 생각하는 것은 법정심리학자들이 판단하는 재범가능성 여부입니다. 여기에서 법정심리학자는 죄수의 죄질, 그의 학력, 가정환경 등을 검토하고 그의 재범가능성검사결과를 토대로 가석방판정위원회에 자신의 의견서를 보내고 그 결과에 따라 가석방 여부가 결정됩니다.

악질범이 모범수로! 우리나라 특별사면제도의 문제점

우리 나라에는 가석방제도가 없는 대신 특별사면제도가 있습니다. 특별사면은 크게 두 가지가 있는데 하나는 사형수의 경우 대통령의 권한으로 사형을 면제하는 것입니다. 김대중 전 대통령의 재임시에는 사형을 당한 죄수가 한 사람도 없었습니다. 야당 시절 군부통치 하에 체포되어 사형을 선고

모범수 딱지를 붙이고 당당히 출소하고 있는 극악한 표정의 죄수.
머리 속으로는 또 다른 범죄를 구상하고 있다

받고 수감생활을 한 적이 있는 그는 사형수가 갖는 심적 고통을 누구보다 잘 알았기 때문입니다.

우리나라의 또 다른 특별사면제도는 8.15 광복절, 3.1절과 같은 국경일에 일정한 기일의 형기를 마치고 모범수로 복역한 죄수들에게 일률적으로 형을 감해주고 출감을 시키는 것입니다. 이러한 특별사면의 경우는 각 지방교도소에서 선별해 올린 특별사면대상자를 법무부 본부의 교정국에서 일괄적으로 처리합니다.

그런데 질이 나쁜 재범자들 중에는 이러한 사면과정을 악용하여 교도소에 있을 때 모범수처럼 행동하면서 특별사면을 꾀하는 주도면밀함을 보이기도 합니다. 이렇게 모범수로 잘

못 판정되어 일찍 사면된 특별사면범 중에는 출소한 직후 또 다시 범죄를 저지르는 경우가 많아 사회적인 병폐를 낳고 있습니다.

우리나라도 범죄자의 교정과 그리고 국가예산 절약을 위해 초범과 재범가능성이 아주 낮은 경우에만 가석방을 시키는 제도를 도입할 필요가 있습니다. 그리고 이러한 재범가능성의 판정은 교도소나 사법당국이 아닌 법정심리학자에게 위임해야 합니다.

또 많은 비행청소년에게는 실형을 언도하기보다 그들의 장래를 위해 보호관찰처분(보호관찰소에서 행하는 교육을 받고, 보호관찰을 맡고 있는 사람과 상담을 하는 것으로 형을 대신하는)을 부과하는 경우가 많습니다.

이때 비행청소년에게 보호관찰처분을 내려야 할지, 소년원이나 소녀원에 재소시켜야 할지를 판단하는 것이 매우 중요합니다. 우리나라에서는 각종 심리검사, 개인환경자료 등을 토대로 이러한 판단을 내리고 있는데, 이때 사용할 검사를 선정하거나 해석하는데 있어서 지금보다 많은 전문가, 즉 법정심리학자들의 도움이 절대적으로 필요합니다.

모든 범죄엔 심리적 원인이 숨어 있다

왜 사람들은 범죄를 저지르나?:
범죄 심리학의 역할

미국에서는 법정심리학회와 법심리학회, 두 가지 학회가 병존합니다.

법정심리학에서는 법 체계 안에서 심리학자가 필요한 조언을 해주고 있기 때문에 법정심리학자들은 목격자 진술의 사실 여부나 피고의 정신이상 여부를 감정합니다. 그런데 법심리학자들은 법정심리학자가 하는 일보다 더 광범위한 연구와 서비스를 제공합니다.

예를 들면 앞서 말한 바와 같이 판사의 직관에 의해 형량을 결정하는 형평성의 문제, 판사의 오판 문제, 재판시 증거, 증인의 제시 및 출두의 효과성 법체계 안에서 일어날 수 있는 오류의 문제를 연구합니다. 더 근본적으로는 법이 어떻게 제정되어야 하고 일반인들이 이를 따르게 만드는 방법은 무엇인가까지 파고듭니다. 또 일반인들이 법에 대해서 어떤 태도를 갖고 있는가도 법심리학의 중요한 연구과제 중 하나입니다.

이러한 법정심리학이나 법심리학에서 공통적으로 관심을 갖고 있는 분야가 있습니다. 그 중 하나가 바로 범죄심리학입니다. 범죄심리학은 한마디로 말한다면 '왜 사람들이 범죄를 저지르는가 하는 문제'를 다룹니다.

최근에는 범죄의 유형이 많이 달라지고 있습니다. 과거에는 원한, 채무관계로 인한 범죄나 돈이 없어 죄를 짓는, 소위 생계형 범죄자가 대부분이었습니다. 물론 옛날에도 깡패와 조직범죄는 있었지만 요즘에는 이러한 고전적 범죄 이외에 화이트 칼라의 범죄, 변종 범죄 등이 성행합니다. 예를 들면 컴퓨터를 이용해 은행원이 고객의 예탁금를 빼돌리는 범죄행위나 서부영화에나 나올 법한 무법자식 은행털이, 청소년들의 원조교제, 성 매매 범죄 등이 바로 그것입니다.

그는 왜 부모를 토막살해했는가?

1장에서 이야기한 이○○의 부모토막살해사건과 같은 신종범죄는 범죄의 동기가 복잡하게 얽혀 있기 마련입니다. 그런 의미에서 이○○ 사건을 범죄심리학적 입장에서 다시 살펴보기로 하겠습니다. 우선 이 사건을 다룬 신문기사의 내용에서 사건의 원인을 찾아봅니다.

범행의 동기

이OO은 1999년, 5월 11일과 15일 두 차례에 걸친 부모와의 언쟁과 그로 인한 분노가 범행동기라고 진술했다. 이OO은 5월 11일 어머니에게 '왜 형한테만 잘 해주고 자기에게는 무관심한가'라고 항의하며 그가 전에 정리해 두었던 일기(1999년 12월부터 2000년 1, 2월 사이에 쓴 내용)를 들이대며 학대를 따졌다. 그러나 그의 어머니는 이를 부인했고 오히려 화를 냈다. 15일에는 아버지가 이 사실을 알고 그를 불러세워 단단히 야단쳤다. 부모로부터 사과나 동정을 받기는커녕 오히려 더 질책을 받은 그는 무척 분노했고 자존심이 상했다. 그래서 부모를 살해할 생각을 품었다. 이것이 그가 그동안 여러 번에 걸쳐 검찰, 경찰, 그리고 학자들에게 밝힌 범행의 동기이다.

(시사저널 2000.6. 고재규기자)

그런데 여기에서 한 가지 의문이 생깁니다. 만일 그가 살해할 의도가 있었다면, 왜 15일이 아니라 그로부터 6일이나 지난 5월 21일이었을까요.

이 의문에 대해서는 두 가지 해석이 있습니다. 하나는 신민섭 교수의 '인지적 몰락현상'이고 다른 하나는 조은경 교수의 '분노적 사고반추(思考反芻)효과'입니다. 이제 이 두 이론에 대해서 좀더 자세히 살펴보겠습니다.

'인지적 몰락'이란 바움마이스터(Baumeister)라는 심리학자가 내세운 이론으로, 자의식이 높은 청소년이 좌절하면 자신의 기대와 평가가 일치하지 못하다는 생각을 하고 이 사이에서 정서적 고통을 겪는데, 이 상태를 벗어나기 위해 합리적으로 생각하기보다는 생각이나 의식수준을 낮추어 자신으로부터 도피하려는 상태를 말합니다(김정원과 오경자 1993).

쉽게 말하면 스트레스상황에서 자신감을 잃고 사고의 폭이 좁아져 정상적인 대처를 하지 못한다는 뜻입니다.

부모로부터 사과는커녕 다시 인격적인 모욕을 받은 이○○이 그 후 완전히 무기력해져 모든 것을 때려치우고 제주도에 내려가 공원경비원을 하려고 한 점 등은 그가 일시적으로 극심한 인지적 몰락상황에 빠져있었음을 보여줍니다.

그러나 인지적 몰락이란 개념은 흔히 우울증환자가 자살하는 원인과 과정을 설명할 때 적합한 것입니다. 이를테면 무기력한 우울증 환자가 더욱 열등감을 갖고 단순한 방법으로(즉 자살) 자신의 문제를 해결하려는 경향을 설명하는 데 알맞은 개념입니다.

최근 김정원과 오경자(1993)는 인지적 몰락과 비행 사이에 상관관계가 있음을 밝혀냈으나, 어떤 경우에 인지적 몰락이 자살로, 또 어떤 경우에 비행으로 발전되는지는 분명치 않습니다. 때문에 이○○의 일기에서 발견되는 몇 가지 자료만으로 사건을 인지적 몰락으로 해석하기에는 역부족인 면이 있습니다.

증폭된 분노의 원인을 제거하려고 부모를 살해

자! 이제는 또 다른 이론으로 넘어가 봅시다. 조은경 교수는 "그가 마지막날 부모와 대판 싸운 후 부모에 대한 적개심과 분노를 갖게 되었는데, 자기 방에서 6일간 기거하면서 그 사건을 자주 머리에 떠올리자 분노의 감정이 더욱 증폭했고 이 증폭된 분노감정이 한꺼번에 표출됐다"라고 해석했습니다 (사고의 반추효과).

필자는 이 의견에 더욱 확신을 가지고 있습니다. 더 나아가 필자는 이○○에게 있어 '부모란 스트레스를 주는 해로운 자극'으로 변해버렸고 단순히 그 자극을(부모)을 제거하려는 동기가 범행의 원인일 것이라고 잠정적으로 결론지은 바 있습니다.

하지만 조은경 교수가 말한 사고의 반추효과는 하나의 가설일 뿐이며 '5월 15일 이후 시간이 경과함에 따라 분노는 점차 감소했다'라는 반대가설 또한 충분한 설득력을 가집니다.

이 반대가설을 뒷받침하는 그의 행동 몇 가지를 살펴봅시다.

첫째, 그는 5월 16일 비디오 테잎 두 편을 비디오점에서 빌려오고 그 다음날 이를 반환하고 다시 비디오 테잎 두 개를 새로 빌려왔습니다. 그리고 이 비디오를 방에서 혼자 감상했습니다. 그는 "방에만 틀어박혀 있자니 너무 답답했기 때문"이라고 말했습니다. 18일에는 이 두 개의 비디오를 반환하고 집에 돌아와 저녁 9시경 집에 들어온 아버지에게 인사를 하고 다시 방으로 들어간 것 이외에는 특이한 점이 없었습니다. 그리고 19, 20일의 행적은 자세히 언급하지 않았습니다.

따라서 필자는 이○○과의 2차 면담(2001년 5월 3일)에서 그에게 "사건이 일어나기 4일 전부터의 행적을 기억해서 일기식으로 적어달라"고 요청했습니다. 비록 사건이 발생한 지 일년이라는 시간이 지났기 때문에 그가 그 때의 일을 얼마나 자세히 기억할지는 의심스러웠지만, 그는 머리가 명석한데다 부모를 살해하고 토막낸 것은 평생 잊지 못할 중대한 사건이므로 사건 전과 후에 대해서 어느 정도의 기억이 남아 있을 것이라 기대했습니다. 2001년 5월 7일 이○○은 필자의 요청대로 범행 전 3일간의 행적을 적어서 보내왔고 아래 박스는 그 내용을 요약한 것입니다.

범행전 3일간의 행적

200년 5월 18일(목), 5월 19일(금)

또 새벽 4시경에야 잠들었다. 한 3시간 잤나. 오전 7~8시, 해가 뜨니 더 이상 잘 수가 없다. 이제 부모님들이 일어날 것이고, 나는 또 방에 갇힌 죄수신세다. 방문 닫고 자는 척 해야겠다. 소변이 급하지만, 이미 부모님이 일어났고 마루에 돌아다니기에, 나는 화장실을 갈 수 없다. 부모님들이 있다는 그 자체만으로 참을 수 없다. 직접 보는 것은 물론, 발소리, 목소리, 인기척이 느껴지는 것도 숨이 막힌다. 일단 급한 대로 소변은 깡통에 처리한다. 부모님들이 다 외출하려면 최소한 오전 11시는 넘어야 한다. 그때까지 자는 척 누워본다. 누웠다, 앉았다 반복한다. 배는 안 고프다.

제길, 오늘은 오후 1시가 되어서야 아버지, 어머니가 모두 외출했다. 슬그머니 문을 열고 마루로 나간다. 화장실에 가서 소변을 보고 세수한다. 냉장고를 열고 빵과 우유를 꺼낸다. 억지로 조금 먹는다.

아버지, 어머니…… 그들은 이제 은퇴하고 공식적으론 할 일이 없는 처지다. 그럼에도 어디를 그렇게 다니는가. 동창모임, 성당행사, 주식투자, 그게 그리도 재미날까. 며칠 전, 크게 다툰 자식이 방구석에 쳐박혀 대낮까지 나오지도 않고, 먹지도 않는데 그건 궁금하지 않은걸까? 그저 자신의 일상만 지속하면 그만이라는 건가. 아니면 내가 겁이 나서? 아니면 내가 꼴보기가 싫어서? 인간이 어떻게 그럴 수 있을까. 부모님의 잔인한 침묵과 무관심은 지독하다. 차라리 나를 불러다 야단이라도 쳐라.

그래, 부모님들은 원래 그런 사람들이다. 한 집에서 같은 식구가 미치든 죽든 신경조차 쓰지 않을 수 있는 초인들이다. 나는 그들의 강인함을 존경한다. 한 집의 강아지가 죽어가도, 아니 조금 아파도 걱정하는 게 사람 마음인데…. 내가 며칠 전 그렇게 난동을 부리고 이후로 방에 쳐박혀만 있음에도, 남도 아닌 한 가족임에도, 그토록 철저히 무심할 수 있다니...

어쨌든, 나는 한 낮 빈집의 자유를 만끽한다. 마루에 드러눕는다. 안방, 구석방에도 기웃거린다. 저녁때까진 자유다. 특히 요즘 들어 어머니의 귀가시간이 눈에 띄게 늦어졌다. 거의 저녁 8, 9시에나 들어온다. 내 시선도 피하고, 지난번 난동 이후로 너무 눈에 뻔히 드러나는 외면 아닌가? 다시 내 방으로 들어와 PC로 음악 CD를 튼다. 아차, 아로나민 골드 깡통이 그대로군. 재빨리 화장실에서 비우고 헹군다. 그리곤 느긋하게 음악을 듣는다. 거의 오후 3시경, 테크노, 헤비메탈, 감상적이고 현란한 Rock Music. Guns and Roses의 'Sweet Child O'mine', 'Paradise City', 'Welcome to the Jungle', 'Pretty tided up', 'Knocking on Heaven's Door', Prodigy의 'Voodoo People', Nine Inch Nails의 'Sin', 'Self Destruction', Prince 'Let's Go Crazy', 'When Doves Cry'.......

오로지 음악만이 내 생명이다. 음악이 없이 지금을 버텨낼 수 있을까? 오후 3시가 넘었다. 이젠 뭘 할까. 비디오라도 볼까. 서부영화, 뮤지컬, 갱영화... 뻔한 얘기들, 이젠 지겹다. 아니, 볼 의욕도 없다.

에라, 게임이나 하자. Starcraft(PC Game)를 시작한다. PC를 (혹은 다른 사람을) 상대로 전쟁을 벌이는 전략게임이지만... 나는 다른 방식으로 한다. 일찌감치 상대편을 초토화, 무력화시킨 후, 내 스스로 나의 병사와 건물, 탱크, 전투기들을 파괴하기 시작한다. 병사 수십 명을 일렬로 세워놓고, 서로 쏴죽이게 한다든지, 혹은 탱크와 전투기로 대량 학살극을 벌인다. 실감나는 비명소리, 폭발음. 역시 게임은 시간이 잘 간다. 그새 3시간이 지났다. 오후 6시... 역시 어머니는 돌아오지 않는다. 보나마나 오늘도 8, 9시에나 돌아오실거다. 내가 두려워서 그러는 걸까, 또 시비걸고 난동 부릴까봐? 쳇, 어쨌든 나를 외면하고 피하려는게 너무 뻔히 드러나는 행동이라, 더욱 우울하다. 문제가 있으면 말을 하고 해결해야지, 서로 피하기만 하다니! 언제까지... 아버지는 내 인사도 안 받고 눈길조차 마주치지 않고 있다.

음악을 계속 크게 틀고, 2시간쯤 있었나 보다. 현관문 여는 소리. 어머니다. 제길, 나는 또 다시 방안에 감금된다. 남미, 미국사진이나 백과사전에서 찾아볼까. 나는 꼭 미국에 가야 되는데... 아메리카. 꼭 갈 거다.

인터넷에 접속하려는데 잘 안 된다. 저녁때는 이용자 수가 폭증하는 까닭에 접속 회선이 부족하다. 에라, 때려치자. 다시 문여는 소리. 아버지다. 아아, 아버지가 들어오면 시작되는 악몽은 바로 그때마다 하필 대변이 마려워 진다는 거다. 밤 10시가 넘었는데, 하필 화장실이 가고 싶어지고... 그러나 어머니, 아버지는 마루와 방을 오가고 있고, 나는 그래서 치를 떨며 발만 동동 구르면서 그들이 잠들 순간만 기다린다. 그래야 겨우 화장실에 가니까. 어머니, 아버지는 늦게 잔다. 보통이 새벽 1시, 어쩔 땐 3시까지도 깨어있다. 제발, 오늘은 좀 일찍 자야 되는데. 나는 음악조차 못 듣고, 부모님들이 자기만을 기다려야 한다. 새벽 2시. 이제야 조용하다. 슬그머니 문을 열어보니 역시 모든 불이 꺼져 있다. 휴~화장실에 가서 변기에 앉는다. 역시 소화불량이라 먹은 게 그대로 나온다. 다시금 냉장고를 열어보고, 방으로 돌아온다. 문을 닫고, 이어폰을 끼고 자리에 눕는다.

새벽 3시가 넘었다. 제발 잠 좀 자자. 팝송을 들으며 억지로 눈을 감는다. 내일도 똑같을텐데...

5월 20일 (토)

어제, 그제, 오늘, 아니 요즘 일주일간 계속 같은 생활의 반복이다. 나는 지금 손가락 하나 까딱 할 기력도 없다. 엄청난 무기력... 이유는 간단하다. 나는 TOEIC 시험을 망쳤고(성적 확인 안해도 틀림없다) 그래서 공부는 아예 포기하고 그저 놀기로 했는데, 도무지 영화도 소설도 구미가 당기지 않았다. 그래서 차라리 이 미친 집에서 벗어나 밖에 나가 자유롭게 속편히 살까 하는 생각도 했었는데(진짜로 나가서 청소부라도 할 작정이었다) 제기랄, 그럴 용기는 내게 없었다. 막상 바깥 세상에서 살아갈 자신이 없다는 것만 확인했을 뿐.

그럼, 차라리 죽을까 생각하던 중, 공교롭게도 어머니, 아버지가 형 이사를 적극적으로 세심하게 신경써주는 게 거슬렸다. 그 동안, 지난 10년 동안 공부 잘하고, 말 잘 듣고, 대학에도 들어가고, 군대까지 무사히 갔다온 내가 지금 다 죽어가는데도, 어머니, 아버지는 지난 10년 간 하루가 멀다하고 그들에게 대들고 싸워온 형한테 더욱 관심이 있는 거다. 치사한 사람들! 최소한의 양심도 없는 사람들. 그래서, 하도 답답해서, 내 생애 최초로 좀 따지고 대들었기로서니, 그걸 서로 고자질해서는 도리어 나를 죄인 취급하고 노골적으로 무시하고 외면한다.

나는 이후로 가슴에 구멍이 뻥 뚫린 기분이 되었다. 아무 것도 하기 싫다. 그냥 멍하니 있을 뿐이다. 어머니, 아버지가 먼저 무슨 반응이라도 보이기를 기다리는지도 모르겠다. 한 집에 있는 사람이 미치고 죽어가는데, 아무리 웬수라도 한번 거들떠 보기는 해야될 것 아닌가. 나는 그런 상식적인 반응을 기다리고 있다!

그래서 아무것도 안하고 기다린다. 오직 무언가를 기다리느라고 아무 것도 못하겠다. 음악만이 내 생명!

아니, 나는 내가 바보천치, 식물인간이란걸 입증하기 위해서 아무것도 하지 않고 있는지도 모른다. 나는 이미 끝난 인생이니까.

오늘도 제대로 먹지를 못했다. 빵, 우유 겨우 조금. 제길, 토요일 밤이랍시고 TV도 늦게까지 한다. 어머니, 아버지 그들은 지금 TV가 눈에 들어오나. 나는 숨쉬기도 힘들 지경인데, TV를 잘도 보고 있구나. 나는 정상적 일상 지속이 불가능할 지경인데, TV 보고 잘도 살아 있구나! 과연 아무 일도 없을까? 어머니, 아버지는 그리 생각하고 있는가?

아아! 내일은 일요일. 성당에 가야 하는데, 무슨 핑계를 대야 하나! 무슨 핑계를 대건 그들은 내게 강요할 것이다. 지난 주일에도 나는 방문 닫고 누워있는데, 아버지가 문을 열고 버럭 소리지르지 않았는가. "아이고, 냄새야. 빨리 일어나서 성당 못 가!" 그때 나는 겨우겨우 위기를 모면하고 어차피 늦었다는 핑계로 다시 방에 숨었는데, 내일은 또 어찌 될 것인가? 대체 무슨 냄새가 난다는 거냐! 그리고 성당 가라는 기계적 체크가 아니라, 내가 왜 일부러 누워있는지 그 근본원인을 물어야 하는 거 아닌가? 그게 상식이잖아? 그러나 부모님들은 결코 이유도 묻지 않고 관심도 없었다. 내일도 마찬가지일 거다. 바퀴벌레 보듯 버럭 소리 지르고 경멸의 시선만 던지겠지. 아! 그 모욕을 어떻게 참는단 말인가.

이젠 분명 한계점이다. 이런 귀신딱지 노릇도 벌써 1주일. 더 이상은 못해먹겠다. 내게는 신선한 공기가 필요하다. 도무지 숨이 막혀 못견디겠다. 내일은 또 어찌 참는다는 거냐. 술, 술이라도 마실까. 영화주인공처럼 양주를 병째 들이켜볼까? 켁켁. 어휴 써. 도저히 못 먹겠네. 그래도 다시. 한 열 모금 마셨나, 얼굴이 후끈 달아오르는걸 느낀다. 빨개져 있겠지. 이게 끝인가? 스위치 내리듯 암전되듯 끝나는 건가.

이게 뭐야. 발에 차이는 건. 제길, 망치로구나. 어디 보자. 묵직하네. 아니, 더럽게 무겁네. 이게 뭐야. 이게 끝인가. 스위치를 내리는 건가. 내일을 어찌 감당한단 말인가.

폭력적인 영화가 살해 욕구를 증폭시켰다?

이렇게 그는 사건 4일 전의 심정을 토로했습니다. 저자가 추측한 대로 그가 부모를 살해하게 된 직접적인 동기는 부모와 싸운 후 일주일간 부모와 격리되어 고통스러운 나날을 보내는 가운데에서 오는 스트레스가 가장 큰 것이었습니다.

부모가 미운 것도 미운 것이지만 그를 대면하기 싫어하는 부모로부터 자신을 하루하루 건사하기가 무척 힘이 들었습니다. 소변도 방에서 보아야 했고 부모가 없는 틈을 타서 화장실에 가야만 했으며 음식도 몰래 먹어야 했습니다. 그러다 보니 그의 답답증은 도를 더해갔고 잠도 설쳐 정신적, 육체적으로 최악의 상황에 도달합니다.

따라서 그가 살아남는 길은 그에게 불편을 주는 해로운 자극, 즉 그의 부모를 제거하는 방법뿐이었습니다. 그가 화장실에서 돌아오는 길에 가져온 양주는 스트레스로부터 도피해

TV에서 폭력적인 장면이 나오고 있고 이○○은 그것을 보면서
주먹을 불끈 쥐고 있다.

야겠다는 갈망을 자극하는 동시에 이를 억제하려는 양심의
목소리를 잠재웠습니다.

다시 반복하지만 16일부터 18일까지 3일 동안의 그의 행
적을 분석해 보면, 이때까지 그는 부모를 살해하려는 생각이
없었다고 확신할 수 있습니다. 만일 그가 이때 범행을 계획했
다면, 그는 아마 이틀에 걸쳐 비디오가게에 가서 비디오 테잎
을 빌려오는 여유를 보이지 못했겠죠. 이 3일 간의 행적으로
미루어 본다면 그는 16일부터 18일까지는 아직 살해의도가
없었습니다. 그렇다면 그가 범행을 기도하게 된 시기는 최소
한 비디오 테잎을 시청하고 난 후, 즉 18일 이후가 됩니다.

그럼 여기에서 의심은 더욱 증폭됩니다. 만약 3일간 살해
의도가 없었다면 그는 그 후(18일 이후) 왜 갑자기 범행을
결심했을까요? 혹시 비디오 테잎 시청이 그에게 어떤 영향을

끼친 것은 아닐까요?

영상물을 통해 범죄수법을 습득

최근 미국에서는 청소년들이 TV에서 잔인한 범죄수법을 시청하고 이를 모방하여 범죄를 저지른 사건이 몇 건 있었습니다. 그리고 이러한 모방범죄를 저지른 청소년의 부모가 TV 회사를 고소하여 승소한 적도 있습니다. 미국 법원의 이러한 판결은 TV나 비디오의 시청, 특히 공격적인 프로그램이 시청자에게 나쁜 영향을 준다는 것을 공식화 한 것이었습니다.

여러분은 '비디오 테잎이나 영화감상이 어떻게 이○○의 범죄에 영향을 주었다는건 지나친 비약이 아닌가' 의아하게 생각할지도 모릅니다. 그러나 '살인'이라는 것은 원한이 있다고 해서 그렇게 간단하게 저질러지는 범죄가 아닙니다. 특히 이○○의 친부모 살해는 일반인의 상상을 초월케 하는 행위로, 매우 강한 유교문화 속에 살고 있는 우리로서는 부모가 아무리 밉다고 해도 그들을 토막살해하는 행동은 절대로 용납할 수 없는 것이기 때문입니다.

게다가 그는 사건 당시 정신이상 상태에 있었던 것도 아니었습니다.

분노나 원한이 실제 행동으로 옮겨지려면 이를 가능케 하는 또 다른 단서가 있어야 합니다. 이 ○○의 경우는 그 단서에 발동이 걸려 부모토막살해라는 극악무도한 범죄를 저지르만 것입니다. 그렇다면 그로 하여금 부모를 살해하게 만든 결정적인 '단서'란 과연 무엇이었을까요? 필자는 그 단서가 바로 '폭력적인 영상물'이라고 봅니다.

보다 쉽게 설명해보겠습니다. 청소년들이 불량친구를 사

귀어 얻게 되는 부정적 결과란, 그들로부터 어떻게 친구를 협박하고 돈을 뜯어내는지에 대한 비행수법을 배우는 것입니다. 이와 마찬가지로 죄수들은 교도소의 감방친구로부터 범죄수법을 배웁니다. 예컨대 어떻게 빈집을 알아차리며 자물쇠를 따는지, 주인에게 발각되었을 때 어떻게 처신해야 하는지 등을 전수받는 것입니다.

그런데 일반 시청자들, 특히 아동이나 청소년까지도 TV나 비디오 테입 등을 통해 이와같은 범죄수법을 배울 수 있습니다. 성인들은 영화가 허구라는 것을 알고 또 자신의 충동을 자제할 수 있는 양심, 충동억제능력 갖추고 있기 때문에 영화의 모방을 벗어날 수 있습니다. 그렇다면 여러분은 "이미 성인(24세)인 이OO이 범행 전 시청한 비디오로부터 부모살해의 영향을 받았다고 주장하는 것은 모순이 아닐까요?"라고 반문할 지도 모릅니다.

네, 그것은 당연한 질문입니다. 하지만 이OO는 평범한 우리 주변의 청년들에 비해 영화와 비디오에 광적으로 몰두했었습니다. 우리는 그의 일기를 통해 그가 고등학교 졸업 후 짧은 기간동안 무려 456개의 영화와 비디오 테입을 시청했다는 사실을 알고 있습니다. 그리고 그는 군대에 있을 때에나 군 제대 후에도 영화감상에 몰두한, 한 마디로 영화매니아였습니다.

폭력장면을 많이 시청할수록 공격성 두드러져

폭력적인 영화를 자주 본 사람의 심리는 과연 어떨까요? 1960년 이래 수많은 사회과학자들, 특히 심리학자들은 미디어가 청소년의 심리에 미치는 효과에 대해 비상한 관심을 갖고 연구해왔습니다. 심리학자들은 단기적 효과만을 가지고서는 TV나 영화의 악영향을 주장하기에 미흡했기 때문에, 단기적인 효과뿐만 아니라 장기적인 효과에 대해서도 모두 조사를 했습니다. 그 결과 장기적인 미디어 시청이 우리들에게 끼치는 엄청난 악영향에 대한 충격적인 보고가 속속 발표되었습니다.

에론(Eron, 1982)과 휴스만(Huesmann, 1982) 등은 '매체폭력과 공격성 실험'을 통해 어릴 때 보았던 TV폭력의 양이 수년, 심지어는 수십 년 후 그 사람들의 공격수준에 영향을 준다는 사실을 밝혀냈습니다.

이들은 이 연구에서 피험자가 시청한 폭력의 양은 피험자들이 보았던 프로그램과 이 프로그램들의 폭력점수(폭력장면이 얼마나 많이 나타나는가를 점수로 매김)로 정하고, 피험자들의 공격수준은 학교 친구들이나 선생들이 매긴 행동점수로부터 얻었습니다.

이 두 가지 점수의 상관관계를 조사해 본 결과, 어릴 때 매체폭력을 많이 본 사람들일수록 어른이 되었을 때 공격수준이 훨씬 높다는 사실이 드러났습니다. 게다가 이들이 보인 공격성은 나이가 들수록 점점 증가하는 것으로 나타나 매체폭력의 악 영향은 시간이 지나면서 더욱 강력하게 축적된다는 것을 보여주고 있습니다. 즉 사람들이 TV나 영화를 통해 폭력을 많이 시청할수록, 그들은 여러 가지 상황에서 공격적인 행동을 더 많이 하게 됩니다.

그런데 최근에는 폭력적인 비디오 게임도 TV나 영화처럼 우리들의 공격성에 영향을 준다는 사실이 밝혀졌습니다.

슈트(Shutte)와 그의 동료들(1988)이 5세부터 7세까지의 남녀 어린이들을 대상으로 연구한 '게임과 폭력성 실험'을 살펴보면 잘 알 수 있습니다. 이들은 어린이들에게 '카라테카' 라는 비디오 게임과 '밀림사냥'이라는 비디오 게임 중 하나를 선택하게 해 게임을 하도록 했습니다. '카라테가'라는 게임은 아이들이 조종하는 주인공이 여러 악당들을 무찌르기 위해 상대방을 때리거나 걷어차는 폭력적인 게임인 반면, '밀림사 냥'이라는 게임은 주인공이 넝쿨에서 넝쿨로 날아다니면서 밀림을 통과하는 비폭력적인 게임입니다.

전혀 다른 성격의 두 가지 게임을 한 후, 실험자는 각기 다른 게임을 선택했던 아이들끼리 짝을 지워 풍선인형이 들 어 있는 특수한 놀이방에서 놀게하고 관찰했는데, 공격적인 게임을 했던 어린이들은 비공격적인 게임을 했던 어린이들에 비해 친구와 풍선인형을 훨씬 더 많이 때렸습니다.

한편 성인들의 경우도 '말경기'(공격적인 싸움경기)에 적 극적으로 참여하는 사람들이 실제상황에서도 공격적인 행동 을 하는 경향이 높다는 사실이 밝혀졌습니다(Gergen, 1991).

우리는 이○○이 비디오 테입뿐만 아니라 컴퓨터 게임에도 몰두하고 있었음을 잘 알고 있습니다. 그는 평소 스타크래프 트라는 컴퓨터게임을 즐겼고 범행을 저지르기 전 일 주일동 안 자기 방에 칩거하면서 전투를 모방한 이 공격적인 게임을 즐겼습니다.

폭력적 매체와 게임이 우리에게 주는 악영향

지금까지 많은 연구자들은 매체폭력과 컴퓨터 게임의 악 영향에 대해 목소리를 높여왔습니다. 그렇다면 이것들은 구 체적으로 우리의 정신세계에 어떠한 악영향을 주는걸까요?

· 자제력을 약화시키다

첫째, 매체 폭력을 보는 것은 시청자 스스로가 폭력적인 행동을 하지 못하도록 억제하는 마음을 약화시킵니다. 여러 가지 상황을 타파하기 위해 영웅과 여걸들이 공격적인 행동을 취하는 것을 보고 나면 시청자들도 그들 자신이 그런 폭력적인 행동을 취하는 것을 덜 자제하게 됩니다. 그것은 '주인공이 그렇게 한다면 나도 할 수 있다'라고 생각하기 때문입니다.

· 새로운 폭력기술을 배우다

둘째, 매체 폭력을 봄으로써 시청자들은 예전에 그들이 남을 공격하고 해를 입힐 때 사용하지 못했던 새로운 기술을 배우게 됩니다. 그리고 이런 행동을 한번 배우고 나면 사람들은 적절한 상황에서 이를 사용하려는 경향을 보입니다.

· 무의식의 세계에 폭력이 각인되다

셋째, 다른 사람들의 공격적 행동을 시청하는 것은 시청자의 인지에 여러 방법으로 영향을 줍니다. 이러한 폭력 장면은 시청자의 공격적인 생각과 기억을 점화시키는 역할을 하여, 유사한 상황에서 시청자의 인지체계 안에서 그 생각과 기억을 즉시 마음에 떠올리고 그에 따른 공격적 행동을 하도록 만듭니다. 따라서 부모의 아동학대나 부모간의 부부 싸움은 심리적으로 자녀에게 유전됩니다. 앞에서 말했듯이 "흉보면서 닮는다"는 모방학습효과가 나타나는 셈입니다.

마찬가지로 폭력적인 영화나 TV 프로그램을 시청하는 것은 공격성과 관련된 인지스크립트(script), 즉 어떤 사건이 일어날 가능성과 환경에 따라 어떤 사건이 적절한가를 공격성

아버지의 폭력성을 그대로 답습하다

수원에 사는 이 모씨(34)는 남편의 상습적인 구타에 온몸이 성할 날이 없다. 결혼 초 부부싸움 끝에 한번의 따귀를 맞은 적이 있었는데, 곧이어 사과하며 비는 남편의 모습에 그냥 넘어간 것이 화근이었다. 그 이후 술만 먹고 들어오면 무슨 트집을 잡아서라도 폭력을 행사하는 것이었다.

참을 수 없는 학대에 친정으로 피해보기도 하고 시부모에게 도움을 청해보기도 했지만 소용이 없었다. 그러던 어느날 시어머니와 대화하던 중 시아버님의 상습적인 폭행 때문에 시어머니는 물론 남편도 고초를 겪었다는 이야기를 듣게 되었다.

시어머니에 의하면 남편은 '나는 절대 아버지처럼 되지 않을 거야'라는 말을 입에 달고 살았다고 한다. 그런데도 남편은 아버지와 꼭 같은 모습으로 아내에게 폭력을 휘두르고 있었던 것이다.

과 관련해서 생각하는 것을 강화하고 활성화합니다.

예를 들면, 시청자들은 매체의 주인공이 다른 사람과의 알력이나 불화를 폭력적으로 다루는 것을 보게 되면, 그러한 상황에서 폭력이 정말 일어날 가능성이 많다고 생각하는 인지스크립트를 획득합니다. 그러고 난 후, 시청자들이 실생활에서 비슷한 상황에 직면하게 되면 이러한 인지스크립트, 폭력적 생각, 그리고 이와 관련된 사고가 활성화되어 자신도 모르게 공격적인 행동이 나오게 됩니다.

· 실제적인 폭력에도 둔감해져 피해자를 동정하지 않는다

마지막으로, 폭력매체를 지속적으로 시청하는 것은 폭력

과 그것에 따른 결과에 대한 정서적 민감도를 떨어뜨립니다. 간단히 말해서, 수많은 살인과 싸움과 공격을 보게 되면 시청자들은 이러한 폭력 장면에 대해서 둔감해지고 정서적으로도 훨씬 소극적인 반응을 하게 됩니다.

그리고 그들은 실생활에서의 공격도 보다 덜 해로운 것으로 보고, 심지어는 피해자들이 상당한 아픔과 고통을 표현해도 그들을 덜 동정합니다. 이러한 효과는 성폭력에 있어 더욱 두드러집니다.

이OO이 부모의 사체를 처리할 때 냉혈한처럼 행동할 수 있었던 것도 그가 수많은 살인영화, 폭력영화를 보았기 때문입니다. 따라서 그는 부모의 시신을 무덤덤하게 토막낼 수 있었던 것입니다.

영화에 대한 광적인 몰입으로 폭력영화의 주인공이 되다

자! 이제 우리는 영화, 비디오, 그리고 컴퓨터게임이 이OO의 범행에 간접적으로 영향을 주었을 것이라고 생각할 수 있습니다. 물론 일반적인 환경에 있는 우리들은 영화의 허구성을 알고 있고 또 그러한 영향으로부터 오는 공격성의 충동을 억제할 수 있습니다. 그러나 그는 영화와 컴퓨터 게임에 지나치게 몰입해 있는 광적 매니아로 그의 행동은 일반 성인의 경우와 크게 달랐습니다.

필자는 이OO이 범행 4일 전에 감상한 '파이트 클럽', 20일 전에 본 '매그놀리아'와 3개월 전에 본 '8mm'가 범행에 영향을 주었다고 생각합니다. '파이트 클럽'을 보면서 그는 자기도 무력감에서 벗어나고 영화의 주인공처럼 담대해 질 수 있으며 또 그래야 한다는 암시를 받았습니다. 그리고 결정적인 영향을 행사한 '매그놀리아'는 그의 부모에 대한 증오심을 자극합니다. 그가 이 비디오를 감상하고 인터넷에 띄운 영화 평을 보면 '스스로 악덕한 부모는 처벌을 받아야 한다'라고 적고 있습니다. 따라서 이것이 그의 신념을 행동으로 옮기게 만든 단서라고 볼 수 있습니다. 또한 '8mm'에서 그가 본 처참한 살해 장면, 즉 칼로 잔인하게 살인하는 수많은 살해장면은 그로 하여금 냉정하게 부모를 망치로 타살한 뒤 조금도 당황하지 않고 침착하게 부모의 시체분리작업을 수행하도록 만들었습니다.

그가 아마 보통 사람이었다면 부모를 살해한 후 한참 동안 망연자실했을 것입니다. 그러나 그는 수많은 범죄영화, 잔인한 살해장면을 봐왔기 때문에 그러한 상황에서 주인공이 했던 행동을 머리 속에 떠올리고(또는 인지스크립트에 거의 무의식적으로 행동하고) 침착하게 사체를 수습했습니다.

많은 심리학자들이 지적한 것처럼 그는 부모로부터 받은 아동학대와, 자라면서 이들로부터 받은 모욕 때문에 부모를 살해했습니다. 그러나 필자는 이 살해욕구자체가 직접적으로 살해행위로 이어지지는 않았다고 봅니다.

그의 부모 살해욕구는 초등학교 시절로 거슬러 올라갑니다. 그는 이미 그때부터 부모를 살해하기 위해 무기를 준비했지요. 경찰 심문에서도 나타났듯이 그는 어머니가 자기를 해칠지 모른다는 이유로 야구방망이, 유리조각 등을 자기 방에 수집해 두었습니다. 이 행동은 어머니에 대한 피해망상과 더불어 어머니를 살해하려는 공격충동을 반영하는 것입니다. 그리고 제대 후에는 망치를 그의 방으로 옮겨놓았는데 이는 그의 살해의사를 나타냅니다.

그런데 그는 왜 그 동기를 실천에 옮기지 않았던 걸까요?

물론 그가 아직 어렸기 때문이기도 했지만 이때까지는 그에게 양심과 자기 통제 능력이 있었던 것입니다. 더욱 중요한 것은 그때까지는 부모를 살해할 만한 강력한 동기가 주어지지 않았다는 사실입니다.

그런데 그가 성인이 된 후, 1999년 5월 11일과 15일에 부모와 크게 언쟁하는 사건이 벌어집니다. 특히 두 번째 싸움에서는 아버지가 그의 소심성과 무기력, 아르바이트도 하지 않는 행동 등을 크게 나무랍니다. 그는 부모에게 자기가 무력해진 것은 부모 탓이라며 처음으로 반박했으나 사과는커녕 오히려 인격적인 모욕을 받습니다.

게다가 그는 부모가 자기를 기만했다고 생각하기에 이릅니다. 평소에는 '전 재산은 너에게 상속할 것'이라고 입버릇처럼 이야기하더니, 못마땅하다며 늘 불평하던 형에게 자기의 이름으로 은행대출까지 받아 오히려 아파트 한 채를 사준 사실에 분개합니다.

"부모의 스트레스를 그대로 참아낸 나는 어쩔 수 없이 부모와 계속 동거를 해야 하는데 부모에게 반항하면서 가출까지 한 형은 집까지 얻게 되다니. 부모에게 나는 언제나 찬밥 신세고 형만을 위하는구나. 배신이다." 이런 생각이 그의 마음에서 떠나지 않았습니다.

이제 그에게는 부모를 살해해야겠다는 강력한 욕망이 꿈틀댑니다. 이 욕망을 은유적으로 표현하면 그가 어렸을 때부터 준비한 총에 드디어 장전을 하는 것입니다. 그러나 총에 총알을 장전했다고 해서 꼭 쏘라는 법은 없지요. 그래서 그는 15일 이후부터 '부모를 죽일 것인가 말 것인가?' 고민합니다. 한참 생각하다보니 머리가 아파 왔고 그는 머리를 식히기 위해 16일과 17일 비디오 테입을 빌려옵니다. 그는 '파이트 클럽'을 시청하면서 "그렇다. 내가 무기력한 것은 부모 탓이고 나도 주인공처럼 한번 멋지게 파이트 클럽을 조직해보자"라는 식의 생각을 갖고 주인공과 자신을 동일시하게 됩니다.

어떻게 살해할 것이며 어떻게 사체를 처리할 것인가는 머리 속에 대강 정리가 되었는데 그가 지금까지 본 '죄와 벌', '까라마죠프의 형제', 그리고 '8mm'의 스크립트가 그에게 어떻게 하라는 지시를 내려주었습니다. 이처럼 그가 장전한 총을 발사하도록 만든 것, 즉 그의 손가락을 잡아 다닌 것은 '죄와 벌', '파이트 클럽', '8mm', 그리고 '까라마죠프의 형제' 등이었습니다. 물론 '어떻게 내 부모를 살해할 수 있느냐'하는 양심의 목소리가 계속해서 그를 물고늘어졌지만 그가 5월 16일부터 자기 방에 칩거해야만 했던 데에서 오는 불편함과 스트레스가 이 양심의 목소리를 잠재운 셈입니다.

드디어 그는 망치를 들고 5월 21일 어머니가 자는 곁방으로 살그머니 숨어들어 희미하게 보이는 어머니의 머리를 힘차게 내려쳤고 4시간이 지난 후에는 같은 수법으로 아버지를 살해했습니다. 그런 후 조금도 당황하지 않고 부모의 사체를 분리했습니다.

범죄수법에 대한 과학적 분석자료를 확보하라

지금까지 우리는 이OO의 범죄심리를 분석해 보았습니다. 여러 가지 범죄 중에서도 특히 이 사례를 분석한 이유는 이 사건이 우리 사회에 준 충격이 너무나 컸고, 또 표면적으로 너무나 정상적이던 이OO은 후에 우리 사회의 엘리트가 될 인물이었기 때문입니다.

최근 들어 점차 범죄 수법이 잔인해지고 또 지능이 높은 범인이 범죄를 저지르는 경우가 늘어나면서 미국 FBI에서는 행동과학팀(심리학)을 조직하게 됐습니다. 이들은 연쇄살인범, 납치범, 강간범 등에 대한 프로파일링을 합니다. 프로파일링이란 그 범죄자의 여러 가지 인물적 특징, 심리적 특성, 행동특징, 그리고 범죄수법에 대한 과학적인 분석자료입니다. 그러나 우리나라에는 아직 이러한 조사팀이 없어 지능 범죄 수사에 난항을 겪습니다.

앞으로는 법심리학도, 그 중에 범죄심리학을 전공하는 전문가를 적극적으로 육성하여 점점 선진국형 범죄로 진화하고 있는 우리 나라의 범죄를 분석해야합니다.

여기에 우리나라 사법제도의 문제점을 신랄하게 비판한 배금자 변호사의 논단을 실어봅니다.

司法결함, 이대론 안된다

사법제도의 핵심은 진실을 파악하여 양 당사자간에 더함도 덜함도 없는 정의로운 결론을 이끌어 내는데 있다. 그런데 사법과정에 거짓말과 조작된 증거가 난무하고, 진실규명을 위한 판사의 명령이 무시되어도 처벌되지 않는다면 어떻게 되겠는가? 검찰의 결정과 법원의 판결이 잘못될 가능성이 높아져 억울한 국민들이 양산되고 사법권위가 훼손되며 정의가 무너지게 될 것이다. 따라서 수사나 재판과정에서 거짓말을 막기 위한 제도적 장치가 대단히 중요하다.

우리 사법제도는 허위진술 보고, 증거조작, 참고인과 증인회유 및 출석방해 등을 막는 장치가 매우 미흡하다. 수사단계에서 참고인의 허위진술과 교사행위, 수사나 재판과정에서 범죄자 자신의 형사사건에 사용될 증거 은닉, 증거조작도 처벌하지 못한다. 위증죄가 선서한 증인에게만 적용되어 수사단계의 참고인의 허위진술과 교사행위를 처벌하지 못하고, 증거인멸죄가 타인의 형사사건 또는 징계사건에서의 증거인멸만 처벌하고 자신의 형사사건 등에서의 증거조작 행위는 처벌하지 못하기 때문이다.

또한 증거인멸죄는 형사사건 등에만 적용되기 때문에 민사소송에서의 증거 인멸, 조작, 허위 확인서 제출을 처벌하지 못한다. 심지어 재판에서 증인으로 채택된 사람을 회유하여 증언을 막는 경우도 처벌하지 못한다. 형사 피고인은 자기에게 불리한 진술을 강요당하지 않을 헌법상 권리가 있기 때문에 허위진술에 대해 처벌하지 못하지만, 민사사건에서 당사자의 허위진술은 진실 규명을 저해하기 때문에 허용되어서는 안된다. 민사소송법상 당사자가 선서하고 허위진술을 한 경우에만 고작 50만원 이하의 과태료 제재뿐이어서 민사소송은 당사자의 허위진술 경연장이 된 지 오래다.

법원이 공공기관이나 단체, 개인 등에 보내는 사실조사 촉탁이나 감정촉탁의 경우에도 허위보고의 문제가 매우 심각하다. 실제로 당사자와 이해관계가 있거나 부정한 청탁에 영향받아 허위보고를 하는 경우가 종종 있는데도 이에 대한 처벌규정이 없다. 사법 권위를 훼손하는 또 하나의 안타까운 현상은 재판과정에서의 판사의 명령 불이행을 방치하는 현상이다. 정보공개 청구사건에서 문서목록 제출 명령, 금융거래나 통화정보 등에 대한 법원의 제출명령을 해당 기관이 무시하거나 정보를 누락하여 보내는 경우도 제재방법이 없다. 이는 우리의 법정모욕죄가 법정 및 부근에서 모욕하거나 소동한 행위만 처벌하기 때문이다.

미국은 사법의 기능과 권위를 보장하기 위하여 사법방해죄(obstruction of justice)와 법원모욕죄(contempt of court)제도를 두고 있다. 사법방해죄는 법집행과 국가기능을 방해하고 지연하기 위한 일체의 형태를 포함하는데, 앞에서 든 각종 사안은 미국에서는 사법방해죄로 처벌된다. 판사의 명령을 불이행하거나 무시하는 경우에는 법원모욕죄로 구속도 한다. 클린턴 전 미국 대통령은 폴라 존스 성희롱 사건과 관련, 대배심 앞에서 선서후 허위진술을 한 것으로 사법방해죄로 기소되었고, 탄핵소추까지 되었으며, 성희롱 관련 민사재판에서의 허위진술을 이유로 법원모욕죄로 처벌받았고 변호사자격까지 정지되었다.

우리의 사법제도는 제도적 장치보다는 법과 판검사의 권위가 진실을 이끌어 낼 수 있다고 기대하거나 허위진술이나 조작된 증거가 제출되어도 판검사들이 이를 가릴 수 있다는 믿음에 더 비중을 둔 것으로 보인다. 그러나 나쁜 사람은 더욱 교활해졌고, 법의 권위에 복종하여 진실을 말하리라고 기대할 수 없으며, 업무부담이 과중한 판검사들이 충분한 심리를 통해 지혜롭게 거짓을 가려내는 것도 무리다. 더구나 요즈음은 자기 판결에 번민하면서 종교인의 길을 선택한 효봉 스님처럼 진실로 고뇌하는 법조인의 모습을 보기도 힘들다.

사법피해로 고통받는 억울한 사람들이 인터넷 사이트를 개설하는 사례가 나타나고, 판검사의 오판에 대한 배상책임까지 거론되고 있다. 사법제도가 사람에 의존하는 한, 사법피해는 늘어날 수밖에 없고 그 피해는 결국 국민 모두에게 돌아간다. 사법방해죄와 법원모욕죄의 도입 등 사법제도의 근본적인 개혁이 필요하다.

(조선일보 [아침 論壇] 2002. 11. 裴今子[변호사])

4장

산업 및 조직심리학이라 하면 개인으로써의 나와는 너무나 먼 분야라는 생각이 듭니다. 하지만 우리 주변에서, 회사에서, 모든 조직에서 찾아볼 수 있는 것이 바로 산업심리학입니다. 이를 명확하게 설명할 수 있는 한 가지 예가 있습니다. 그것은 바로 '히딩크감독의 4강 신화'입니다. 한국의 월드컵 팀이 명장 히딩크를 감독으로 영입하여 4강 진입을 이룬 것은 기적과 같은 일이었고 그래서 이 업적을 신화라고 표현합니다.

전 세계를 깜짝 놀라게 하며 새로운 월드컵 역사를 만들어 냈던 한국, 그 한 가운데에는 히딩크 감독이 서 있었습니다. 여러분은 히딩크의 말 한 마디, 손짓 하나까지도 커다란 의미로 다가왔던 지난 2002년 여름을 기억하고 있습니까? 그의 지략과 리더십은 사람들의 주목을 끌기에 부족함이 없었고 그 열기는 월드컵이 끝난 이후에도 식지 않은 채 '히딩크 경영기법'이라는 책이 베스트셀러가 되기도 했습니다. 그러나 사실 히딩크의 경영방법은 산업 및 조직심리학에서 이미 오래 전부터 알려져 왔던 내용입니다. 다만 우리나라에서는 그러한 경영기법이 제대로 뿌리내리지 못한 것뿐입니다.

자! 그럼 이제부터 히딩크 신화를 회상하면서 이를 산업 및 조직심리학적으로 분석해보겠습니다.

축구와 기업경영의 유사점:
전쟁이 산업심리학을 발전시키다

축구와 기업경영은 참으로 비슷한 점이 많습니다. 아니, 실질적으로는 똑같다고 볼 수 있지요. 히딩크식 경영기법이 대유행을 몰고 온 것도 바로 그 이유 때문입니다.

산업 및 조직심리학은 심리학의 응용분야로서 20세기 초, 제 1차 세계대전과 함께 탄생했습니다. 미국은 이 전쟁을 위해 갑자기 수많은 병사를 선발해야만 했고 이를 위해 심리검사를 개발했습니다. 이것이 산업심리학의 기초가 되었습니다.

당시 개발된 심리검사는 Army 알파와 베타검사였는데 지원자가 군대에 적합한 사람인가를 가려내기 위한 것이었습니다.

무기가 현대화된 제2차 세계대전에서는 제1차 세계대전보다 더 치밀한 군인의 적성파악과 배치가 절실하게 요구되었고, 이에 따라 심리검사 역시 그 종류와 결과 더 다양해지고 신빙도가 높아졌습니다. 전쟁이 끝나자 군대에서 사용되던 심리검사의 기술은 공공기관과 각종 산업체에 널리 전파되었고 산업심리학은 더욱 발전하게 되었습니다.

초기에는 종업원의 선발, 배치, 교육훈련, 인사고과와 같이 주로 개인차를 다루는 인사심리학이 주목받았지만 1960년대에 이르러서는 작업동기, 직무만족, 의사소통, 조직몰입과 같은 조직 안에서의 인간행동과 조직개발의 중요성이 대두되면서 1970년대에는 조직심리학이 확고한 자리를 잡았습니다. 그래서 이에 대한 명칭도 산업심리학에서 오늘날에는 산업 및 조직심리학이라고 부르게 되었습니다.

축구와 기업경영의 유사점: 목표를 위해 협동하고 이기심을 버린다

히딩크가 한국의 월드컵 팀을 맡아 4강 신화를 이룩한 것은 맞지만 축구와 산업 및 조직심리학의 대상이 같은지 의심이 드는 사람들도 많을 것입니다.

그러나 축구팀도 하나의 기업조직과 결코 다르지 않습니다. 한번 비교해볼까요?

기업은 자본, 기술, 인력을 동원하여 어떤 생산품을 만들어 내는 목표를 가진 조직입니다. 물론 축구팀은 어떤 상품을 만들어내지는 않습니다. 하지만 축구팀에게도 자본, 기술. 인력이 필요합니다. 축구팀에게도 연습장을 만들 돈이 필요하고 축구기술이 필요하며, 16강 진입이니 8강 진입이니 하는 목표가 있습니다.

축구팀이 목표를 달성하는 과정은 기업체가 제품을 생산

축구 선수들이 어깨동무를 하고 함께 달려가는 장면

하는 과정과 마찬가지입니다. 우선 축구는 수영, 마라톤, 체조경기 등과 같은 개인스포츠와 달리 팀플레이를 합니다. 그것도 11명 이상(후보 선수까지 합하면 20명 이상)의 선수들이 힘을 합쳐서 목표를 위해 매진합니다.

기업의 영업행위도 역시 축구팀과 같아서 비록 혼자 책상에 앉아 자기가 맡은 일을 하고 있기는 하지만 그의 일은 그 옆에 있는 다른 사원과 서로 맞물려있고 이들 부서의 일은 공장, 판매부서, 마케팅부서와도 긴밀하게 연관되어 있습니다. 따라서 기업도 목표 달성을 위해 전 사원들이 한 몸이 되어 축구선수처럼 열심히 뛰어야 합니다.

축구는 개인플레이와 집단플레이가 조화롭게 이루어져야 성공하는 경기입니다. 각 선수는 자기가 맡은 포지션을 지키는 것은 물론, 다른 포지션의 동료에게도 도움을 주어야 합니다. 또 같은 포지션에 있는 선수라면 자기 혼자만의 공명

(功名)의식보다는 오히려 자기의 이기심을 버리고 동료에게
찬스를 주어야 하는 상황도 생깁니다. 우리는 축구경기에서
공격선수가 자신이 볼을 넣으려고 욕심을 부리다가 실축하는
경우를 많이 봅니다. 같이 공격하던 동료에게 볼을 넘겨주면
좋았을 것을 골을 넣으려는 욕심 때문에 팀이 맞은 절호의
찬스를 놓치게 되는 것이지요. 따라서 정말 훌륭한 축구선수
란 뛰어난 개인플레이와 함께 동료들과 발을 잘 맞추는 선수
입니다.

그런데 이러한 협동정신, 이기심을 버리는 정신은 기업에
서도 요구됩니다. 축구팀이 이기려면 선수 11명 전원이 자기
의 맡은 바 역할을 충실히 다하고 같은 포지션의 동료와 협
동하며 더 나아가서는 선수 전원이 전력을 다해 최종목표인
골을 얻기 위해 협동해야 합니다. 기업체를 포함한 모든 사
회조직도 축구팀이 보여주는 팀플레이를 중요하게 생각합니
다. 영국의 귀족학교인 이튼, 옥스브리지에서 럭비를 필수과
목으로 정하는 이유가 바로 여기에 있는 것입니다. 나라를
이끌어갈 지도자가 되기 위해서는 협동정신부터 배워야한다
는 생각 때문입니다.

강자가 되려면 적을 파악하라!

히딩크 감독이 모든 사람들의 예상을 깨고 우승후보였던
프랑스, 스페인, 포르투칼 팀을 차례로 격파할 수 있었던 것
은 누구보다도 적을 잘 알았기 때문입니다. 이는 세계화 시
대에 직면한 기업에게도 적용되는 과제입니다.

국경이 없는 자유무역체제를 맞아 기업들은 어느 나라에
서든 사업을 펼칠 수 있게 되었지만 기업간의 경쟁은 더욱

치열해졌고 강한 기업만이 살아남아 세계시장을 평정하고 있습니다. 이렇게 강자로 살아남기 위해서는 우선 경쟁회사의 장점과 단점을 잘 알고 있어야 하겠죠.

여기까지만 이야기해도 여러분은 이제 히딩크의 축구경영이 현대를 사는 기업의 경영과 매우 비슷하다는 사실을 깨닫게 될 것입니다. 되풀이 하지만 축구팀의 플레이와 기업경영은 서로 매우 유사합니다. 따라서 우리는 히딩크 감독이 이룬 4강 신화의 과정을 살펴보면서 어떻게 하면 기업을 잘 운영할 수 있는지, 조직안에는 어떤 심리학이 숨어있는지 알아보도록 하겠습니다.

월드컵 4강 신화가 말해주는 산업 및 조직심리학

리더십이 승패를 좌우한다!

한국의 월드컵 팀이 4강 신화를 창조할 수 있었던 것은 물론 5천만 우리 국민들의 열화와 같은 성원, 그 중에서도 특히 붉은 악마군단의 역할이 컸지만 뭐니뭐니해도 히딩크 감독의 리더십을 첫번째로 꼽아야 할 것입니다. 만일 히딩크 감독이 아닌 다른 감독이 월드컵 팀을 맡았다면 이러한 신화를 이룩할 수 있었을까요?

한 기업을 움직이는 것은 물론 수많은 사원들이지만 그들의 리더가 어떤 사람인가에 따라 그 기업의 존폐는 달라지게 됩니다. 아무리 명석하고 유능한 사원들이라도 그의 리더가 인재를 알아보지 못하고 학연, 지연에 연연해 하는 사람이라면 결국 기업은 성장하지 못한 채 도태되고 말 것입니다. 이는 리더의 역할이 얼마나 중요한 것인지에 대해 말해주는 것이지요.

여기에서는 히딩크를 예로 들어 과연 유능하고 현명한 리더란 어떤 사람을 말하는 것인지 알아보기로 하겠습니다.

상황에 따라 다른 성격의 리더를 포진하라

축구팀에게 있어서 리더가 중요하듯이 기업에서도 리더가 중요합니다. 그러면 리더란 무엇이고 리더의 역할은 또 무엇일까요.

리더는 한마디로 어떤 목표를 가지고 이를 달성하기 위해 부하에게 영향력을 행사하는 사람을 말합니다. 리더의 유형에는 인간관계 지향형, 과업 지향형, 카리스마형이 있습니다. 리더가 어떤 유형인가는 그 리더의 성격, 또 그가 맡고 있는 부하의 특성, 그리고 집단의 목표에 따라 달라집니다. 상호 친목을 도모하는 동창회, 친목계, 운동클럽 등의 리더는 집단의 목표가 구성원간의 친목이므로 부하와의 인간관계를 돈독히 할 수 있는 인간관계 지향형 리더가 적합합니다. 반면해야 할 일이 단순하고 리더가 모든 것을 결정하는 것이 더 바람직한 단순조립회사의 경우 리더는 과업 지향형, 즉 일을 밀어붙이는 형이 적합합니다. 마지막으로 카리스마적 리더십은 위에 말한 두가지 리더십을 모두 합친 슈퍼 리더십을 말합니다.

카리스마적 리더는 그 누구보다도 자신이 맡은 업무에 탁월한 지식을 겸비해야 합니다. 한국의 역대 대통령 중 카리스마적 리더를 꼽는다면 이승만 대통령을 들 수 있습니다. 그는 국민의 학력이 한학(漢學) 수준에 불과할 때 미국에서 철학박사 학위를 따고 미국의 거물 정치가와 교류를 하며 세계정치의 흐름을 익힌 사람으로, 그가 한국의 초대 대통령이 되었을 당시에는 국제정치, 외교, 군사문제에 있어서 그보다 더 탁월한 식견을 가진 사람이 없었습니다. 따라서 그는 현재의 많은 대통령과 같이 많은 비서진과 참모들에게 자문을 구하기보다 혼자서 모든 것을 결정하고 이를 비서진과 장관에게 하달하는 식의 정치를 했습니다.

리더의 카리스마적 권한은 이렇게 리더가 탁월한 식견을 가졌을 때 자연스럽게 형성됩니다. 그리고 부하가 이러한 카리스마의 능력을 인정하고 그를 존경할 때 카리스마적 리더십은 더 큰 성과를 얻게 됩니다.

물론 카리스마적인 리더는 성격과도 깊은 관계가 있습니다. 조직의 목표와 그 수행방법에 대해서 해박한 지식을 갖고 있는 리더라 해도 그가 남에게 지시하고 명령하기보다 부하의 의견을 경청하고 동의(同意)를 구하는 성격이라면 그 리더는 절대 카리스마적 리더십을 발휘할 수 없기 때문입니다. 카리스마 리더십을 발휘하는 데 있어서 필수적인 요소는 리더가 부하로부터 존경을 얻어낼 수 있는 가에 달려있습니다.

완전한 신임과 함께 전권을 주어라

히딩크는 카리스마적 리더가 갖추어야 될 조건을 두루 갖추고 있었습니다. 우선 그의 성격은 아주 굳세고, 밀어붙이는 식으로 다른 사람의 의견을 청취하기보다는 자기의 뜻에 따라 행동하는 사람입니다.

아울러 그는 탁월한 용병술과 지식, 능력을 갖고 있었습니다. 히딩크는 축구선수 출신의 축구감독으로서 경험이 풍부했으며 또 약체 팀을 강하게 만드는 비법의 소유자였지요. 그의 이러한 탁월한 능력은 세계축구계에서 이미 정평이 나

있었습니다. 한국의 축구협회는 물론 월드컵 축구선수 모두가 그를 인정하고 그의 명령에 일사분란하게 움직일 태도가 이미 마련되어 있었기에 그가 한국에서 카리스마적 리더로 등장하는 데에는 아무런 제약이 없었습니다.

리더에게는 그가 어떤 유형의 리더이든 부하에게 처벌과 보상을 줄 수 있는 전권이 주어져야 합니다. 그런데 많은 기업에서는 리더로 임명만 하고 이러한 전권을 주지 않는 경우가 있습니다.

리더는 부하가 일을 잘하면 승진시키고 일을 못하면 체벌을 가할 수 있는 권한을 가져야 합니다. 그러나 많은 기업체에서 중간관리자들은 부하의 생사여탈권을 갖고 있지 못합니다. 그보다는 오히려 그의 상사가 자기 부하의 승진과 처벌을 결정하지요. 이렇게 되면 중간관리자인 리더는 리더가 아니라 허수아비에 지나지 않습니다.

부하는 자기 상사가 자기의 생사여탈권을 권한이 없다는 것을 알게 되면 상사의 말에 복종하지 않을 뿐더러 자기 리더보다 더 힘이 센 사람의 눈치를 보게 되고 그의 말에 복종하려합니다.

히딩크는 한국축구협회로부터 선수의 기용, 훈련, 기타 감독상에서 100%의 전권을 위임받았습니다. 이것이 히딩크에게 큰 행운이었으며 그가 카리스마 리더십을 발휘하는 데 결정적인 역할을 했습니다.

어느 조직에서든 리더로 임명한 사람에 대해서는 완전히 신임을 하고 그에게 부하에 대한 전권을 맡겨야 합니다. 만일 리더를 전적으로 신임하지 않는다면 애초에 그를 리더 자리에 앉히지 말았어야 합니다. 그러나 우리 주위에는 기업이건, 조직에서건 훌륭한 리더를 뽑아놓고도 그에게 전권을 부여하지 않아 빛을 보지 못하는 경우가 흔합니다. 그런 식으로 리더를 관리하는 기업체는 아무리 히딩크식 경영을 배워 봤자 헛수고일 뿐입니다.

생산성에 방해가 되는 학연, 서열을 타파하라

훌륭한 리더는 목표를 정하기 전에 우선 자기가 맡은 조직에 대해 면밀하게 분석합니다. 자기 조직에 문제가 있는지, 있다면 그것은 무엇이며 이를 해결하는 방법은 무엇인지를 철저히 연구해야 합니다.

히딩크가 한국 월드컵축구팀의 감독직을 수락한 후 착수한 첫번째 작업은 역시 팀의 문제점을 찾아내는 것이었습니다. 그가 한국팀의 경기를 유심히 관찰한 결과 팀의 운영이 학연과 서열에 얽혀 난맥을 이루고 있음을 간파했습니다 (The Time, 2002년 7월 1일자). 팀의 포지션은 개인선수의 능력보다 나이, 학교에 의해서 좌우되고 있었고 팀의 공격속도도 선배선수의 재량에 달려있었지요. 선배선수가 느긋하게 움직이면 후배선수도 이에 따라 속도를 맞추고 있을 정도였으니 이러한 상황에서 재기발랄한 신인 선수가 제 기량을 발휘할 수 없다는 것은 뻔한 이치였습니다.

히딩크가 가장 먼저 착수한 작업은 축구팀 내의 연고주의를 과감히 철폐하고 대표팀을 능력 위주로 선발하는 것이었습니다. 또한 그는 월드컵대표팀의 최종 선발을 미룰 수 있을 때까지 미뤄서, 선수들이 대표선수 선정의 마지막 순간까지 긴장하도록 압력을 가했습니다.

연고주의의 악습은 비단 우리나라 축구팀에게만 있었던 것이 아닙니다. 이는 기업을 위시한 우리나라 전 사회조직이 갖고 있는 해결하기 어려운 문제입니다. 예를 들어, 우리나라는 지도자를 선정할 때에도 지역주의적 연고가 크게 작용합니다. 그래서 지난 대통령 선거 때 경상도와, 전라도가 각각의 지지자들에게 압도적인 지지를 보낸 바 있습니다.

기업에서도 학연, 지연, 혈연 등 눈에 보이지 않는 각종 연고주의가 작용합니다. 단적인 예를 들어볼까요? 우선 기업의 소유가 대대로 대물림하는 것은 당연한 일이고, 기업 내 최상층의 리더는 혈연관계로 얽혀 있습니다. 어디 그 뿐인가요? 전 회사의 고급간부까지도 같은 지역 출신으로 구성되어 있을 정도입니다.

필자가 겪은 예를 들어보겠습니다. 연세대 경영대학원에서 운영하는 기업 대상 중간관리자 교육에서 강의를 했을 때였습니다. 강의실 교탁 앞을 보니 참가자 명단을 기록한 문건이 하나 있었습니다. 거기에는 참가자의 이름과 직책이 적혀있었는데 이상하게도 출신지까지 기록되어 있었습니다. 문득 출신지기록을 살펴보니 참으로 놀라운 사실이 발견되었습니다. 참석자 전원이 같은 OO도 출신이었던 것이었습니다. 결국 이 회사의 중간관리자는 모두가 같은 지역 출신이었던 것입니다.

우리가 히딩크의 경영에서 배울 것은 연고주의의 철폐입니다. 하지만 우리는 연고주의가 조직의 활성화와 생산성에 악영향을 준다는 사실을 모르고 있었던가요? 그것은 아닙니다. 너무나 잘 알고 있었지만 혈연주의, 학연주의, 지연주의를 탈피하지 못했을 뿐입니다.

앞에서 저자는 히딩크의 경영방식이 새로운 것이 아니고 일찍이 산업 및 조직심리학에서 모두 이미 밝혀져 있는 사실이라고 말했습니다.

히딩크는 단지 산업 및 조직심리학의 원칙에 충실한 사람
이었을 뿐입니다. 그런데 우리는 이러한 원칙을 알고 있었음
에도 불구하고 지금까지 이를 외면해 왔던 것입니다. 이처럼
자기 자신이 원칙에 충실하지 않고 조직이 잘 되어나가기를
기대하는 것은 커다란 오산이 아닐 수 없습니다.

우수한 인재를 선발하라

휘파람을 불며 유유자적하는 인기선수와 땀 흘리며 열심히
연습하는 무명선수가 있고, 멀리서 선글라스를 쓰고 그 모습을
유심히 보고 있는 히딩크

히딩크신화가 가능했던 두번째 원인은 제대로 된 선수를 선발했기 때문입니다. 리더는 우선 재목을 알아볼 줄 아는 눈을 가져야 합니다. 송종국, 이영표 등은 우리에게 낯선 선수였지만 지난 월드컵을 통해 일약 스타덤에 오른 선수들입니다. 그런데 이와는 반대로 우리에게 낯익은 몇 명의 선수는 월드컵 팀에 합류하지 못했습니다. 모 선수는 득점력이 높았음에도 불구하고 선수 명단에서 제외된 반면 아직 기량이 부족하다는 평가를 받았던 차두리 선수는 버젓이 기용되어 우리의 눈을 의심케 했습니다.

축구팀이 훌륭한 선수를 기용하는 것은 성공을 위한 첫걸음입니다. 그리고 이것은 모든 사회조직, 기업조직에도 똑같이 적용됩니다. 결국 팀과 조직은 사람이 운영하는 것이기 때문입니다.

앞에서 기업의 삼대 요소는 자본, 기술, 인력이라고 말했습니다. 그런데 사실 앞의 두 요소는 기업들마다 큰 차이가 없습니다. 웬만한 대기업인 경우, 자본과 기술은 서로 비슷하기 때문입니다. 그러나 인력에 있어서만큼은 돈으로도 어쩔 수 없는, 큰 차이를 보이는 분야이므로 결국 우수한 인재를 많이 확보한 기업이 성공을 거두게 됩니다.

따라서 리더는 훌륭한 인재를 알아보는 식견이 있어야 합니다. 그런데 히딩크는 그의 오랜 감독경험을 통해 어떤 선수가 대들보인가를 알아보는 눈썰미가 있었던 것입니다.

기업체도 훌륭한 사원을 뽑기 위해 여러 가지 방안을 강구합니다. 앞서 언급한 바와 같이 미국에서는 여러 가지 심리검사를 통해 적성에 알맞는 사람을 과학적으로 뽑는 방법을 개선해왔습니다. 최근에는 우리나라에서도 사원을 뽑을 때 성격검사, 태도검사 등을 활용하는 기업체가 늘어나고 있습니다.

인사 선발은 양방향으로...

그렇다면 축구팀은 어떤 선수를, 기업체는 어떤 사원을 선발해야 할까요? 축구팀의 경우는 축구를 좋아하고 공을 다루는 기술이 탁월한 선수를 뽑아야 하겠고, 기업체의 경우는 업무에 적성이 있고 의욕이 있는 사원을 뽑아야 합니다.

지금까지 많은 기업의 인사선발 주도권은 고용주에게만 집중돼 있었습니다. 즉 고용주가 괜찮은 사람이라고 판단되는 사람을 일방향적으로 선발해왔습니다. 그러나 인사선발은 양방향적이어야 합니다. 즉 취업하려는 사람 역시 그 직장 또는 직무가 자신에게 적합한지를 스스로 판단해야 하는 것입니다. 이 말을 쉽게 풀어서 이야기한다면 축구팀에 들어갈 사람은 본래부터 축구가 재미있고 나의 인생은 축구라고 생각하는 사람이어야 한다는 것입니다. 공부보다는 운동이 더 쉬울 것이라고 생각해서 축구를 시작한 사람은 대선수가 될 수 없는 이치입니다. 따라서 축구를 할 사람은 스스로 자기의 인생이 축구인가를 물어봐야 합니다.

이는 취업자에게도 마찬가지입니다. 취업자는 스스로 자기의 적성이 무엇인지 잘 알아야 하는 것은 물론이고, 취업할 직장과 그곳의 업무가 자기의 적성에 맞는지, 더 나아가 그곳에서 보람을 느끼고 자아실현을 할 수 있는지의 여부도 잘 따져보아야 합니다. 대기업이라고 해서, 월급이 많다고 해서 아무 곳이나 지원하고 취업이 되면 덥석 입사하는 것은 바람직한 선택이 아닌 것이지요.

인재를 알아보는 식견을 길러라

우리나라 기업체의 인사선발 방식은 많이 문제점을 안고 있습니다. 아직도 우리나라 대기업들의 인사선발방식은 천편일률적이어서 지망생의 대학성적을 참조하고 회사 자체의 시험을 치른 다음, 최종적으로는 몇 명의 간부가 5~10분 인터뷰하는 것으로 끝이 납니다.

그런데 이런 식으로는 쓸만한 인재를 정확히 가려낼 수 없습니다. 히딩크는 선발 예정 인원의 몇 배나 되는 후보 선수들을 맡아 그들을 몇 달간 지켜본 다음 선수를 가려냈습니다. 기업에서도 이제는 짧은 면접을 통해 사원을 뽑으려는 태도를 버려야 합니다. 또한 사원을 뽑는 과정에 사장과 이사들보다는 해당부서의 장이 오랜 시간을 두고 지원자를 관찰하면서 대화를 나누어 본 다음 결정하는 것이 바람직합니다.

우리는 지난 2002년 노벨화학상을 공동 수상한 일본의 다나카 고이치의 직장을 보고 깜짝 놀랐습니다. 그는 유명한 연구소의 연구원도 아니었고 대기업의 우대받는 사원도 아니었기 때문입니다. 그는 이름도 생소한 시미즈 제작회사의 주임에 불과했던 것입니다. 우리를 더욱 놀라게 한 것은 그가 시미즈 제작회사에 입사하기 전, 소니라는 일류기업에 응시했다가 낙방했다는 사실입니다. 소니는 인재를 알아보지 못한 탓에 회사의 명예를 드높일 기회를 잃은 반면 시미즈 제작회사는 대들보를 알아보는 식견 때문에 지금 일본에서 주목받는 기업이 되었습니다.

월드컵 4강 신화가 말해주는 산업 및 조직심리학

히딩크의 훈련방법

히딩크는 훈련방법에서도 원칙과 기본을 충실히 지켰습니다. 선수들의 기초체력을 철저히 단련시켜 상대팀에 비해 월등한 체력적 우위를 갖게 된 것은 우리나라가 4강 신화를 이룩한 가장 큰 원동력이었지요.

이것은 기업도 마찬가지랍니다. 사원들에게 조직의 문화를 가르치고 실질적인 직무를 확실하게 교육시킨다면 그 기업은 세계 일류 기업으로 성장할 수 있습니다.

기초를 튼튼히 하면 백전백승!!!

히딩크의 훈련방법은 아주 과학적이고 체계적이었습니다. 그는 축구에서 가장 중요한 것이 기본 체력임에도, 모든 동양선수들이 그렇듯 한국선수도 서양의 선수들에 비해 체력이 열등하다는 것을 맹점으로 꼽았습니다. 그래서 그는 선수들의 체력을 보강하는 훈련에 박차를 가했습니다. 그야말로 선수들이 기진맥진할 때까지 달리기를 시켰고 이 기초체력 증진운동에 태만한 선수는 과감하게 도태시켰습니다. 이와는 별도로 각 선수들마다 체력적로 약한 부분을 조사하여 실내운동을 통해 이를 보강하게 했습니다.

외국의 유명 축구클럽에 등록된 선수라는 자부심을 갖고 있었던 설기현, 안정환, 홍명보 등은 처음에는 히딩크의 강훈련에 잘 따르지 않았다고 합니다. 그러나 히딩크의 눈에 비친 그들의 기량과 체력은 수준미달 그 자체였습니다. 히딩크는 이들에게 "체력과 기량을 연마하지 않으면 절대로 대표팀 명단에 올려줄 수 없다"고 못박았고, 이 말을 들은 일류선수들 역시 히딩크의 눈에 들기 위해 다른 무명선수와 마찬가지로 온 힘을 다해 열심히 뛸 수밖에 없었습니다.

조직에 대한 이해와 문화를 먼저 가르쳐라

히딩크의 선수훈련방법은 기업체에도 그대로 적용됩니다. 기업이 인재를 선발하고 난 후에는 교육을 시켜야 합니다. 기업교육은 크게 두 가지 교육으로 나뉘어 지는데 하나는 직무교육이고 다른 하나는 직무 외 교육입니다. 직무 외 교육은 히딩크의 기초체력과 같은 것으로, 축구를 하는데 기초체력훈련이 가장 중요한 것처럼 기업에서의 직무 외 교육 역시 매우 중요합니다.

기업의 직무 외 교육을 통해 기업 구성원들을 기업의 조직문화에 알맞은 사람으로 변모합니다. 각 기업은 저마다 독특한 경영방식이 있고 그들만의 분위기가 있가 때문입니다. 단적인 예로, 삼성은 "돌다리도 두들겨 가는" 경영방식을 갖고 있는 반면 현대는 "모험과 시도를 장려하는" 경영방식을 갖고 있습니다. 갓 입사한 사원이 조직문화를 잘 이해하지 못하고 이에 적응하지 못하면 그는 회사에서 만족을 얻지 못합니다. 따라서 기업은 사원들에게 직무기술을 가르치기 이전에 회사란 조직에 대한 이해와 그 회사의 경영문화를 우선적으로 가르칠 필요가 있습니다.

직무교육은 사원이 맡은 일을 수행하는 데 필요한 기술을 가르치는 것입니다. 히딩크 사단에는 외국코치도 있었지만 박항서와 같은 국내 코치도 있었지요. 이들 코치의 임무는 각 선수들이 그들의 포지션에 따라 배워야 할 기술이 무엇인가를 확실하게 가르쳐 주는 것입니다.

기업에서 직무교육을 하려면 우선 직무분석을 통해서 그 직무에 필요한 기술이 무엇인가를 파악해야 합니다. 즉 마케팅 조사부에서 일하는 사원이 필요한 지식과 기술이 무엇인지 알기 위해서는 마케팅 조사부의 업무를 분석한 다음 추출해내면 됩니다. 이같은 과정을 거치게 되면 마케팅 조사부에서는 '상품의 소비자 만족도 조사연구방법', '자료분석방법', '리포트 작성방법' 등이 필요한 지식과 기술이 이라는 것을 알 수 있게 됩니다.

이런 직무교육은 현장 책임자가 직접 가르치는 것이 더 효과적입니다. 마케팅 조사부에 입사산 사원이라면 마케팅 조사부장이 직접 가르치는 것이 바람직합니다. 마케팅 조사부장은 히딩크 사단에 있어서 박항서 코치와 같은 사람입니다. 박항서 코치는 히딩크와 머리를 맞대고 각 포지션에 따라 선수들을 어떻게 훈련해야 하는가를 결정했으며 이렇게 결정된 바를 통해 선수들을 직접 훈련시켰습니다.

기초교육 + 실무교육 = 완벽한 승리

히딩크식 훈련방법의 효과는 월드컵 때 그대로 나타났습니다. 우리선수들의 폭발적인 스테미너에는 외국팀들도 혀를 내두를 정도였습니다. 미국 팀이 한국과 비기고 난 후 미국 코치가 외신기자들에게 한 말은 우리조차 놀라게 만듭니다.

"한국선수들은 정말 그 작은 몸에서 어떻게 그런 힘이 솟구치는지 모르겠어요. 우리가 후반전에 완전히 기진맥진했을 때 한국선수들은 아직 한 판 더 붙을 체력을 갖고 있었습니다."

이러한 히딩크의 교육은 기업에도 마찬가지로 적용됩니다. 아무리 훌륭한 재목을 뽑았다 하더라도 사원의 직무 외 교육과 직무교육을 철저히 하지 않으면 사원은 자신이 맡은 일을 훌륭히 해 낼 수 없습니다. 기초교육을 튼튼히 하고(직무 외 교육) 아울러 직무교육을 철저히 한다면 그 기업은 경쟁회사와 싸워 백전백승할 수 있겠지만 이를 소홀히 한다면 백전백패할 것입니다.

월드컵 4강 신화가 말해주는 산업 및 조직심리학

히딩크의 인사고과

모든 조직에서는 구성원들의 능력을 평가하는 것에 보다 철저해야 합니다. 합리적이고 공정한 업적평가가 우선되어야 사원들은 자신감을 갖고 업무에 임할 것이고 더욱 더 분발해야 겠다는 생각을 갖게 됩니다.

주먹구구식 인사고과는 구성원들의 사기를 꺾게 되고 결국 그 조직의 힘을 약화시킵니다. 그러므로 구성원의 업적평가는 기업의 중요한 업무 중 하나입니다. 그렇다면 과연 히딩크는 어떻게 선수들의 능력을 평가하고 개선시킬 수 있었을까요?

부하의 업적을 공정하게 평가해 능력을 키워라!

선수에게 데이터를 보여주며 '좀더 빨리'라고 지시하는 히딩크

히딩크는 각 선수들이 그가 요구하는 체력연마를 얼마나 충실히 했는지, 그들의 축구기술이 어느 정도로 진척됐는지를 각 코치들과 검토하고 이를 컴퓨터에 기록했습니다. 예컨대 각 선수별로 그들의 100m 주파기록, 기초체력, 그리고 훈련경기에서 각 선수의 기량과 실적을 기록해 두고 적당한 때 선수들을 하나씩 불러 그들의 성적을 알려주었습니다.

그런데 이때 히딩크는 선수들에게 성적과 함께 각 선수가 보완해야할 점, 개선해야할 점, 그리고 앞으로 어떻게 이를 성취해야 하는가의 계획을 알려주고 토론했습니다. 즉 히딩크는 선수의 실력을 과학적으로, 사심없이 평가하고 이를 선수에게 피드백 해주었습니다.

　기업에서 가장 중요한 업무 중의 하나가 사원에 대한 인사고과입니다. 인사고과는 사원의 업적을 평가하는 것으로, 업적평가를 하는 이유는 그것을 통해 일을 잘한 사람은 보너스를 두둑히 주고 승진시켜주기 위함입니다. 반대로 업적평가가 낮게 나온 사람은 보너스는커녕 승진시 불이익을 받습니다.

　이렇듯 인사고과는 기업의 생산성을 높이기 위해서 절대적으로 필요한 방법입니다. 열심히 일하고 그 댓가를 충분히 받는다면 우리는 더 열심히 일하기 마련입니다. 그러나 공산주의에서처럼 적당히 일한 사람이나 열심히 일한 사람이나 똑같은 봉급을 받으면 우리는 적당히 일하려 하지 절대로 열심히 일하지 않습니다.

　업적평가는 과학적으로, 공정하게 이루어져야 합니다. 그러나 코치, 감독, 직장 상사도 사람인지라 부하를 평가하는 데 있어 편견이 작용할 수도 있습니다. 이를테면 기술이나 업적보다는 부하가 고분고분한가를 더 중시할 수 있지요. 그런데 상사가 부하의 업적평가를 공정하게 하지 않으면 부하로부터 존경을 받지 못하는 원인이 됩니다. 따라서 코치, 감독, 상사가 부하의 업적을 공평하게 평가하는 것은 리더가 해야 할 가장 중요한 업무입니다. 이러한 면에서 히딩크는 사심없이 그리고 과학적으로 선수들의 업적을 평가했기 때문에 선수들로부터 신망을 얻었고 또 선수들은 자기의 기량을 발전시키는 데 더욱 박차를 가했습니다.

단점과 함께 개선할 점을 말해주어라

　업적평가의 목적은 비단 보상이나 처벌에만 있지 않습니다. 업적평가를 통해 잘 한 사람은 보상을 주고 못한 사람은 처벌하는 것만이 업적평가의 목표는 아닙니다. 물론 보상이나 처벌도 중요하지만 이에 못지않게 중요한 것은 평가를 받는 사람에게 무엇이 잘못되어 있는가를 피드백 해주는 데 있습니다. 그래서 히딩크는 선수 한명 한명마다 업적평가를 해주고 그가 개선해야 할 점을 알려주었습니다.

기업에서도 이런 식의 업적평가가 이루어져야 합니다. 1년에 한두 번 평가하고 그 결과를 사원에게 통보하는 것으로 업적평가를 다 했다고 생각하면 오산입니다. 업적평가를 하는 또 다른 중요한 이유는 사원에게 어떤 단점이 있고 이를 어떻게 개선해야 할지에 대해서 이야기하는 것이므로 업적평가의 목적은 단순히 사원이 열심히 일했다 또는 못했다를 평가하는 것으로 끝나는 것이 아니라, 특히 잘못한 사원에게 그들의 어떤 점이 잘못되어 있고 이것을 앞으로 어떻게 고쳐나가야 할지 그 방법을 가르쳐주는 것입니다.

업적평가의 궁극적인 목적은 사원의 능력을 개발하는 데 있습니다. 그러나 많은 기업체의 간부들은 업적평가란 사원의 좋고 나쁨만을 평가하는 것이라고 생각합니다. 그래서 많은 간부들은 업적평가를 가지고 사원과 면접하는 것을 부담스럽게 생각합니다. 인사고과를 잘 못준 부하와 면담을 하게 되면 말싸움만 하게 될 것이라고 생각하는데, 진심으로 자기 사원을 아낀다면 이것은 크게 잘못된 생각입니다.

히딩크는 각 선수들의 업적평가를 놓고 선수와 토론을 했습니다. 그래서 선수들은 히딩크가 자기에게 기대하는 바를 충분히 깨닫고 이를 보완하기 위해 스스로 노력하는 열성을 보였지요. 이처럼 기업들도 히딩크의 방식대로 구성원들과 함께 토론하면서 서로를 이해하는 시간을 많이 갖는다면 더 좋은 성과를 얻을 수 있습니다.

월드컵 4강 신화가 말해주는 산업 및 조직심리학

히딩크의 동기부여

"이 일은 반드시 내 손으로 이루고 말리라!" 기업의 사원들에게 이런 각오를 갖게 만드려면 어떻게 해야할가요? 할 수 있다는 자신감은 저절로 생겨나는 것이 아닙니다. 또 상사가 부하에게 명령한다고 이루어지는 것은 더더욱 아니지요. 진정한 리더란 부하가 이런 마음을 갖도록 동기를 부여해줄 수 있어야 합니다.

승리를 확신하는 자신감을 심어주어라!

한국 월드컵 팀이 '우리도 월드컵 16강에 진입할 수 있다'는 자신감을 갖게 된 것은 월드컵의 막이 오르기 직전이었습니다. 그 전까지만 해도 한국팀의 전력은 수준 이하였고 국민으로부터 빈축을 샀습니다. 왜냐하면 유럽 전지훈련 겸 친선게임에서 프랑스에 5대 1로 패한 것도 모자라서 월드컵 본선에도 진출하지 못한 약체 팀 체코에게도 패배했기 때문이었습니다.

그러나 시간이 지나면서 그동안 쌓아왔던 체력강화훈련과 기술이 서서히 그 효과를 나타내자 이 순간부터 히딩크는 선수들에게 그에 걸맞는 자신감을 불어 넣어주기 시작했습니다. 게다가 서울에서 가진 프랑스와의 친선게임은 선수들로 하여금 처음으로 축구강국에 대한 공포를 없애고 용기를 갖는 계기를 마련해 주었습니다. 이때 대표팀은 아깝게 3대 2로 패했지만 프랑스 팀과 거의 대등한 경기를 펼쳤습니다.

히딩크는 이때부터 국내외 매스컴에 "한국이 세계를 깜짝 놀라게 해 줄 것이다"라고 공언하기 시작했고 선수들은 그의 말에 용기백배했습니다. 이처럼 상사가 부하들을 인정하고 격려하는 것은 부하로 하여금 실제 능력 이상의 성과를 거둘 수 있게 만듭니다. 즉 상사의 긍정적 기대는 성과에 있어서 커다란 효과를 가져옵니다. 로젠탈이란 심리학자는 이것이 사실임을 실험으로 증명했습니다.

히딩크는 한국팀에게 '너희들은 축구의 역사를 다시 쓸 수 있다'고 이야기해줌으로써 그들로 하여금 용기백배하게 만들었습니다. 또한 그는 선수들에게 실제로 자기들이 16강에 들어갈 수 있고 그 이상의 성적을 올릴 수 있다고 확신하도록 만들었습니다.

그러나 그때 당시만 해도 일반 국민들은 히딩크의 공언을 확신하지 못했습니다. 많은 국민들은 우리가 프랑스 팀과 대등한 경기를 한 것은 프랑스 팀이 친선경기라서 적당히 뛰었기 때문이라고 생각했지만 나중에 프랑스 팀의 스타플레이어인 지단이 외신기자에게 고백한 내용을 보면 이 때 프랑스 팀은 한국 팀이 결코 만만치 않다는 사실을 이미 알고 있었습니다. 그들은 적당히 뛴 것이 아니라 약체라고 알려진 한국팀에게 패배할 것이 두려워 오히려 죽어라 뛰었고 그 결과 지단의 허벅지는 파열되기까지 했습니다.

A교사는 학생들에게 '너희는 최고다'라고 말하고 있고 B교사는 '그저 그래'라고 말하고 있다. A교사의 반 학생들은 눈을 반짝이며 공부를 하고 있고, B교사의 반 학생들은 나태한 분위기

로젠탈은 교사의 기대가 학생들의 성적을 좌우할 것이라고 생각했다. 그는 어떤 중학교에서 성적이 비슷한 두 반을 선정했다. 그리고 각 반을 맡은 두 교사에게 상이한 정보를 주었다.

A교사에게는 그가 맡은 반이 전교에서 제일 우수한 반이라고 말했고 B교사에게는 그의 반이 "그저 그런 학급"이라고 말했다. 한 학기가 지난 후 심리학자가 두 반의 성적을 비교한 결과 아주 놀라운 사실이 발견되었다. A교사의 반은 B교사의 반보다 성적이 훨씬 우수하게 나온 것이다.

왜 이러한 결과가 나타났는가? 성적이 우수하게 나온 반은 A교사가 학생들에게 거는 기대가 은연중에 학생들에게 전달되어 학생들이 자신감을 갖고 열심히 공부했기 때문에 그런 결과가 나온 것이다. 그러나 B교사가 맡은 반의 학생들은 교사로부터 이러한 기대를 전달받지 못했다. 즉 교사가 자기들이 그저 그런 학생이라고 기대했기 때문에 무의식적으로 그에 걸맞는 행동을 한 것이었다.

과도한 목표를 설정하고 달성을 요구하라

히딩크가 "한국팀이 세계를 깜짝 놀라게 해줄 것이다"라고 공언한 것은 선수들로 하여금 그들이 해야 할 일이 무엇이고 반드시 그것을 해내야만 한다는 비장한 각오를 갖게 만들었습니다.

상사는 부하에게 120%의 과업달성을 요구해야 합니다. 100%의 목표달성은 부하들에게 긴장감을 조성하지 못하므로 상사는 부하에게 어느 정도 과도한 목표를 달성하도록 요구해야합니다.

그러나 이때 상사는 절대로 명령식으로 요구해서는 안 되며 부하의 능력을 긍정적으로 인정하고 이를 격려하는 식으로 목표달성을 요구합니다. 또한 무엇보다도 중요한 것은 이러한 기대를 하기 전에 상사가 철저히 부하의 능력을 개발하고 동기를 부여해야 한다는 사실이지요. 즉 히딩크가 한 것처럼 스파르타식 교육과 함께 그에 상응하는 인정과 격려를 아끼지 말아야 합니다.

과업의 분담

앞에서 히딩크는 카리스마를 가진 리더라고 했습니다. 카리스마적 리더는 모든 것을 자신이 결정하고 부하들에게 따를 것을 요구한다고 했지요. 하지만 히딩크는 자신이 할 일과 코치들이 해야 할 일들을 정확히 파악하고 있었습니다. 그렇기 때문에 유능한 코치들에게 자신의 업무를 위임하고 자신은 모든 상황들을 통솔했던 것이지요.

만약 기업의 총수들이 회사에서 벌어지는 일들에 일일이 간섭하고 통제하려고 한다면 정작 자신이 해야 할 업무에는 충실할 수 없게 될 것입니다.

유능한 참모에게 업무를 위임하라!

히딩크는 선수들의 체력과 기술을 책임지는 여러 부류의 코치진을 거느렸습니다. 그리고 이들 코치로 하여금 개별적으로 선수를 철저히 훈련시키고 코치들과 합의해 선수에 대한 지도를 면밀하게 연구했습니다.

여기서 우리가 배워야 할 점은 히딩크가 그의 업무를 코치에게 위임하고 그들과 협동해 선수를 키워나갔다는 점입니다. 가만히 살펴보면 대통령이나 기업체의 총수들은 자신이 혼자 모든 책임을 맡으려고 하는 경우가 있습니다. 그런데 대통령과 사장이 아무리 똑똑해도 그 많은 국사, 그 많은 사업의 업무를 다 잘 알고 판단하기는 어렵지요. 그래서 대통령이나 사장은 유능한 참모를 거느리고 그들로부터 자문을 얻는 것입니다.

그런데 대부분의 리더들은 자기의 능력을 과신합니다. 이렇게 자기의 능력을 과신하는 상사일수록 업무를 부하에게 위임하기보다 독점하는 경향이 있지요. 그러나 상사의 능력에도 역시 한계는 있으므로 유능한 참모에게 업무를 위임하는 것은 리더가 갖춰야할 자세 중 하나입니다. 그런 의미에서 유능한 코치에게 업무를 분장하게 한 히딩크의 통솔력은 그의 또 다른 장점이 아닐 수 없습니다.

자신의 일과 참모의 일을 엄격히 구분한다

저자는 앞에서 '히딩크는 카리스마적 리더다'라고 말했습니다. 원래 카리스마적 리디는 참모로부터 자문을 구하기보다 스스로 결정하고 이를 명령하는 경우가 많은데 히딩크는 자기가 할 일과 코치의 할 일을 구분했습니다. 즉 선수들의 체력훈련, 기술의 함양은 각 담당코치에게 일임했지만 막상 시합을 할 때는 모든 것을 혼자 결정했습니다. 예를 들어, 어떤 나라와 경기를 할 때는 어떤 식으로 게임을 운영하고 더 구체적으로 언제 어떤 선수를 기용하고 어떤 선수를 뺄 것인가 하는 중요한 문제는 스스로 결정했습니다. 이처럼 리더가 할 일은 자기가 맡을 일과 참모가 할 일을 엄격히 구분하고 자기가 맡은 일에 충실하는 것입니다.

히딩크는 자기의 역할이 실제 게임에서 작전을 잘 짜고 선수를 잘 기용하는 것이라고 판단하고 이에 주력했습니다. 선수를 잘 기용하려면 감독은 우선 선수 개개인의 특성을 잘 알아야 하겠지요? 따라서 훌륭한 감독은 그 누구보다도 선수의 장단점을 잘 아는 사람이어야 합니다.

우리는 히딩크가 선수를 기용하는 것을 보면서 그가 안정환, 차두리 선수의 장점과 단점이 무엇인지를 정확히 알고 있음을 잘 알 수 있었습니다. 우리가 16강 전에서 맞붙은 이탈리아는 세계 최강의 팀이었습니다. 이미 전반전에서 1대 0으로 지고 후반전에도 골을 넣지 못하고 있던 그 때, 과감하게 홍명보를 빼고 황선홍, 차두리를 넣어 총공세를 펼친 것은 히딩크가 각 선수의 능력을 정확하게 평가하고 있기 때문에 가능한 것이었습니다.

그리고 그의 이러한 용병술은 정확히 맞아 떨어졌고 후반 2분을 남겨놓은 상황에서 안정환은 동점골을 뽑아 냈습니다. 그리고 연장 후반전에서는 3명의 공격수를 대체하여 총 공세를 펼침으로써 기적과 같은 역전골을 뽑아 8강 고지를 선점할 수 있었습니다.

히딩크의 4강 신화는 우연히, 운이 좋아서 달성된 것이 아닙니다. 그것이 가능했던 것은 무엇보다도 히딩크가 자기가 할 일이 무엇인가와 코치가 할 일이 무엇인가를 잘 알고 이를 분담하여 전력했기 때문입니다. 우리가 히딩크의 경영으로부터 배워야할 것은 참모와 업무를 분담하고 자기가 맡은 일에 충실했다는 점입니다.

기업체에는 많은 부서가 있고 그곳을 지휘하는 사령탑이 있습니다. 그런데 부서의 장, 예컨대 이사나 상무는 자기가 모든 권한을 거머쥐고 중간관리자에게 권한을 위임하지 않습니다. 그런 상사는 해야할 일이 너무 많은 나머지 자기 일도 등한시하기 마련입니다.

업무를 분담하고 부하에게 맡은 업무에 재량권을 주는 리더가 진짜 리더입니다. 그러한 리더는 카리스마적으로 부하를 통솔해도 부하들로부터 원성을 사지 않습니다. 왜냐하면 리더는 부하에게 많은 업무를 분담시켰고 자기가 할 일에만 충실하기 때문입니다.

월드컵 4강 신화가 말해주는 산업 및 조직심리학

히딩크와 붉은 악마군단:
소비자를 만족시켜라!

붉은 악마군단이 커다란 북을 치며 응원하고 있다

2002년 월드컵에서 우리가 홈팀으로써의 이익을 본 것은 부인할 수 없는 사실입니다. 16강을 뽑기 위한 예선전에서 한국이 기대 이상의 성과를 보이기 시작하자 온 국민은 열광하기 시작했습니다. 특히 축구를 사랑하는 붉은 악마군단의 조직적인 응원전은 한국팀에게 커다란 용기를 주었습니다.

월드컵 경기를 관람한 사람의 말에 의하면 "경기장이 모두 붉은 유니폼을 입은 한국관중으로 꽉 메워져 있어 한국팀은 자신감을 가진 반면 외국팀은 처음부터 주눅이 들었다"고 합니다. 더구나 경기가 시작되면서부터 시작되는 붉은 악마군단의 응원은 마치 천둥처럼 경기장을 울렸고 이같은 기세에 외국선수들은 겁을 집어먹은 채 경기가 빨리 끝났으면 하는 생각뿐이었다고 하니 붉은 악마의 위력은 가히 놀라울 따름입니다.

그래서 한국팀은 열화와 같은 관중의 성원에 보답하기 위해서라도 반드시 이겨야한다는 투철한 사명감을 가지게 됐고 선수들은 운동장에서 죽을 각오가 되어 있었습니다.

물론 홈팀의 이점이 항상 긍정적으로만 작용하는 것은 아닙니다. 국민의 뜨거운 성원은 오히려 선수들에게 이겨야한다는 부담감을 주어 경기에 악영향을 줄 수도 있지요. 2002년 아시안 게임에서 금메달이 확실시 되던 여자 양궁팀이 금메달을 놓친 경우가 이를 증명하는 경우입니다.

그러나 평소 많은 훈련을 쌓아 자신감에 넘쳐있던 축구팀 선수들에게는 관중의 응원이 격려의 채찍질로 작용했습니다. 그래서 결과적으로 붉은 악마의 응원은 한국팀이 의외의 성적을 올리는 데 커다란 기여를 했습니다.

이익을 사회에 환원하라

　붉은 악마군단의 역할을 산업심리학적으로는 어떻게 설명할 수 있을까요? 기업은 한 국가에 속하는 하나의 조직입니다. 기본적으로 이 기업조직은 이익을 추구하는 집단이지만 단순히 이익을 추구하는 것만으로는 기업이 영원히 지속될 수 없습니다. 기업이 오랫동안 살아남기 위해서는 국가와 소비자에게 어떤 식으로든 긍정적인 영향을 주어야 합니다.

　제약회사가 국민에게 약을 많이 판매하여 이익을 올리면 기업의 목표를 달성하게 됩니다. 그런데 이 제약회사가 좋은 약을 만들어 소비자에게 판매한다면 이익이라는 기업의 목표 달성 이외에 소비자의 건강에 이바지하고 국가에 공헌한다는 부수적인 소득까지 얻습니다. 이처럼 기업들은 이익 못지않게 소비자의 만족, 그리고 국가에의 공헌 등을 염두에 두어야 합니다.

　만일 소비자가 어떤 회사의 제품에 만족하고 그 회사에 성원을 보낸다면 그 회사는 더욱더 번창할 것이고, 반대로 회사가 이익만 추구하여 이익을 사회에 환원하지 않는다면 소비들은 결국 제품이 좋다고 해도 기업에 대한 원성을 높이고 좋은 회사라는 이미지를 심어주지 못합니다.

　붉은 악마군단을 산업 및 조직심리학적으로 설명한다면 이들은 소비자 집단 또는 국가로 볼 수 있습니다. 월드컵 팀이 붉은 악마군단으로부터 열광적인 성원을 받은 것은 월드컵 팀이 경기를 잘 해서 소비자인 붉은 악마군단에게 만족감을 제공했기 때문입니다. 또 소비자인 붉은 악마군단이 지속적인 성원을 보냈기 때문에 월드컵 팀은 선전할 수 있었고 4

강 진입이라는 좋은 결과를 산출했습니다.

붉은 악마군단과 월드컵 팀과의 관계에서 우리가 배울 점은 무엇일까요? 그것은 기업은 소비자 그리고 그 기업이 속한 사회, 국가에서 그의 역할과 임무를 잘 규정해야 한다는 것입니다. 즉 단순히 이익만 추구하는 기업이 되기보다는 소비자에게, 그리고 사회에서 그 존재를 인정받는 수준 높은 기업이 되어야 한다는 사실입니다. 그러기 위해서 기업은 소비자의 만족도를 늘 염두해 두어야 함은 물론 이익을 사회에 환원하는 노력을 기울여야 합니다. 특히 기업이 사회나 국가에 필요한 존재이고 그러한 평가를 국민으로부터 받고 있는가를 늘 조사해야 합니다.

원칙에 충실하면 신화는 창조된다!

월드컵의 4강 신화는 쉽게 이룩된 것이 아닙니다. 그러나 어떻게 생각하면 기업이 세계 4강에 진입하는 방법이 신화를 창조하듯 어려운 것만도 아닙니다. 이 장에서 얘기한 여러 가지 원리와 원칙에 충실한다면 어느 기업이든 세계 4대 기업 중 하나로 발돋움 할 수 있습니다. 그것은 우리의 강력한 의지에 달려있을 뿐 결코 운에 달려있지 않습니다. 이것이야말로 2002년 월드컵 신화로부터 우리가 배운 귀중한 교훈입니다.

5장

여교사들의 수업방식으로 본 여성과 성차의 심리학

언제쯤이면 여자라서 차별받고 있다는 기분을 완전히 버릴 수 있을까요? 한 백년? 아님 한 오백년? TV를 보면 멋지게 차려입은 유명 여자 연예인이 "여자라서 행복해요~"라면서 눈부시게 웃고 있습니다. 그럼 여성들 스스로 정말 자신이 여자라서 행복하다고 생각하고 있을까요? 최근 여성들의 사회 진출이 늘어나면서 예전보다 여권신장이 많이 됐다는 느낌이 들기도 합니다. 하지만 그 이면에 숨겨져 있는 보이지 않는 전쟁은 더욱 치열해지고 있습니다.

여성을 바라보는 고정관념과 편견은 여성들의 입지를 더욱 좁히고 있으며 여성을 지배하려는 남성들의 무의식적 행동은 남녀차별을 부추기고 있는 것입니다. 직장 내 성희롱은 심각한 후유증을 낳고 있으며 여성을 상품화하는 사회 풍토는 성형미인을 유행으로 만드는 지경에 이르렀습니다.

여성들이여! 남성들이여! 우리는 조금 힘이 세다고 더 우월한 것도 아니며 말을 조금 더 잘한다고 더 똑똑한 것도 아니라는 걸 누구보다 잘 알고 있습니다. 그런데 왜 이런 성차별이라는 말은 사라지지 않고 있는 걸까요. 그런 의미에서 이 장에서는 사람들이 흔히 갖는 여성에 대한 고정관념과 편견에 대해 이야기해 보고자 합니다.

여교사들의 수업방식으로 본 성차의 심리학

수업시간이 난장판이 된
까닭이 무엇인가?

수업붕괴란 수업시간에 학생들이 친구와 잡담을 하고 이어폰으로 음악을 감상하며 교실을 헤매고 다니는 현상을 말합니다. 그런데 지금까지 우리는 실제로 어떤 식으로 수업붕괴가 일어나고 있는지 그 실태를 살펴본 적은 한번도 없었습니다.

저자는 몇 년 전 서울의 어느 중학교에서 왕따를 연구한 적이 있었습니다. 여기에서는 교실 현장에서 벌어지는 왕따 행위를 포착하기 위해 교실에 비디오 카메라를 설치하였습니다. 그런데 그 과정에서 덤으로 수업붕괴현장까지 접할 수 있었습니다. 그 덕분에 어떤 선생님 밑에서 어떤 식으로 수업붕괴가 일어나는지 생생하게 살펴볼 수 있었지요. 자! 이제부터 수업붕괴의 현장으로 함께 들어가 봅시다.

여교사가 교실붕괴의 원인?

저자는 최근 중학교 교실을 살펴본 적이 있었습니다. 학생들과 학부모, 학교측의 동의 하에 비디오 카메라를 교실에 설치하고 녹화된 비디오 테이프를 통해서 그곳에서 일어나는 여러 가지 문제들을 연구할 수 있었습니다.

이때 저자는 교장선생님과 요즘 우리의 학교교육에 관한 여러 가지 문제에 대해 자유롭게 대화할 수 있었고, 이 대화를 통해 그동안 밖에서 말로만 듣던 우리 학교교육의 문제가 얼마나 절실한지를 속속들이 알게 됐습니다.

그러던 어느 날, 대화의 초점이 '왜 요즘 학생들은 교사의 말을 잘 듣지 않고 소위 말하는 수업붕괴 현상까지 나타나고 있는가'라는 것에 맞춰졌습니다. 사실 '수업붕괴'란 매스컴에서 만든 용어이고 정확히 말해 '수업저해행동'이라고 합니다. 이는 학생들이 수업시간에 떠들고 몰래 음악을 듣기도 하고, 잠을 자기까지 하는 행동을 말합니다.

얼마 전까지만 해도 우리의 학교에서 '교실붕괴'란 있을 수도, 있어서도 안 되는 일이었습니다. 학생은 교사의 말에 절대복종하고 교사의 그림자도 밟을 수도 없는, 소위 군사부일체(君師父一體)의 가르침을 존중했던 우리나라였습니다.

그러나 오늘날 초중고교의 수업 분위기는 그야말로 '난장판' 그 자체입니다. 학생들은 교사의 말을 우습게 생각하고 수업 중에도 소란을 떨기 일쑤인데다 교사가 학생을 지도하고 훈계하려고 하면 막무가내로 버티기까지 합니다.

그렇다면 도대체 왜 이런 막가파식 학생들이 생겨났을까

요? 교장선생님에게 그 이유를 물어보았습니다.

교장선생님 왈, "여러 가지 이유가 있는데 부모가 자녀의 기를 너무 살려주는 것도 문제지만 그 중에는 교사의 문제도 있다"라는 것이었습니다. 교사의 문제가 무엇인지 무척 궁금했던 나는 그 이유를 물었습니다.

그랬더니 교장선생님은 "요즘 초등학교와 중학교에는 여선생님이 과반수를 차지하는데 여선생님들이 학생들을 지도하는 것이 쉽지가 않다"고 말했습니다.

"요즘 아이들은 중학생만 해도 키가 170cm이 넘고 체중도 60kg이나 나가는 학생이 많은데, 여선생님은 아이들에 비해 상대적으로 극히 왜소하지요. 갸날픈 여선생님이 덩치가 큰 제자를 불러놓고 훈육하는 장면을 상상해 보십시오. 체력적으로 무력한 여선생님이 강인한 제자에게 어떻게 벌을 줄 수 있겠습니까. 어떤 여선생님이 학생을 체벌하려 하니까 학생이 선생님의 팔뚝을 움켜쥐며 '선생님, 왜 이러십니까'하고 막아버린답니다."

필자는 교장선생님의 말을 듣고 머리를 끄덕이면서 예전 학교 분위기를 회상해 보았습니다. 돌이켜 보니 예전에는 지금처럼 여선생님이 그리 많지 않았습니다. 요즘 학교를 가보면 많은 곳은 80% 이상이 여교사이고, 초중고교를 막론하고 여선생님이 과반수 이상을 차지하고 있습니다.

그런 생각이 들자 나는 교사의 여성화가 오늘의 교실붕괴, 학생들의 반항의 한 이유가 된다는 교장선생님의 말에 공감하게 되었습니다. 왜냐하면 내가 학교에 다닐 때 교사들에게 복종했던 것은 사실 교사들이 엄하게 우리를 다스렸기 때문이었습니다. 물론 교사에 따라 다르겠지만 많은 교사들은 학생들에게 몽둥이 찜질까지 하는 등 엄청난 체벌을 가했습니다. 그래서 학생들은 교사들을 굉장히 무서워했었습니다.

선생님, 돈 많이 벌어 놓으셨나 보죠?

그런데 필자는 아주 놀라운 현상을 목격하게 되었습니다. 우리가 두 학급에 설치한 비디오 카메라의 녹화필름을 분석한 결과 남교사와 여교사의 수업행동이 크게 다른 것으로 나타났는데, 그것은 우리의 예상을 뒤엎는 결과였습니다.

우리가 관찰한 이 두 학급은 이 학교의 다른 학급보다 좀 문제가 많은 편이어서 이들 학급에서는 수업붕괴현상이 자주 일어나고 있었습니다.

이제부터 남녀선생님에 따라 달라지는 이 두 학급의 수업태도를 살펴봅시다.

교실에 들어온 남교사들 대부분은 회초리나 막대기 자를 들고 있었습니다. 수업종이 울리고 교사가 입실하지만 학생들은 아직도 떠드느라 정신이 없습니다. 반장이 차렷, 경례를 외칠 때만 잠시 조용하다가 수업이 시작되기도 전에 다시 학급의 전 학생이 떠들기 시작합니다. 어떤 학생들은 교사가 있는데도 불구하고 자리에서 일어나 이리저리 돌아다니고 있었습니다. 교사는 거의 2분마다 한 번 씩 막대기로 교탁을 두드리면서 "조용히 해"라고 외치지만 학생들은 마이동풍입니다.

더욱 가관인 것은, 수업 중에 학생들이 하도 떠들고 장난을 쳐서 교사가 가장 심하게 떠든 학생을 회초리로 때리려 하면 반 학생들은 이구동성으로 "안돼요, 안돼요!"를 합창을 하는 것이었습니다. 학생들이 이렇게 목청을 돋우어 소리치는 이유는 우리 사회가 교사의 체벌을 금지하고 있기 때문입

니다. 학생들은 이러한 사회 분위기를 악용해 잘못과는 상관
없이 체벌하면 안된다고 압력을 가하는 것입니다. 이 소리를
들은 교사는 흠칫 놀라서 때리려던 손을 거두어 버립니다.

　다른 식으로 교사를 골려주는 막가파식 학생들도 있었습
니다. 어떤 수업장면에서는 교사가 교실의 중간쯤에 서서 열
심히 수업을 하면 앞줄의 어떤 학생이 일어나서 교사 뒤로
슬그머니 다가가 교사 머리 뒤에 꿀밤을 주는 시늉을 합니
다. 학생들이 낄낄거리고 웃지만 뒤에서 무슨 일이 일어나는
줄 모르는 교사는 그냥 수업을 계속 할 따름이지요.

　수업저해행동을 하는 학생들에게 회초리를 들고 가서 훈

수업시간에 여기저기 소란을 피우면서 수업을 듣지 않는 학생들.
교단에서는 교사가 얼굴을 찌푸린 채 소리를 지르고 있다

계하는 교사들은 그래도 학생들에게 무엇인가를 가르쳐야겠다는 사명감을 가진 교사들입니다. 그런데 어떤 학생들은 이런 선생님에게 "선생님, 돈 많이 벌어 놓으셨나 보죠? 신고하면 선생님 짤려요"라는 말까지 서슴지 않는다고 합니다. 사태가 이 지경에 이르다 보니 적지 않은 교사들은 수업시간 40분 동안 독백처럼 혼자 떠들다 종이 울리면 황급히 교실을 나가고 맙니다.

그런데 놀라운 사실은 위에 예로 든 수업붕괴 현장의 교사는 모두 남자라는 것입니다. 교장선생님으로부터 여교사가 학생들을 지도하는 데 체력적으로 한계가 있다는 얘기를 들었던 터라 수업붕괴가 이루어지는 현장에는 마땅히 여교사가 있을 것으로 생각했었는데 현실은 예상과 정반대였습니다.

학생을 휘어잡는 여교사들의 노하우

그러면 이렇게 무질서한 두 학급은 언제나 이렇게 난장판일까요? 놀라지 마십시오. 막가파 아이들도 양처럼 순한 때가 있었습니다. 이렇게 엉망진창인 교실을 평정하는 교사는 따로 있었던 것입니다.

그리고 충격적인 사실은 수업붕괴 교실을 장악하는 사람들은 모두 여교사였다는 것이지요. 우선 여교사들이 어떤 식으로 학생들을 휘어잡는지 그 비법을 공개해 보겠습니다.

· 정곡을 찌르는 말로 수업 분위기를 조성한다

한 여교사는 수업을 하기 전에 우선 학생들에게 일장의 긴 설교를 합니다. 일단 학생들의 수업태도를 꾸짖는 한편 최근의 시험결과를 언급하면서 학업성적이 형편없음을 나무라며 "부모님들은 이 시간 여러분을 위해서 희생하고 있는데 너희들은 이래서야 되겠느냐"라고 얘기합니다.

학생들은 의외로 여교사의 연설에 크게 반성하는 눈치였습니다. 이렇게 한 20분의 연설이 끝나고 난 뒤 수업이 시작되는데, 그 모습을 보고 나는 정말 놀라지 않을 수 없었습니다. 학생들은 숨소리조차 내지 않고 엄숙한 분위기 속에서 수업을 듣고 있었던 것입니다.

그런데 이 여교사는 수업방식도 다른 교사와는 달랐습니다. 그녀는 교과서 없이 학생들의 얼굴을 똑바로 노려보면서 수업을 진행합니다. 그 수업 또한 상당히 다이나믹해서 몇 마디 강의를 하고는 학생들에게 질문을 합니다. 학생이 대답을 하면 또 다시 강의를 하고.

이렇게 강의와 질문을 반복하면서 수업이 계속 진행됩니다.

이 수업광경을 보고 나는 "과연 이들이 전 시간에 '안돼요, 안돼요!'를 합창하던 학생들인가" 하고 나의 눈을 의심하지 않을 수 없었습니다.

· 체벌 아닌 체벌로 기선을 제압한다

다른 한 여교사는 수업을 시작하려는 순간 학생들이 떠들자 모두 책상 위로 올라가게 했습니다. 무슨 체벌을 주려나 하고 몹시 궁금했습니다. 그런데 교사는 학생들에게 꿇어앉은 채 두 손을 머리 뒤로 깍지를 끼게 했습니다.

왜 학생들을 교실 바닥에 꿇어앉히지 않고 책상 위에 무릎꿇게 했을까요? 가만 생각해보니 바닥에 꿇게 하면 교사의 눈길을 피해 같은 편한 자세를 취할 수 있기 때문입니다. 그런데 책상 위에서는 딴 짓을 할 수가 없고 교사의 체벌을 금지하는 법 때문에 교사는 이런 방법을 선택한 것 같았습니다. 회초리나 몽둥이로 때리면 그 흔적이 생기고, 그렇게 되면 교사는 체벌을 했다는 증거를 남기게 되는 셈이지요. 그러나 무릎을 꿇게하는 것은 체벌의 흔적이 남지 않고 직접 손을 대는 것도 아니기 때문에 체벌 아닌 체벌이 됩니다.

시간이 지나자 무릎꿇기는 다른 체벌 못지않게 고통스러운 것임이 드러났습니다. 한 10분쯤 지났을까? 학생들의 얼굴에는 괴로운 표정이 하나 둘 나타나기 시작했습니다.

이렇게 약 15분쯤 벌을 주고 난 후 여교사는 수업을 시작했는데 나머지 25분 동안 떠드는 학생은 단 한 명도 없었습니다.

· 체벌금지 압력에 굴하지 않는다

앞에서 나는 남교사들이 대개 회초리나 막대기를 들고 수업에 임한다고 말했습니다. 그런데 나는 이들이 실제로 회초리나 막대기로 학생들을 때리는 장면은 볼 수 없었습니다. 교탁을 내려치거나 학생들에게 다가가 위협조로 회초리를 휘두를 뿐 정작 학생들을 때리지는 못했습니다.

그러나 한 여교사가 회초리로 학생들을 때리는 광경을 목격했습니다. 여교사는 교과서를 안 가지고 온 학생과 숙제를 하지 않은 학생에게 그 잘못에 대한 대가로 손바닥을 후려쳤습니다. 어찌나 힘차게 내려쳤는지 맞은 학생들은 죽을상을 짓고 손바닥을 호호 불기까지 했습니다.

이 여교사는 체벌금지라는 사회의 압력에 아랑곳하지 않고 수업을 준비해오지 않은 학생들에게 회초리 세례를 퍼붓고 있었습니다. 잘못을 나무래야 하는 교사의 체벌, 남교사가 못하는 체벌을 여교사가 감행하고 있었던 것입니다.

여교사가 교실붕괴를 막아내고 있다

남교사 셋, 여교사 셋의 수업진행과 체벌현장을 목격하고 난 뒤 나는 충격에 휩싸였습니다. 남교사는 체력적으로 학생들보다 우세한데도 불구하고 학생들을 장악하지 못하는 반면 체력적으로 열세인 여교사들은 특유의 비법으로 학생들을 휘어잡고 있었습니다.

결국 교실붕괴의 원인 중 하나가 학교에 여교사가 많아졌기 때문이라는 교장선생님의 말을 잘못된 것이었습니다. 그렇다면 교장선생님은 왜 이런 사실을 알지 못하고 있었을까요?

사실 교장선생님은 수업이 현장에서 어떻게 진행되는지 자세히 알지 못했습니다. 가끔 교실을 둘러볼 때도 있지만 이럴 때는 학생들 스스로 행동을 자제하기 마련이지요. 따라서 현장에서 수업이 어떻게 이루어지고 있는지는 아무도 알 수가 없었습니다.

교장 선생님의 여교사에 대한 막연한 편견이 수업붕괴의 원인을 여교사의 신체적 한계로 결정짓는 단서가 되었을 뿐입니다.

여교사들의 수업방식으로 본 성차의 심리학

보이지 않는 전쟁, 여성에 대한 편견과 고정관념

저자가 말하고 싶은 것은 우리 학교의 서글픈 수업붕괴 현상이 아니라 왜 교장선생님은 남녀교사에 대해서 잘못된 판단을 하고 있었는가에 대한 생각입니다.

미국의 성차별심리학을 연구하는 학자인 Tavris & Offir (1977년, The lognest War의 저자)는 지구상에서 가장 오랜 전쟁은 남녀간의 전쟁이라고 주장하고 있습니다. 그런데 이런 전쟁은 남녀가, 특히 남자가 여자에 대해 잘못된 고정관념을 갖고 있다는 점에서 기초한 것이지요. 남자가 여자를 낮게 평가하는 고정관념을 만들어 낸 것은 여성을 남성에게 영원히 굴복시키기 위한 목적입니다. 그렇다면 구체적으로 남자는 여자에 대해 어떤 잘못된 고정관념을 갖고 있을까요?

우리는 일반적으로 여성에 대해 연약하고 내성적이며 감정적이고 말이 많다는 등의 고정관념과 편견을 갖고 있습니다. 이와 반대로 남성에 대해서는 용감하고 이성적이며 외향적이다라는 등의 긍정적인 고정관념을 갖고 있습니다.

프로이트는 인체해부학 상, 특히 생식기 구조상으로 살펴보면 여성은 수동적이고 남성은 능동적이라고 말했습니다. 따라서 여성의 활동은 내부로 향하게 되어 있고 그 때문에 직관, 주관성, 감수성이 풍부하다고 설명했습니다. 한편 프로이트는 여성은 남성에 대해 열등감을 갖고 있으며 남성의 성기를 선망(envy)한다고 말해 여권 운동가들로부터 거센 비판을 받고 있습니다. 아마 프로이트가 현대에 이러한 논리를 펼쳤다면 그는 여권 운동가로부터 돌팔매를 맞았겠죠.

여자를 지배하려면 성에 눈뜨지 말게 하라!

여성심리학자들은 남자와 여자 사이에는 눈에 보이지 않는 전쟁이 있어 왔다고 말합니다. 고대부터 지금까지 남성들은 여성들을 지배하려 했고, 그 때문에 여성에게 교육의 기회, 정치에 참여하는 기회를 제한해 왔습니다.

또한 남성은 여성을 지배하는 한 방법으로 여성이 성에 만족하지 못하도록 여러 가지 방법을 강구해왔습니다. 조선시대에는 양가집 규수가 성에 대해 말하는 것조차 금지되었을 정도였습니다. 이것은 다른 나라도 예외가 아니어서 영국의 빅토리아 왕조시절 여자에게는 여러 겹으로 만든 무거운 페티코트와 코르셋을 입고 여성의 신체를 외부에 노출시키지 않도록 한 것은 사실상 여성의 성욕을 억제시키기 위한 것이었습니다. 당시 영국의 귀족들은 자기 부인과 성 관계는 아

'性'이라고 써 있는 글자를 쳐다보며 얼굴을 돌리고 있는 조선조 여인. 얼굴이 상기되어 있다

주 형식적이고 엄숙한 분위기에서 소위 요즘 말하는 '의무방어전'을 치루 듯 했는데, 그 이유는 자신의 부인이 성에 대해 눈뜨는 것을 막기 위해서였답니다. 그러나 이런 귀족들은 부인에게서 얻지 못한 성적 쾌감을 위해 윤락여성들과 질탕한 관계를 가졌다고 합니다. 그리고 이러한 잘못된 귀족의 성행위 및 성에 관한 규범은 일반 시민에게까지 널리 전파되어 일반 시민들조차 '성은 부끄러운 것이고 성관계는 자식을 낳기 위한 수단일 뿐'이라는 생각을 갖게 되었습니다.

그렇다면 영국의 귀족들은 왜 부인이 성에 눈뜨는 것을 막아야만 했을까요? 이에 대해 심리학자들은 '남성은 여성에 대해 피해망상적인 생각을 갖고 있기 때문'이라고 설명합니다. 좀더 구체적으로 말하자면, 여성은 원래 생리적으로 남성에 비해 성적 욕망이 더 강하고 이를 즐길 수 있는 능력 또한 풍부합니다. 이러한 이론의 근거가 되는 사실로는 남성은 성교 시에 단 한 번의 오르가즘을 경험하지만 여성은 한 번의 성교 시에서도 여러 번의 오르가즘을 경험한다는 연구 결과가 있습니다.

그렇다면 왜 이렇게 남성보다 여성이 더 성을 즐길 수 있도록 만들어진 것일까요? 그것은 아마도 종족번식의 중요성 때문일 것입니다. 종족 번식의 역할은 사실 남자보다는 여자에게 달려 있습니다. 그런데 만약 여자가 성생활을 거부한다면 종족 번식의 어려움이 발생합니다. 따라서 조물주는 남성보다 여성이 성을 더 긍정적으로 즐길 수 있도록 만든 것입니다.

결국 남성들은 성에 대한 여성의 갈망과 성적 능력이 자기들보다 더 뛰어나다는 것을 알기 때문에 여성이 성에 눈을 뜨지 못하도록 여러 가지 규범을 만들어 놓았던 것입니다. 그리고 점잖은 사람은 성에 대해 함부로 말하지 못하게 하는 알 수없는 가치관까지 심어놓았습니다.

여성은 남성보다 열등하다?

예로부터 남성은 여성을 하나의 경쟁 집단으로 보았기 때문에 여성이 남성보다 열등하다는 것을 증명하기 위해 많은 노력을 기울였습니다. 처음에는 여성이 남성보다 지적능력이 떨어진다는 가설을 세웠고 이를 증명하기 위해 여자의 두개골의 크기는 남자보다 작을 것이라는 주장을 펼쳤습니다. 그러나 조사결과 남녀간의 두개골 크기 차이는 없는 것으로 나타났습니다. 그러자 또 다시 남성의 뇌는 여성의 뇌보다 더 클 것이라는 가설을 내세웠습니다. 하지만 역시 남녀간에는

고대 원시인 남자가 도끼를 들고 짐승을 잡아오고, 여자는 나무 열매를 채취하고 있다. 잘난 척 하는 남자와 수줍어 하는 여자

뇌의 크기나 무게 차이가 전혀 존재하지 않는다는 결과가 나왔습니다.

얼마 전 우리나라에서 개최된 '신체의 신비'라는 전시회에서는 아인슈타인의 뇌가 전시되었습니다. 여러분도 잘 알고 있듯이 천재적인 과학자였던 아인슈타인은 자신도 스스로 천재라고 굳게 믿었기 때문에 자기의 뇌는 평범한 사람들의 뇌와 다를 것이라고 믿었습니다. 그래서 죽기 전에 자신의 뇌를 연구하라며 과학자에게 기증했습니다.

그가 죽고, 큰 기대를 가지고 뇌를 조사한 과학자들은 놀라울 뿐이었습니다. 겉으로 보이는 아이슈타인의 뇌는 보통사람과 전혀 다르지 않았고 뇌의 크기, 무게도 보통사람과 너무나 비슷했기 때문입니다. 여러분 중에서도 '신체의 신비' 전시관에 가서 아인슈타인의 뇌를 구경한 사람은 그것이 일반인의 뇌와 별 차이가 없다는 것을 보고 실망했을 것입니다.

남성우월주의자들은 남녀의 뇌에는 차이가 없다는 결과에 낙심하지 않고 또 다른 가설을 세웠습니다. 그것은 남성이 여성보다 뇌 좌반구가 우반구보다 더 발달해 있을 것이라는 가설입니다. 그 이유는 뇌 좌반구가 추리력 및 상상력을 담당하는 부위인데 이러한 면에서 남성이 여성보다 우월하다고 주장했던 것입니다. 그런데 다시 연구결과 남녀간에는 좌반구와 우반구의 크기나 무게에 어떤 차이도 없다는 것이 밝혀졌습니다.

물론 남녀 사이에 신체적 능력 차이가 있는 것은 당연합니다. 남자의 체격은 여자보다 우세하고 신체적 힘도 강하기 때문에 아무리 100m 달리기 여자 세계기록 보유자라 하더라도 남자선수와 시합을 한다면 상대가 되지 않지요. 그리고 이는 역도, 축구, 각종 스포츠 종목에서도 마찬가지입니다. 여자의 운동능력은 남자에 비해 뒤쳐져 있는 것이 사실입니다.

원시사회에서도 남자는 여자보다 더 우월한 존재로 여겨져 왔습니다. 그 이유 중 하나는 음식물을 획득하는 데 있어서 남녀간에 능력차이 때문이었습니다. 여자는 주로 나무뿌리, 과일, 야채 등을 수집했는데, 이러한 채소류는 고기와 같은 단백질 음식보다 덜 중요한 것으로 간주되었고, 귀한 음식물로 여겨지던 고기는 주로 남자가 사냥을 해서 잡았기 때문에 남자가 여자보다 더 존중되었습니다. 이는 농경사회에서도 마찬가지였습니다. 농경사회에서는 많은 논밭을 경작하는데 힘이 센 사람이 더 존중될 수밖에 없고, 남자는 여자에 비해 더 많은 농토를 경작할 수 있으니 우대를 받을 수밖에 없었습니다.

여성에 대한 고정관념이 차별을 잉태하다

그렇다면 현재는 어떨까요? 지금은 육체적인 능력보다 지능이 더 중요한 정보화시대입니다. 사냥을 하고 농토의 경작보다 지식을 생산하는 능력이 더욱 필요한 시대가 되었습니다. 최근의 타임지 보도에 따르면 여자들은 남자보다 컴퓨터를 다루는 능력이 더 뛰어나다고 합니다. 그렇다면 현대에 와서는 남녀에 대한 고정관념이 바뀌어지고 남성우월론도 사라져야 마땅합니다. 그러나 우리나라뿐만 아니라 여러 선진국에서도 아직까지 여성은 남성보다 승진이 더디고 더 적은 월급을 받고 있으며 취업에서 채용을 거부당하기도 합니다. 이처럼 남성의 여성에 대한 고정관념은 쉽게 사라지지 않고 있으며 그러한 고정관념에 따라 여자에 대한 평가는 계속 뒤쳐지고 차별은 계속됩니다.

앞에서 말했듯이 우리나라의 중학교에는 여교사가 80%에 이릅니다. 그러나 교장과 교감은 모두 남자입니다. 물론 여자 교장, 여자 교감이 있는 학교도 적지 않습니다. 그러나 교사의 성별비율을 고려한다면 더 많은 여자 교장과 교감이 탄생해야 합니다.

지금까지 앞에서 말한 것은 여성과 성 차의 심리학에서 다루는 세 가지 큰 주제, 즉 성차의 심리학, 여권주의 심리학(feminist psychology), 여성에 중점을 둔 심리연구(예컨대, 강간, 여성의 심리 등에 관한 것) 중 앞의 두 가지를 간단하게 소개한 것입니다.

지금까지 여성에 관한 연구는 주로 성차의 심리학이 주도해 왔습니다. 성차의 심리학에서는 남성과 여성 간의 능력

차이가 과연 있는지 여부를 조사합니다. 지금까지 남녀의 심리적 능력에 차이를 조사한 연구를 종합해보면 다음 세가지 면에서 남녀간에 능력 차이가 인정되었습니다.

첫째, 남자는 공간지각력이 여자보다 높다.

둘째, 여자는 언어능력이 남자보다 우수하다.

셋째, 남자는 공격성이 높은 반면 여자는 친화성(affilia-tion)이 높다.

그래서 남자는 여자보다 운전을 잘하고 잘 싸웁니다. 그런 반면 여자는 말을 조리있게 잘 하며 남을 배려하는 능력이 탁월합니다. 이러한 능력을 제외하면 남녀간의 심리적 능력에는 어떤 차이도 없다는 것이 지금까지의 연구결과입니다.

여권주의 심리학의 목표는 남녀간의 능력차이가 없는데도 불구하고 우리사회에서 단순히 여자이기 때문에 무시당하고 차별받는 현상을 개선하는 것입니다. 그리고 이 여권주의 심리학은 남성의 여성에 대한 고정관념, 편견, 그리고 차별의 근거가 없고 이것은 남성이 여러 가지 상황에서 여성을 경쟁자로 보기 때문에 생긴 것이라고 주장합니다.

우리 사회가 과거에 비해 여권이 많이 신장된 것은 사실입니다. 한 가지 예를 들어볼까요? 밤 9시 뉴스 시간에 등장하는 남녀 앵커의 보도 형태를 살펴봅시다. 과거에는 남자 앵커가 중요한 뉴스를 다 전하고 난 뒤에야 여자 앵커가 등장, 별로 중요해 보이지도 않는 문화소식 등을 전달했습니다.

필자가 10여 년 전 연세대 신문방송대학원에서 이런 사실을 지적한 적이 있습니다. 당시 수강생은 모 TV방송국 과장 이상급 직원들이었고, 필자는 수강생의 대부분이 남자라는 사실을 의식하면서 농담조로 "남자 아나운서가 10여 분 동안 혼자 떠드는 것은 피곤하지 않습니까? 그러니 여자 아나운서

와 번갈아 가며 뉴스를 진행하는 것이 좋겠습니다"라고 말했
습니다. 그 발언에 남자 수강생들은 조용히 침묵을 지키고
있었지만 여자 수강생들은 반색하는 모습을 보였지요. 그 뜻
이 전해져서 그랬는지는 모르겠지만 그 후 TV 뉴스는 남녀
가 번갈아 가며 사이좋게 뉴스를 진행하고 있습니다.

성형미인의 양산은 여성 차별의 탓

화려하게 치장한 여자가 남자들의 시선을 한 몸에 받으며 자랑스러워
한다. 여자의 머리에는 '성형미인'이라는 꼬리표가 달려 있다

최근 여권주의 심리학에서는 재미있는 연구가 발표됐습니
다. 여권주의 심리학자인 니타 멕킨리와 자넷 하이드는 "사
회에서 여성의 몸을 남성의 욕망의 대상으로 간주하는 경향
때문에 여성이 자신의 몸매를 하나의 상품으로 바라보는 태
도가 발생했다"고 주장합니다. 그리고 이들은 여성이 자신을
독특한 인격체가 아닌 상품의 견지에서 인식하는 정도를 측

정하는 검사를 개발했습니다.

그 척도의 차원은 크게 세 가지가 있는데, 첫째는 '신체감시'로서 이는 여성들이 자신의 신체를 바라볼 때 마치 다른 사람이 관찰하듯이 보고 이를 끊임없이 평가하는 정도를 측정하는 것입니다. 즉 거울이나 쇼윈도를 통해 끊임없이 자신의 신체를 평가하고 관찰하는 행동을 말합니다.

두번째 측정차원은 이상적인 여성몸매와 아름다움을 규정하는 문화적 기준을 내면화하는 것입니다. 여성들이 이러한 기준을 따르는 것은 당연하게 생각하고, 자신의 외모나 몸무게를 통제하지 못하는 것은 부끄러운 일로 여기는 것을 말합니다. 즉 TV와 같은 대중매체에 등장하는 연예인들의 외모를 이상화하고 자신의 외모가 그에 미치지 못하는 것을 비관하는 등을 태도를 들 수 있습니다.

세번째 측정차원은 자기가 자신의 외모와 몸무게를 통제할 수 있다고 믿고, 그 때문에 섭식장애와 불건강한 행동을 갖게 되는 정도를 측정하는 것입니다. 여러분도 지금 주위를 둘러보면 수많은 여성들이 거식증과 폭식증을 경험하고 있다는 사실을 알 수 있습니다. 얼마 전 TV 뉴스에서도 보도됐지만 과도한 다이어트로 인해 영양실조에 걸린 많은 20대 여성들이 거식증과 같은 심각한 후유증에 시달리고 있다고 합니다.

물론 이 두 연구자들은 여성이 자신을 하나의 상품으로 보려는 잘못된 태도를 비난하기 위해 이러한 척도를 만들고, 자신을 상품화하는 경향이 높은 사람에게 경종을 울리기 위해 연구를 한 것입니다.

이렇게 자신을 상품화하려는 여성들의 경향은 왜 생겨난 것일까요? 이것은 남성이 여자를 하나의 성적도구 또는 상품으로 간주하는 풍토에서 때문입니다. 그리고 이러한 남성의 문화를 여성이 그대로 받아들이고 있는 현상에 대해 여권주의 심리학자들은 경종을 울리고 남성과 여성 모두에게 반성의 메시지를 보내고 있습니다.

여성이 자신을 하나의 상품으로 바라보는 경향은 외국보다 우리나라에서 더욱 강하게 나타납니다. 일부 연예인들 사이에서나 유행하던 성형수술은 이제 중산층에까지 급격히 번지고 있으며 비만을 해소하기 위해 약은 물론 수술까지 받고 있는 사례가 빈번합니다. 그런 세태는 학생들에게까지 전염돼 요즘 여학교에서는 예전처럼 통통한 몸매의 여학생을 찾아보기가 힘들어 졌습니다. 모두 결식아동처럼 삐쩍 마른 학생들뿐이니 상대적으로 통통한 여학생은 더욱 주눅이 들고 열등감마저 갖게 됩니다. 이러한 사회풍토가 과연 올바른 것인지 냉정하게 따져보자는 것이 여권주의 심리학자들의 주장입니다.

여교사들의 수업방식으로 본 성차의 심리학

법의 사각지대에 선 여성들!

　우리 사회에는 매맞고 사는 아내가 의외로 많습니다. 그래서 우리나라에서는 가정폭력법을 제정하여 가정내 폭력을 다스리고 있지요. 하지만 가정에서 발생하는 폭력은 당사자가 이를 고발하지 않는 이상 외부에서 이를 발견하기란 무척 어렵지요. 막상 매맞는 아내가 남편을 고발하려 해도 아이들 때문에, 그리고 경제적인 문제 때문에 주저하는 경우가 많습니다. 그리고 폭력남편은 이를 악용해 계속해서 아내와 자녀에게 폭력을 행사합니다. 여성에 대한 폭력은 매맞는 아내에 그치지 않습니다. 급증하고 있는 성폭력도 이에 해당되지요.

　폭력은 한 사람의 자존심을 뭉개고 일생동안 분노와 자괴감 속에서 괴로워하게 만듭니다. 여기에서는 남편에게 상습적인 폭행을 당하고 있는 여성과 직장 상사에게 성폭력을 당한 여성의 사례를 통해 우리나라 여성들이 직면한 폭력피해의 심각성을 살펴보기로 하겠습니다.

성희롱, 가정폭력에 시달리며 정신적 고통을 당하다

이제부터는 성희롱, 가정폭력과 같은 여성과 관련된 사회적 문제를 이야기해 봅시다. 그 중에서도 남편의 구타와 성희롱 문제를 집중적으로 살펴보겠습니다.

선진국에서는 이미 오래전부터 가정폭력에 대한 법률이 제정되어 많은 여성들이 법적 보호를 받고 있지만 우리나라에서는 지난 1997년에서야 가정폭렵법이 제정, 그때부터 남편의 아내 구타가 법적 문제로 다루어질 수 있는 제도가 마련되었습니다.

필자는 서울지방 검찰청에서 아내가 남편을 가정폭력범으로 고발한 사건의 당사자인 김 모씨를 면담하고 그의 아내가 고발한 고발장을 접했던 경험을 예로 들겠습니다.

이 고발장을 자세히 읽어보면 고등교육을 받지 못한 그녀가 전문가 못지않게 글을 잘 썼다는 사실을 알게 됩니다. 그녀가 이렇게 고발장을 잘 쓸 수 있었던 것은 직접 구타를 경험했고 그것이 너무 충격적이었기 때문이었습니다.

고발장의 내용을 읽어보면 폭력의 가해자와 피해자의 행동, 심리를 잘 알 수 있습니다. 여기에서는 두 부부의 이름을 가명으로 바꾸었을 뿐 고발장의 내용을 그대로 실어보겠습니다.

"더이상 참을 수 없었다"

무자비하게 아내를 구타하는 남편과 맞고 있는 아내

저는 1981년도 11월 말경 맞선을 본 지 3일 만에 약혼을 하고 한 달 가량이 지난 1982년 ×월 ×일 결혼을 하였습니다. 결혼 후 한 달은 시골 시댁에 있었고 한 달 후 서울로 올라와 이미 차려져 있던 지물포를 같이 운영하게 되었습니다.

그런데 너무 사소한 일로 구타를 당해 놀라운 나머지 어떻게 여자를 때릴 수 있는가 하고 항의하며 결혼 초부터 이런 식이라면 도저히 같이 살 수 없지 않느냐니까 다시는 안그러겠다고 처음에는 빌었습니다.

하지만 그 다음에 또 그 다음에 또 자주 되풀이되는 겁니다. 나는 부부가 매를 들어 다스린다는 것은 있을 수도 없고 또 나보다 10년이나 연상인 남편이었기에 많은 배움을 얻을 줄 알았으나 매 번 되풀이되는 구타는 차마 견디기 힘들고 또 너무나 무섭게 돌변하기 때문에 혼자 감당하기 힘들어 집을 나가기도 했습니다. 하지만 그 때마다 시어머님의 간청으로 돌아왔습니다.

　그 당시 저희 친정 집은 칠녀 일남으로 저는 맏이였습니다. 친정어머님은 5년째 병으로 수족을 못 쓰고 누워 계실 때라 항상 저 자신의 운신의 폭이 좁을 수밖에 없었습니다. 그러다 큰 아이가 생겨 더 어쩔 수 없었지만 그래도 수시로 구타는 있었습니다. 이유는 항상 너무 피곤하다보니 신경이 예민해서, 아니면 무조건 내가 잘못했다고 하면 잘못한 걸로 알라면서 때렸습니다.

　그래서 하소연도 해봤지요, 유치원 다니는 애도 야단을 칠 땐 뭘 잘못했는지 이야기 해주면서 야단치지 않는가, 그러니 잘못했다면 뭘 잘못했는지 확실하게 이야기하면 고치겠다고 하면, 말대꾸하지 말라고 때렸습니다.

　가게에 딸린 방에서 살림을 살았기 때문에 저녁에 셔터를 내리면 아무도 볼 수도, 알 수도 없기 때문에 혼자만의 공포라는 것은 말로 할 수가 없었습니다. 그러다 너무 힘이 들었는지 큰아이를 8개월만에 조산을 하게 되었습니다. 한 달을 인큐베이터에서 키우고 퇴원을 시켰는데 1983년 ×월 ×일 어머님이 돌아가셔서 그 아이를 데리고 같이 처가를 갔습니다.

　삼일장과 삼오제를 마치고 서울로 올라온 그 다음날 무슨 이유인지 모르지만 얼굴을 맞아 코뼈가 휘었습니다. 울지도 못할 처참한 심정이었습니다. 어떻게 엄마가 돌아가시고 처참한 심정의 자기 처를 때릴 수 있나요?

　나는 항상, 문제가 뭐가 있어, 이렇게 남편한테 맞아야 하나 하고, 거울을 보곤 혼자 생각에, 내 인상이 너무 기분 나쁜가 보다 하고 혼자 비참해 했습니다.

　그 동안 산 세월동안 누구에게도 맞아본 적 없는 내가 어떻게 성인이 된 지금 그것도 가장 가까운 남편한테 수시로 맞는다는 것 자체가 나 자신을 무너뜨리더라구요. 그것은 두려움, 공포 그 자체입니다. 여자는 방어 능력이 남자보다 약한데 보호자가 때리다니요.

　연년생으로 둘째 아이가 생겼는데 그 아이는 7개월 때 사산했습니다. 그 당시 임신 중에도 수시로 얼굴만 때렸는데 이유는 항상 코에 걸면 코걸이 귀에 걸면 귀걸이 식 이유였지요. 입을 열어 말대꾸하는 것은 절대 용서가 안 되는 부분이었지요. 그 때도 맞고 큰애를 업고 나갔다가 들어온지 하루 만에 강남 병원 응급실에서 아이를 유산했지요.

그래도 세월이 지나고 돈이라도 조금 모이면 나아지려나 하는 기대로 살았습니다. 둘째, 셋째까지 낳고 앞만 보고 살기로 했지만 맞는 것은 별로 나아지지 않더군요. 그러던 와중에 친정과는 결별하고 남편은 처가와 아주 인연을 끊었습니다. 그 아픈 가슴을 말로 못하지요. 큰 아이는 아빠에게도 많이 맞았습니다. 항상 가슴이 아픕니다.

이번 일로 올 때까지 그 동안의 마음의 고통은 말도 못합니다. 밖에서 완전한 신사로, 얼마나 겸손하고 너그러운지. 그런데 돌아서면 집에서는 무법자지요. 항상 가게를 같이 하고 있기 때문에 그 양면성을 보는 것 자체도 고통입니다. 이중인격자 그 자체입니다. 저도 누가 얕잡아 볼까봐 내색하지 않고 더 당당하게 살려고 노력했습니다.

한동안 갑상선을 앓다가 우울증 때문에(갑상선에 수반되는 증상) 그렇게 힘들고 어려울 때 무슨 배려나 위로보다는 항상 똑같았지요. 왜 남편이 공포의 대상이 됩니까?

1994년도에 가게가 한 번 부도 여파로 어려울 때가 있었습니다. 1989년부터 COEX에서 도배를 했는데 그 당시 받았던 어음이 부도가 났을 때지요.

94년 1월인가 ××APT 살 때도 아이들 문제로(큰 애를 너무 심하게 나무라고 때렸기 때문) 싸웠습니다. 저를 밀어 넘어지면서 모서리에 부딪쳐 머리가 터지는 바람에 웃옷이 피로 다 물들었답니다. 그렇지만 눈 하나 꿈쩍하지 않아요. 밖에서는 그렇게 신사가 집에서 그래요. 그리고 3월경에 중앙병원에서 췌장수술을 받았습니다(그 때도 이미 병을 앓고 있었지만 여러 가지 이유로 늦게 입원을 했답니다).

항상 고통의 연속인지 자신의 운명에 대해 항상 부정적이 되더군요. 한 달을 입원해 있다 퇴원해서 가게에 나갔는데 수술부위가 힘든 일을 하면 아프길래 걷어온 물건을 빨리 치우지 않고 있다고 막 화를 내길래 조금 있다 할 테니, 기다리라고 했더니 더 화를 내면서 싸온 도시락을 바닥에 패대기를 치더군요. 억장이 무너지죠. 악성종양인지 양성종양인지 하면서 삶과 죽음을 생각했던 사람인데, 건강해져 퇴원해서 가게라도 지키려고 애쓰면 그거라도 예쁘게 봐주면 안되나요. 내가 이 사람과 살아야 되나 말아야 되나 끊임없이 저 자신에게 묻죠. 하지만 난 세 아이의 엄마다 이 생각만 하면 감히 어떻게 할 수가 없더라구요. 열심히 살다보면 분명히 끝은 있을 거야. 좋은 날이 올 거야 하면서요.

누군들 부부 싸움 없는 사람 있을까마는 이건 싸움이 아니에요. 구타지요. 그러던 가운데 살림은 조금씩 펴지더군요. 저는 도시락을 싸가지고 가게에 가고 거르지 않고 열심히 나갔습니다. 모든 장부관리와 전화를 받았으니까, 제가 하루라도 없으면 안 됐습니다. 살하면서, 애 셋, 가게, 이것 저의 전부였습니다.

조금씩 때리는 것도 준 것 같았습니다. 그리고 일절 입도 열지 않기로 했지요. 왜냐면 애들이 받은 정신적 고통을 누가 보상하겠어요. 매 맞는 엄마 보기에도 끔찍하죠.

그러다가 1998년 4월 다시 췌장염이 발병해서 병원 응급실을 왔다갔다 하다 도저히 참을 수 없을 때 중앙병원에 다시 입원했습니다. 한 달 후 퇴원했는데 또 가게에 나갔습니다. 그것은 내가 정붙일 유일한 곳이니까요. 하지만 일 주일 만에 결재문제로 야단을 하길래, 어떻게 자기는 변한게 없느냐고 했더니, 남편이 하는 말이 네가 도대체 뭘 바뀌기를 바라는가 하대요. 너무 기가 막혀 소파에 얼굴만 묻고 울고 말았지요.

그런데 남편에게도 슬럼프가 왔는지, 도대체 일할 의욕이 없는 것 같았습니다. 6~8시까지는 가게에서 바둑만 두고 9~11시까지는 술집만 전전하데요.

물론 그 문제의 가나다 호프는 동네에서 상당한 문제들(가십거리)이 나왔기 때문에 거기는 자주 가지 말길 바랬습니다. 하지만 철저히 제 의견은 무시하는 거죠. 네가 무슨 말을 하든 내가 니 말대로 할거냐 하는 식이죠.

12~2월까지는 무도학원에서 춤을 배우더군요. 처음엔 저한테 헬스클럽 다닌다고 거짓말하더군요. 하지만 알고부터는 공개적으로 다니죠. 그래서 그것도 시간을 바꿀 것을 요구했죠.

보통 2시에서 5시까지 댄스학원엘 가는데 보통 그 시간이 가장 업무를 활발하게 보는 시간이기 때문에 그 시간만 피해주길 바랬죠. 예전엔 진짜 헬스를 할 때 업무가 끝나고 7시경에 갔기 때문에 충분히 가능하다고 했죠.

그것마저 묵살하더군요. 그즈음, 가게에서 일꾼들과 술을 한잔 하는 자리에 저도 끼이게 됐습니다. 그 와중에 사소한 일로 그 사람들 앞에서 또 때리는 겁니다. 기가 막혔지요. 하지만 전 도리가 없었습니다. 전혀 아닌 거예요. 그 다음에 그 자리에 있던 분에게 물어 봤어요. 과연 내가 맞을 짓을 했는가 그랬더니 너무 갑자기 그래서 놀라울 따름이라는 말을 했어요.

그리고 1999년 1월 6일 제가 시골 시댁엘 가게 됐습니다. ×일이 시어머님이 생신이었기 때문에 저 혼자 내려갔지요. 그 때도 전화를 착 발신으로 돌리고 춤을 추러 가더군요.

1월 7일 올라오니 4시 30분 경인데 가게에 도착하니 문이 잠겨 있어 또 확인해보니 또 댄스학원 간 겁니다. 기가 막혀 집으로 와 있는데 누가 돈을 받으러 왔다고 전화가 왔길래 제가 어떻게 하겠어요. 그 때 저도 맥주를 마시고 혼자 마음을 달래고 있었죠. 그랬더니 다짜고짜 욕설을 해대길래 가게로 나왔더니 거기서 또 시비가 나고 또 때리는 겁니다. 저도 강하게 저항하며서 대들었죠. 식당아줌마가 말리고 야단이 났어요. 하지만 항상 제가 잘못한 것으로 이야기해요.

앞으로도 더 기대할 것도 없고, 더 이상 바라볼 것이 없는 제 처지가 한없이 처량합니다. 결혼 18년 동안 얼마나 행복했던 적이 있었는지 그 사람이 과연 내 보호자인지 묻고 싶어요. 밖에서는 대단한 인격자이고, 겸손 그 자체고, 말투 하나하나 조심하는 사람이 어떻게 식구에게 이렇게 잔인한지 묻고 싶어요.

어느 여자가 자식을 떼어놓고 엄마 역할을 포기하려 하겠습니까? 어느 여자라도 한 번쯤 결혼 생활하면서, 당신이랑 더 이상 못살아 해보겠지만, 그게 진짜로 안 살려고 그런 말하겠습니까. 하지만 참을 만큼 참고 열심히 살았습니다.

하지만 지금의 남편은 이미 딴 곳에 마음이 있기 때문에 더더군다나 용서할 수 없습니다. 때리는 강도가 더 세지요.

맞고 사는 아내의 남편 살해는 정당방위?

오늘날 많은 여성심리학자들은 법정심리학 분야에서 일하고 있습니다. 이 분야에서 일하는 심리학자들은 가정폭력, 성희롱과 같은 심리적 외상을 경험한 피해자의 심리적 문제를 분석하고, 아동양육권 소송에서 부모에 대한 평가, 강간피의자의 교차심문에서 변호사를 돕는 일까지 매우 다양한 활동을 하고 있습니다. 그중에서도 특히 법정여성심리학자들은 외상을 겪은 여성을 치료한 임상가들의 자료와 여성심리학을 바탕으로 전문가로서의 역할을 담당하고, 이러한 역할을 통해 가정 폭력의 법적인 문제를 해결하는 데 많은 도움을 줍니다.

이들 여성심리학자들은 이혼한 어머니의 양육권이 상실될 수 있는가를 판단하거나 직장에서 상사로부터 성적 희롱을 당해 생긴 심리적 외상으로 직장 상사를 고발할 수 있는지, 강간피의자가 유죄 선고를 받아야 하는지 등 매우 구체적인 문제들을 판단하고 있습니다.

미국에서는 법정여성심리학자들이 가정폭력 소송문제에서 여성에게 유리한 판결을 내릴 법적 근거를 확고히 마련했습니다. 그들은 "매맞는 아내들은 실제적으로 남편이 목에 칼을 들이대지 않았더라도 항상 공포에 싸여 있다. 따라서 만일 그녀가 자신을 때리는 남편을 살해했다면 그녀의 행위를 정당방위로 간주할 수 있다"고 주장하여 법정에서 많은 지지를 얻었습니다.

우리나라도 미국처럼 매맞는 여성들에 대한 법적 보장 장치의 마련이 시급합니다. 한국의 경우 가정폭력법이 제정되어 있어 여성이 폭력적인 남편을 고발할 수 있지만 실제로 이것이 시행되는 사례는 그리 많지 않습니다. 가장 큰 원인은 여성들이 이혼 후 경제적으로 자립하기가 어려운 점, 아이들의 아버지를 고발해야한다는 점 등 때문입니다. 게다가 우리나라는 폭력적인 남편이 다시는 폭력을 행사하지 않겠다는 서약을 하면 기소유예처분을 내리는 경우가 허다합니다. 그러나 대부분의 폭력남편들은 흔히 그 행위가 습관화되고 억제할 수 없기 때문에 이러한 미봉책으로는 폭력남편을 길들일 수 없습니다. 그러므로 폭력을 휘두르는 남편에게 강제로라도 상담치료, 정신치료를 하도록 하는 법적 제도 장치가 마련되어야 합니다. 이와 더불어 매맞는 여성의 문제를 더 이상 가정 내 문제로 국한할 것이 아니라 좀더 포괄적인 사회 문제로서 감싸안아야 할 것입니다.

심각한 수준의 직장 내 성희롱

한국사회에서는 오랫동안 여성이 직장에서 꽃의 역할을 해야한다고 믿어 왔습니다. 즉 남자들만의 딱딱한 직장분위기를 바꾸어주는 것이 직장여성이 해야 할 역할이라고 봤던 것입니다.

게다가 여직원은 커피 심부름을 하고, 문서를 복사하는 등의 비서 역할까지 해야 한다고 생각하기가 일쑤입니다. 심지어는 여직원에게 호스티스의 역할도 강요해서 회사의 야유회나 회식 때 남자 상사에게 억지로 술을 따르게 하기도 했습니다. 지금은 많이 개선되고 있다고 하지만 아직도 말 못할 고민을 하고 있는 여성들이 많이 있습니다.

이 말을 듣는 여러분은 "요즘도 그런 사람들이 있단 말이

회식 자리에서 남자 상사에게 술을 따르고 있는 여직원. 화난 얼굴을 하고 있다.

야?"라고 반문할 지도 모릅니다. 하지만 여전히 많은 직장 내에서는 눈에 보이느냐 아니냐의 차이일 뿐 성희롱이 존재하고 있습니다. 여기에서 성희롱센터에 접수된 하나의 사례를 소개해 보겠습니다.

사장의 성희롱으로 정신장애를 일으킨 여직원

생활정보지를 발행하는 B사는 남자 영업직원 9명과 여직원 1명(3월 말 입사)으로 대부분 남자직원들은 외근으로 사무실을 비우는 경우가 많은 탓에 여직원은 사장과 단둘이 있게 되는 때가 많았다.

정씨는 처음 입사 때부터 사장(40대 초반)으로부터 '애인 있어? 나랑 애인 할래?' 라는 말을 자주 들었지만 '원래 농담을 좋아하는 사람'이라고만 생각해 웃으면서 넘어갔다.

그러나 하루가 다르게 농담이 짙어져 '너 내 애인한다 그랬지'라고 하면서 어깨를 걸치거나 일을 가르쳐 주는 척 하면서 뒤에서 어깨를 끌어안고 목뒤에 대고 입김을 불어넣으면서 '뽀뽀하고 싶다', '내 어깨를 주물러 달라'는 식의 노골적인 이야기를 했다.

정씨가 '농담으로 안 들리니 하지 말아 달라'라고 분명히 이야기하면서 계속되는 사장의 성희롱에 그를 피하자 사장은 '나를 피하는 것 같다. 입사한 지 얼마 안 되는 처음이라 서먹서먹할까 봐 그랬다'고 변명하기도 했다.

그런데도 책상 앞에서 일하고 있으면 뒤에 다가와서는 '껴안고 싶다, 뽀뽀하고 싶다'를 수 차례나 반복하여 며칠 동안 립스틱을 바르지 않고 출근하기도 하였다. 지난 4월 19일 늦게 출근한 사장이 여직원의 얼굴에 자신의 얼굴을 들이대면서 '뽀뽀 좀 하고 싶다'고 하자 여직원은 그를 밀쳐냈다. 그랬더니 '00하고 있을 때는 잘한다며?' 하며 엉뚱한 사실을 꾸며대고는 갑자기 달려들어 강제로 키스하였다.

정씨는 너무나 놀라 소리를 지르며 사장을 뿌리치고 뛰쳐나갔다. 화장실에서 20분간 놀란 마음을 진정시킨 여직원은 자리로 돌아와 짐을 챙겨서 집으로 돌아왔다. 함께 사는 친구가 퇴근해 돌아와 보니 정씨는 '텔레비전에서 보았던 정신병 환자'처럼 심하게 몸부림치면서 헛소리를 하고 발작증세(쇼크증세)를 일으키며 제정신이 아니었다. 또 온 집안의 물건이 흐트러지고 난장판이 되어 있었고, 동생이 진정제를 사와서 먹여야 할 정도였다. 그 날 밤 사장이 집으로 전화를 걸어오자 친구는 '오늘 있었던 상황에 대해서 이야기하라'고 했고, 사장은 '귀엽고 좋아서 안아주고 싶었다'라고 말했다.

친구가 재차 '오늘 무슨 일이 있었냐?'고 묻자 '아, 그걸 포옹이라고 이야기해야 되겠죠?'라며 뻔뻔스럽게 이야기했다. 그 다음날도 정씨의 친구는 출근을 할 수 없었다. 혼자 두면 정씨가 자살해 버릴지도 모른다는 생각에 불안했기 때문이다.

동생은 사장을 만나 '언니에게 입힌 정신적 피해를 보상하라'고 요구했으나, 사장은 '본인도 호응했다', '나는 잘못이 없다. 남자라면 그럴 수 있다. 이해해 달라'는 식으로 대응했다. 동생이 재차 위로금을 요구하자 '나는 단돈 10만원도 없다. 이걸 가지고 장사수단으로 생각하느냐?'고 오히려 적반하장으로 나왔다.

정씨는 직장을 잃고 성희롱 피해로 인해 삶의 의욕도 잃은 상태로, 사람들을 만나는 것조차 기피하게 되어 집에서도 가만히 앉아

아 있지를 못하고 '나갔다 들어왔다 누웠다 앉았다 이불을 뒤집어 썼다 다시 벗었다'하는 등의 행동을 반복하며 온종일 불안한 증세 를 보였다. 가슴이 짓눌리고 '너무나 한숨을 많이 쉬어서 가슴이 아 플 정도'이고 '나를 얼마나 우습고 하찮게 봤으면, 내가 얼마나 못 났으면...'하고 자신의 존재가치에 대한 회의와 자책감에 시달렸다.

비단 정씨뿐만 아니라 이들 3가족의 생활리듬은 하루아침에 무너져 버렸다. 며칠 전까지도 새벽 2시가 넘도록 낄낄거리며 이 런 저런 이야기를 하면서 즐겁게 지내던 나머지 가족들도 정씨와 함께 근심걱정에 휩싸여 우울증에 걸릴 정도가 되었다.

(mkkim@miraewomen.com의 성희롱 사례집에서 원용함)

성희롱, 철저한 예방만이 최선인가?

위의 사례는 심각한 수준의 성희롱에 해당됩니다. 이제 성 희롱은 법적으로 제재를 받습니다. 1999년 남녀고용평등법이 제정됨에 따라 사업주는 직장 내 성희롱의 예방 및 안전한 근 무환경의 조성을 책임져야 할 의무가 생기고, 이를 위해 고용 주는 성희롱의 예방을 위한 교육을 실시해야 하고, 성희롱에 적용해야하는 구체적인 처벌과 벌금 규칙까지 정해졌습니다.

물론 성희롱 피해자는 가해자에게 민사상 책임을 물을 수 있습니다. 그 대표적인 예가 서울대 우 조교 사건입니다. 이 사건은 서울대 모 교수가 연구실 조교인 우 모양을 실험실에 서 성희롱했다며 우 양이 교수를 고발한 사건으로 1심에서 원고가 승소하였습니다.

이렇게 성희롱은 사업주는 물론 성희롱 가해자가 민사상 의 책임을 져야하기 때문에 현재 우리나라 기업에서 가장 신 경을 쓰는 문제 중에 하나입니다. 최근에는 기업에서 종업원

을 상대로 하는 교육 중 성희롱 문제에 대한 과목이 필수적
으로 채택되고 있습니다.

여성문제를 사회여론으로! 법적 권리의 확보가 필수

앞으로 이미 우리나라의 한국심리학회 내에 여성심리학회
가 결성되어 있고 많은 심리학자, 일선 실무자들이 함께 모
여 학술적인 활동을 하고 있기는 하지만 아직도 부족한 점이
많습니다. 여성문제는 연구가 더욱 활발히 이루어지고, 더 많
은 전문가가 많이 배출되어야 하는 분야입니다.

우리 나라에서 여성문제전문가가 절실히 필요한 이유는
여성에 대한 편견과 차별이 다른 나라에 비해 심각하게 존재
하기 때문입니다. 또 다른 중요한 이유는 현재 50%에 육박
하고 있는 우리나라의 이혼율에 비해, 이혼한 여성이 가져야
할 마땅한 권리조차 주어지지 않는 현실 때문입니다.

미국에서는 일차적인 양육권이 어머니에게 주어집니다.
그 이유는 자녀에게는 아버지보다 어머니가 더 필요하다는
현실적인 판단 때문입니다. 그러나 우리나라에서는 양육권이
어머니보다 아버지에게 가는 경우가 훨씬 많습니다. 설사 이
혼한 어머니가 자녀를 맡는다 해도 전남편으로부터 자녀양육
비를 받기는 어렵습니다. 그래서 이혼한 어머니가 자녀를 맡
고 싶어도 해도 경제적인 어려움 때문에 선뜻 자녀를 맡지
못합니다. 게다가 이혼한 어머니에게는 자녀를 만날 기회가
제공되어야 함에도 불구하고 이러한 권리가 인정되지 않는
경우가 다반사입니다.

앞에서도 언급했듯이 여성을 차별하는 분위기가 아직도

팽배한 우리나라의 경우, 이로 인해 발생되는 문제들은 상당히 많습니다. 취업상의 차별, 승진 및 보수상의 차별을 포함하여 가정폭력, 강간, 성희롱의 문제의 발생 빈도가 다른 선진국에 비해 월등히 많습니다.

이러한 문제를 해결하려면 많은 심리학자들이 이를 사회 여론화하고 쟁점화해야 합니다. 특히 심리학 분야에서는 앞으로 법정여성심리학자들을 많이 배출함으로써 여성의 권리가 법적으로 확보되는 계기를 만들어야 합니다. 사회 전체적인 분위기가 만들어져야 여성들의 목소리를 높일 수 있는 힘이 만들어집니다.

여성문제는 학술적으로도 연구되어야 합니다. 예를 들어 동성애자들에 대한 연구도 이에 포함되는데, 이제는 우리나라에서도 동성애자에 대한 사회적 편견이 점차 감소되고 있는 추세이긴 합니다. 얼마 전에는 미국에서 동성부부에게 결혼허가증을 발부해 논란이 된 적이 있었습니다. 따라서 앞으로는 동성부부가 어떻게 부부생활을 영위하며 또 이들이 자녀를 입양해 키울 수 있는가 하는 등에 대한 가정생활 문제도 연구의 초점이 되어야 할 것입니다.

6장

흔히 '정신질환'이라고 하면 나와 전혀 상관이 없는, 딴 세상 사람들의 병인 것처럼 생각합니다. 하지만 정신질환은 우리가 생각하는 것처럼 멀리 있지 않습니다. 누구에게나 찾아올 수 있는 질병이며 조금만 방심해도 우리를 깊은 나락으로 빠뜨릴 수 있는 무서운 병입니다.

가벼운 우울증이라고 생각해 무심코 지나친 것이 결국엔 엄청난 정신질환으로 발전하는 경우도 많습니다. 자신의 문제를 객관적으로 판단하고 적극적인 태도로 치료에 임한다면 가벼운 증상으로 그칠 수 있지만 이를 방치하다 보면 말그대로 우리가 말하는 '정신병자'로 일생을 마감해야 할지도 모르는 일입니다.

모든 병은 초기에 잡는 것이 중요하다고 합니다. 어쩌다 몸이 허약한 틈에 걸려버리는 감기처럼, 마음의 병도 그렇게 쉽게 들 수 있습니다. 하지만 너무 늦기 전에 전문가들로부터 심리치료를 받아 자신의 문제점을 알아낸다면 아무리 복잡한 실타래라도 의외로 쉽게 풀어나갈 수 있습니다.

이제부터 여러분의 정신세계를 탐구해 보도록 하겠습니다. 혹시 여러분 자신도 모르게 정신질환을 앓고 있었는지도 모를 일입니다.

지금 당신의 주변에도 있다; 정신질환의 실체

정신질환은 우리 가까이에 존재한다

왕따를 당한 학생이 아파트 옥상에서 우울한 표정으로 서 있고 그
뒤에는 그 학생을 손가락질하며 놀리는 친구들이 있다

우리가 심리학을 통해서 얻는 지식은 생각보다 실용적입니다. 그 중 하나가 정신질환에 대한 지식입니다. 정신질환에 대해 관심을 가지면 자신이 불행해지는 것은 물론 많은 사람을 불행으로부터 구원해 낼 수도 있습니다.

최근 왕따를 당한 청소년들이 자살하는 사건이 많이 일어납니다.

얼마 전 서울근교의 한 아파트에서 초등학교 6학년 여학생이 자살한 사건이 발생했습니다. 이 학생은 친구들을 저주하는 유서와 부모에게 미안하다는 글을 남기고 아파트 옥상에서 투신했는데, 아버지는 평소 딸이 친구로부터 왕따를 당해서 학교에 가기 싫어한다는 이야기는 들었지만 여자 애들이 괴롭히면 얼마나 괴롭히겠나하고 생각했었고, 그런 무심함 끝에 이런 참변을 당했습니다.

이 여학생은 왜 자살을 해야만 했을까요? 친한 친구로부터 모욕적인 따돌림을 받는 것도 괴로웠지만 더욱 불행한 것은 주변에 그러한 괴로움을 털어놓을 사람이 없었다는 사실입니다. 혼자서 이런 슬픔, 외로움, 분노가 삼키고 삼키다가 더 이상 살 수 없다고 생각했던 것입니다.

청소년의 자살이란 불과 십 몇 년 전만 하더라도 극히 드문 사건이었습니다. 그러나 최근 들어서는 왕따, 또는 성적부진으로 인해 청소년들이 자살하는 사건이 부쩍 늘고 있습니다. 주변에 진심으로 나에게 관심을 가지는 사람이 있고, 진지하게 함께 고민해주는 사람이 있었다면 과연 이들이 자살에까지 이르렀을까요?

정신질환에 둔감한 한국사회

　일반적으로 우리나라에서는 정신질환에 대한 상식이 절대적으로 부족합니다. 이는 심리학을 배운 사람도 마찬가지입니다. 필자의 경험을 한 번 이야기 해보겠습니다.

　대학원 시절 필자는 다른 과의 조교로 있던 어떤 선배를 알게 되었습니다. 그 선배는 조용한 성품에 후배들과도 잘 어울리는 사람이었습니다.

　그 선배를 알게 된지 5년이 지난 어느 해 나는 부산에서 선배를 우연히 만났습니다. 여름이라 친구들과 함께 휴가를 갔던 나는 숙소를 나와 혼자 거리를 거닐고 있었는데 그곳에서 정말 우연히 그 선배를 만나게 되었던 것이죠. 우리는 너무 반가워 카페에 들어가서 이런 저런 이야기를 나누었는데, 그 와중에 가만히 선배의 얼굴을 살펴보니 행색은 초췌하고 눈은 피곤에 취해 핏발로 빨개져 있었습니다. 평소와는 달리 입고 있는 옷도 깔끔하지 않고 이상하게도 고무신을 신고 있었습니다. 서울에서 봤던 선배의 모습과는 완전히 달랐지만 나는 휴가철이라 그런가보다 하며 그의 외모에 그다지 신경을 쓰지 않았습니다.

　그런데 그와 이야기를 나누다보니 약간 이상한 느낌이 들었습니다. 그는 모 교수에 대한 험담을 잔뜩 늘어놓았는데, 그 교수는 연구비 지출에 관해 평소에도 좋은 평을 받는 사람이 아니어서 어느 정도 그의 말에 수긍을 하면서 듣고 있었는데, 그 이야기가 너무 길어지면서 내용 또한 너무 황당한 험담으로 흘러가는 것입니다. 나는 좀 반신반의했지만 열심히 말하는 그의 이야기를 계속 듣는 수밖에 없었습니다.

한 시간 반쯤 지났을까. 친구가 있는 숙소로 돌아가야겠다는 생각에 이제 선배와 헤어지려 하는데 이상하게도 선배가 뒤로 쳐지는 것이었습니다. 선배가 먼저 카페라도 가자고 제안을 했고, 또 당시에는 선배가 찻값을 내는 것이 당연하게 여겨지던 시절이라 나는 좀 이상한 기분이 들었습니다. 하지만 얼마 안 되는 돈이라 필자가 지불을 하고 서로 헤어졌습니다. 그 때 돌아서는 선배의 고무신을 신은 뒷모습이 나에겐 이상한 느낌으로 남았습니다.

그리고 몇 달 후, 나는 서울에서 그 선배가 정신이상에 걸렸다는 소문을 들었습니다. 선배가 정신이상이란 것을 알게 된 내막도 아주 드라마틱합니다. 당시 그 선배의 지도교수의 부인, 즉 사모님은 종로에서 의료기판매점을 하고 있었는데 어느 날 갑자기 그 선배가 사모님의 가게에 나타나서는 다급한 목소리로 빨리 문을 걸고 셔터도 내려달라고 요청했습니다. 사모님은 남편이 아끼는 제자인데다 집에도 자주 놀러왔었던 그였기에 선배가 하라는 대로 허둥지둥 문을 닫고 셔터도 모두 굳게 내렸습니다. 그리고는 도대체 무슨 일이냐고 물었더니 선배는 자기가 지금 중앙정보부 직원에게 쫓기는 몸이라고 털어놓더랍니다. 사모님은 평소 선배가 학생운동을 하고 있다는 사실은 몰랐지만 선배를 좋게 보고 있었기 때문에 그의 말을 의심하지 않았습니다. 사모님과 선배는 대낮에 모든 창문을 모두 잠근 채 오들오들 떨면서 가게 안에 몇 시간이나 갇혀 있었습니다.

그 후에도 이런 일이 자주 반복되자 선배의 지도교수는 제자가 좀 이상하다는 생각을 하고 주의 깊게 관찰한 결과 그가 정신분열증, 특히 피해망상증을 앓고 있는 것을 알게 되었습니다. 선배의 사건을 알게 된 필자는 부산에서의 일을 떠올렸지요. 그 순간 그가 이미 그때부터 병을 앓고 있었다는 것을 깨닫게 되었습니다.

중요한 것은 첫번째 징후

선배의 입원소식을 듣고 필자는 적지 않은 죄책감을 느꼈습니다. 그와 동시에 나 자신을 한심하게 생각하지 않을 수 없었습니다. 이미 심리학을 4년 동안 배웠고 당시 대학원생으로서 서울대 학생지도연구소의 인턴으로 있었으며, 또 학부 때에는 권위있고 생생한 사례 위주의 정신위생에 관한 강의를 듣는 등 나름대로 정신위생에 대한 공부를 착실히 했다고 자부해 왔었기 때문입니다. 그런데도 부산에서 그 선배를 만났을 때 그가 정신질환을 앓고 있다고 전혀 의심하지 못했습니다. 그 때 그나 그의 지도교수에게 이 사실을 알려 도움을 주었다면 심각한 정신이상으로 발전하지 않았을지도 모르는 일이었습니다. 그가 평소와는 좀 다르다고 생각했지만 그의 행동이 이상하다고 판단하지는 못했던 것입니다.

여기서 필자가 말하고자 하는 것은 일반인의 경우에는 자기 주변 사람을 정신질환자로 가늠하기가 무척 어렵다는 사실입니다. 심리학을 전공한 사람조차 깜빡 속거나 그냥 지나치기 쉬울 정도니 일반인들은, 특히 주변에 있는 가족들이 그를 알아채기란 얼마나 어려울까요.

앞에서 언급한 왕따 문제로 되돌아가서 자살한 딸의 시체 옆에서 딸이 그 정도로 마음고생을 했을지는 정말 몰랐다고 울부짖는 아버지를 생각해 봅시다. 그 딸이 아버지 앞에서 얼마만큼 심각하게 자기의 괴로움을 털어놓았는지는 아무도 모릅니다.

만일 딸이 매일 울부짖으면서 난리를 쳤다면 아버지는 아마 딸의 이야기를 심각하게 생각하고는 어떤 대책을 마련했겠지요. 하지만 딸은 아마도 하소연하듯 눈물을 글썽이며 힘들다고 말했을 것입니다. 그래서 아버지는 '잘 되겠지, 여자친구들이니 못살게 굴면 어느 정도로 못살게 굴까'하고 낙관적으로 생각했고 딸이 자살할 것이라는 생각은 꿈에도 하지 못했습니다. 이 사건은 결국 부모가 딸의 호소를 알아차리지 못해 발생한 불행한 사건이었습니다.

우리는 지금 정신질환자와 함께 살고 있다

한 남자가 이상한 소리를 지껄이며 봉두난발을 한 채 길거리를 헤매고 있고 사람들은 그 모습을 힐끗 쳐다보고 있다. 그 옆에는 엠블런스가 서 있고 의사들이 그를 잡아가려 하고 있다

주변에 심한 정신질환을 앓고 있는 사람에 있나요? 어떤 행동을 보여주나요?

그 사람을 보기만 해도 정신질환자라는 당장 판단을 할 수 있는 사람들이 있습니다. 예를 들어 길거리에서 이상한 말을 중얼거리면서 지나가는 행인을 보면 그가 정신이상자라고 한번에 알아볼 수 있습니다. 과거에는 봉두난발하고 남루한 옷을 입은 채 거리를 정신없이 헤매는 걸인이 더러 있었습니다. 이런 사람은 분명히 보통이 아닌 옷차림새와 행동을 하기 때문에 우리는 쉽게 그를 정신이상자라고 생각합니다. 그러나 최근에는 정부기관에서 이런 무연고 정신이상자들을 붙잡아 치료기관에 강제로 입원시키기 때문이지 우리 주위에서 더 이상 이런 사람들을 찾아보기는 힘듭니다.

그러나 이런 심각한 정신이상자들보다 많은 정신질환자들은 겉으로 보기에는 아무런 이상이 없습니다. 그 사람의 얼굴이나 말하는 것만 보아서는 그가 정신질환을 앓고 있는지 아닌지 도대체 알 수가 없습니다. 그리고 우리와 늘 같이 생활하던 사람이 갑작스레 이상한 행동을 보이더라도 '조금 이상하다'라고 생각할 뿐 정신이상자일거라는 의심을 하기는 힘듭니다. 앞에서 말한 선배처럼 멀쩡하던 사람이 갑작스럽게 이상한 행동을 해도 주변 사람들은 그대로 믿을 뿐 설마 그가 정신질환을 앓는다고 생각하지는 않습니다.

이처럼 우리는, 특히 일반인은 많은 사람들 사이에서 정신질환자를 가려내기가 무척 어렵습니다. 그렇기 때문에 우리는 정신질환자와 같이 어울려 같이 살다가 아주 끔찍한 사건을 겪기도 합니다.

얼마 전 발생한 끔찍한 사건이 있습니다. 한 정신병자가 유치원 식당에 침입해 점심을 먹고 있던 유치원생 몇 명을 칼로 찔러 살해한 사건이었습니다. 그 사람은 자기가 무슨 행동을 하고 있는지도 모르는 무의식 상태에서 칼부림을 했다고 진술했습니다. 또 몇 년 전에는 여의도 광장에서 어떤 청년이 눈을 감은 채 자동차로 질주해 무고한 행인을 여러 명이나 해친 사건이 있었습니다. 유치원생 살해범도 정신이상자였고 무모한 운전사도 마찬가지였지만 그가 정신이상자라는 사실을 몰랐던 피해자들은 그저 당하는 수밖에 도리가 없었습니다. 또 다른 예로, 여러분은 대구지하철 참사를 기억하고 있을 것입니다. 범인은 달리는 지하철에서 시너통에 불을 붙였고 순식간에 수많은 승객들이 화염에 휩싸여 사망했습니다. 그런데 조사 결과 그 방화범은 과거에 정신과적 병력이 있었던 사람으로 밝혀졌습니다. 만약 그가 치료를 잘 받아 건강을 되찾았더라면 이러한 불행은 발생하지 않았겠지요.

'성격'이란 장에서 언급했던 부모토막살해범 이○○의 경우도 정신질환의 측면에서 살펴보아야 합니다.

그는 부모로부터 스파르타식의 강압적 양육을 받아오면서 주눅들어있던 성격에, 중학교시절부터 고등학교, 군대에서까지 친구와 동료들로부터 왕따때문에 분노와 우울증이 누적되어 있었습니다. 물론 이○○가 정신이상자였던 것은 아닙니다.

극악한 살해범의 경우, 정신질환자로서 이성과 판단력을 잃은 상태에서 범죄를 저지르는 것이 대부분이지만 이○○은 그렇지 않았습니다. 그는 부모를 살해할 당시 자신이 무슨 짓을 저지르고 있는지, 또 그 결과가 어떠할 것이라는 것을 잘 인식하고 있었습니다. 그러나 이○○은 자기의 충동을 통제할 수 없을 정도로 극심한 스트레스에 놓여있었기 때문에, 스스로 나쁜 짓이라는 것을 알면서도 보통 사람들은 상상도 못할 부모토막살해라는 엄청난 범죄를 저질렀습니다.

왕따를 당해 자살한 초등학생의 경우도 이○○의 심리와 비슷한 점이 있습니다. 그 학생도 이○○도 모두 왕따를 당하면서 모두 자기의 내면에 우울, 분노을 짙게 쌓았습니다.

그런데 초등학생은 자살한 반면 이○○은 왜 스스로 목숨을 끊지 않고 부모를 살해했을까요?

이○○과 초등학생이 극명하게 다른 점이 있습니다. 이○○의 경우는 어릴 때부터 부모에 대한 원망이 쌓여있었고, 초등학생은 부모와의 관계에 전혀 문제가 없었습니다.

그러나 자살과 타살은 백지 한 장 차이.

프로이트는 '어떤 분노의 대상에 대해 우리가 공격할 수 없으면 그 분노가 자신에게로 향해져 자살한다'고 설명합니다. 즉 자살이란, 죽도록 미운 대상을 죽일 수 없기 때문에 결국 자기를 대신 죽이는 것으로, 초등학생은 왕따를 시킨 학생들을 죽일 수 없으므로 그 분노가 안으로 향해 결국 자신을 죽인 것입니다. 반면, 이○○씨는 분노를 밖으로 표출하여 부모를 살해했습니다.

현실감각이 있으면 노이로제, 현실감각이 없으면 정신병?

왕따 때문에 자살한 초등학생, 그리고 부모토막살해범 이○○은 정서적 문제(emotional problem)가 있는 사람들입니다. 한편 앞에서 언급한 필자의 선배는 정신분열증 환자입니다.

일반인들에게는 어려운 전문용어들입니다. 여러분들이 이러한 용어보다 더 익숙하게 들어왔을 '정신병'과 '노이로제'란 설명해보겠습니다.

사실 얼마 전까지만 해도 정신과에서 '정신병'이니 '노이로제'니 하는 용어를 써 왔습니다만 지금은 좀더 순화된 용어를 사용합니다.

정신병과 노이로제를 구분하는 방법은 간단합니다. 정신병자는 자기 자신과 시간적, 공간적 이해, 그리고 대인관계를 인식할 수 있는 능력, 소위 지남력(orientation)이 없는 사람들입니다. 즉 그들은 오늘 날짜도, 자기가 현재 어디에 와 있는지조차 모릅니다. 이렇게 현실감각이 없을 정도로 정신이 황폐한 사람은 정신병으로 진단합니다. 대부분 바로 입원치료가 필요합니다. 반면 노이로제는 신경이 날카롭고 예민하지만 지남력이 있는 사람들입니다. 그래서 이런 사람은 입원보다 통원치료를 합니다.

정신병과 노이로제 사이에는 또 다른 중요한 차이가 있는데, 정신병자는 자기가 정신병자가 아니라고 생각하는 반면 노이로제 환자는 스스로 정신병자라고 인정합니다.

그래서 정신과 의사가 '당신은 어떻게 해서 병원에 왔습니까?'라고 물었을 때, 환자가 '나는 정신이 멀쩡한데 가족들이 정신병자로 몰아서 강제로 왔다'고 말하면 의사는 그를 정신병자로 간주하여 즉각 입원시키고, 반대로 '나는 정신병자이기 때문에 오게 됐다'고 말하면 노이로제 환자로 취급하여 통원치료를 권합니다.

노이로제 환자는 불안, 불행감을 갖지만 입원을 해야 할 정도로 심각하지 않은 사람들로 사회에서 뛰어난 능력을 발휘하지는 못해도 구성원으로써의 기능을 할 수는 있습니다. 반대로 정신병자는 생각과 행동이 비현실적이고 혼란스러워 일상생활을 하지 못할 뿐만 아니라 남에게 해를 끼치는 행동을 합니다.

여러 가지 증상에 따라 다양하게 분류하고 정도에 따라 치료한다

그러나 최근에 들어서는 정신질환을 이렇게 이분법적으로 분류하지는 않습니다. 노이로제 환자라고 해서 반드시 외부를 향한 위험수준이 낮다고 볼 수 없는 이유 때문입니다. 이들은 지남력이 있고 겉으로 보기에 심각한 정도의 정서적 장애를 보이지는 않지만, 그렇다고 해서 정신병자보다 덜 심각하다고 진단할 수 있는 근거도 없습니다.

예컨대 앞에서 말한 부모토막살해범 이OO도 정신병자가 아니었고 왕따로 자살한 초등학생의 경우도 마찬가지였습니다. 그러나 이 두 사람은 정신병자 못지않게 불행한 결정을 내렸고, 결국 이들도 일찍부터 입원 치료가 필요했던 사람들이었던 셈입니다.

지금 당신의 주변에도 있다; 정신질환의 실체

정신질환의 종류와 증상

최근에는 정신질환자를 과거처럼 단순하게 노이로제와 정신병환자 두 가지 방식으로 분류하지 않고 환자가 보이는 여러 가지 증상에 따라 세부적으로 분류합니다. 노이로제환자나 정신병환자는 그 증상에 있어서 비슷하지만 정신병자의 증상이 노이로제 환자에 비해 좀더 심각하게 나타납니다. (정신병으로 간주되는 정신분열증 환자의 경우는 노이로제와는 달리 망상, 환상 등의 증상이 더 추가됩니다) 따라서 과거처럼 노이로제 환자는 통원치료, 정신병자는 무조건 입원치료라는 이분법적 방법보다는 증상에 따라 분류하고 치료 방법을 선택합니다. 여기에서는 최근 미국 정신의학협회에서 만든 정신질환 분류집에 따라 정신질환을 분류하고 그 환자들의 예를 살펴보겠습니다.

성격장애: 편집증, 회피, 의존, 강박증, 반사회적 행동

· 아동학대와 정신적 충격이 주요 원인

성격장애는 인지, 감정, 대인간 관계, 충동통제 중 최소한 두 가지 이상의 영역에서 적응하지 못하고 지속적으로 문제점을 나타내는 상태를 말합니다. 성격장애자 속에는 편집증, 정신분열증적 성격, 반사회적 성격, 경계선, 자기애적(Narcissistic), 회피, 의존, 강박장애 등이 포함됩니다. 물론 이러한 범주는 명확히 그 경계가 구분되는 것이 아니므로 각 범주 간에는 중복이 있을 수도 있습니다.

성격장애가 왜 생기는지에 대해서는 여러 가지 주장과 가설이 있습니다. 많은 생리학자는 반사회적 성격장애자의 뇌는 처음부터 정상인과 다르다는 관점에서 시작합니다. 그리고 어려서 받는 학대와 기타 정신적 외상(trauma) 또한 성격장애를 초래합니다. 그러한 점에서 부모토막살해범 이OO과 여의도 광장에서 차를 난폭하게 몰아 불특정 다수를 죽이려한 젊은이는 성격장애에 해당되는 것이죠.

또 다른 종류의 반사회적 성격의 사례를 소개해 보겠습니다.

CASE

"원조교제를 미끼로 나체 사진 찍어 협박한 대학생"

김OO(20세)는 2001년 11월, 컴퓨터 채팅을 통해 각각 대학생과 고등학생인 2명과 무직인 여자(16세) 한 명을 만나 원조교제를 제의했습니다. 이들과 성관계를 가진 김○○는 돈을 준다는 약속과 달리 여성의 나체사진을 찍은 다음 "학교의 대자보에 실을 것이다. 인터넷에 올릴 것이다"라고 협박해 2명의 피해자로부터 여러 차례 돈을 강탈했습니다. 이중 고등학생인 피해자에게는 300만원을 요구했는데, 그녀가 돈이 없다고 말하자 "그러면 원조교제를 해서라도 돈을 내 놓으라"며 윽박질렀습니다. 돈을 마련할 길을 찾지 못한 그녀는 끈질긴 협박에 견디다 못해 그를 경찰에 신고하여 체포되었습니다.

놀랍게도 범인은 모 지방대학 2학년에 재학 중인 평범한 대학생이었습니다. 김○○의 범행 동기를 캐던 중 경찰은 대기업에서 근무하다 퇴직한 아버지의 사업 실패가 범행의 한 원인이 되었다는 것을 알았습니다. 퇴직하고 자영업을 시작한 아버지의 계속되는 사업 실패로 서민아파트로 이사했던 김○○은 집안의 어려운 사정에 강한 불만을 가지면서 돈에 대한 집착이 더욱 커져만 갔습니다.

체포된 김○○는 피해자들에게 대해 죄책감은 별로 없다고 말했습니다. 오히려 학생신분으로 원조교제를 하려 한 피해자들이 나쁜 학생들이라며 "피해자와 성관계를 맺고 약속한 돈을 지불하지 않은 것과 그들로부터 돈을 갈취한 것은 그녀들의 원조교제를 막기 위한 것이었다"는 억지스러운 주장까지 펼쳤습니다.

김○○의 경우는 성격장애 중에서도 반사회적 성격자로 분류됩니다. 반사회적 성격자는 사회적 정의에 대해 양심이 부족하고 죄를 범한 후 피해자에 대한 동정심을 갖지 않는 특징이 있습니다. 또한 대체로 지능이 높아 사기죄를 범하는 경우가 많고, 김○○의 경우와 같이 자기의 죄를 최대한 합리화하려 듭니다.

불안장애: 막연한 불안감, 근심걱정 스트레스에 과민

·내부에 쌓인 감정과 갈등으로 발생

현대인이라면 누구나 한번쯤 불안한 마음을 가져 본 적이 있을 것입니다. 하지만 일반인들은 그런 불안을 극복하고 시간이 지나면 쉽게 망각하는 것에 반해, 불안수준이 높고 장기간 지속되어 일상생활에 지장을 받는 사람들이 있습니다. 고소공포증 때문에 엘리베이터를 타지 못하는 사람 등이 이러한 불안장애자에 해당합니다.

불안장애에는 공황장애, 광장공포증, 공포증, 강박장애, 외상 후 스트레스 장애, 그리고 범(凡)불안 장애가 있습니다. '외상 후 스트레스'는 어떠한 재난을 겪은 사람이 주로 갖게

'불안' '근심' '긴장'에 시달리고 있는 사람

되는 증상으로, 삼풍백화점 붕괴사건에서 살아남은 사람들이
나 대구지하철 참사에서 생존한 사람들은 그 사건 이후 극심
한 '외상 후 스트레스'로 인한 불안장애에 시달리고 있습니다.

그러나 다른 불안장애는 유전적 원인, 심리적 원인으로
생깁니다. 공황장애가 그 대표적인 것으로 아래의 사례는 공
황장애자가 자기의 증상을 하소연한 내용입니다. 일반 사람
들은 공황장애자가 겪는 이러한 어려움을 선뜻 이해하지 못
합니다.

CASE

"알 수 없는 공포로 외출조차 할 수 없다"

"내가 거리를 걷고 있을 때, 달빛이 비추고 있었고 마치 꿈
을 꾸고 있는 듯 갑자기 내 주위 상황이 낯설게 보였다. 공포심
이 생겼지만, 그것을 떨치고 계속 걸었다. 공포심이 점점 더 커
지는 것을 느끼면서 조금 더 갔다.

이 때 식은땀이 났으며, 몸이 떨렸다. 내 가슴은 방망이질하
였으며 내 다리는 흐느적거렸다. 공포에 질려 멈추어 섰으나 나
는 어떻게 해야 좋을지 몰랐다. 겨우 제 정신이 들어 집으로 돌
아가야겠다는 생각을 했다. 어쨌든 길가의 울타리를 잡으면서
천천히 발걸음을 옮겼다.

어떻게 집으로 돌아왔는지 통 기억이 나지 않았다. 집안에
들어서자 나는 쓰러졌고 무기력하게 울었다. 며칠 동안 다시는
밖에 나가지 않았다. 다시 외출한 것은 어머니, 아기와 함께 십
리쯤 떨어진 할머니 집을 가기 위해서였다. 그 집에서도 공포가
엄습했는데 아기가 있었는데도 어쩔 줄 몰랐다. 나의 사촌은 우
리보고 아주머니 집으로 가보라고 했으나 거기서도 또 다른 공
포가 내습했다. 분명히 죽을 것만 같은 느낌이 들었다.

이 일이 있은 후, 나는 혼자서 외출할 수가 없게 되었고 누
가 같이 있어도 어려움은 마찬가지였다. 나는 기절할 것 같은

공포심에 사로잡혀 있을 뿐 아니라, 그러한 공포심을 또 생길 것이라는 두려움 속에 살고 있다."

이처럼 불안장애자는 매일 알 수 없는 긴장 속에서 살고 있습니다. 그들은 막연하게 불안하고 항상 근심하며 사소한 스트레스에 과민하게 반응합니다. 대부분의 불안장애자들은 자기가 왜 두려워하는지 모릅니다. 이 장애는 외부의 어떤 사건에 의한 것이기보다는 환자 내부에 쌓인 감정과 환자의 갈등문제로 생깁니다.

해리장애: 일명 다중인격자

· 아동기에 신체적, 성적 학대로 인한 증상

해리장애에는 해리성 기억상실, 해리성 둔주, 이인화 장애, 해리성 정체 장애 등이 있습니다. 이 장애의 특징은 불안 또는 갈등이 극심하여 개인의 성격 일부가 의식기능으로부터 분리되는 것입니다. 과거에는 한 사람 안에 여러 가지 인격이 존재한다고 해서 소위 다중성격 장애라고 불렸지만 최근에는 이러한 명칭을 쓰지 않습니다.

해리장애자들은 일시적으로 성격적 정체성을 상실하거나 주위환경을 알아보지 못합니다. 많은 연구자들의 연구에 의해 해리성 정체장애를 가진 환자들의 대부분은 아동기 때 신체적으로나 성적으로 학대받은 경험이 있음이 밝혀졌습니다.

해리장애는 외상을 주는 큰 정신적 사건을 경험한 사람들에게 나타나기 쉽습니다. 예컨대 성폭행을 당해 그 충격이 심각한 사람은 성폭행 이전의 기억을 전혀 못하는 경우입니

다. 즉 자기가 성폭행 당하기 전에 어디에서 무슨 일을 했었
는지를 기억하지 못하는 기억상실증상이 나타나는데, 이러한
기억 상실은 환자가 자신이 겪은 성폭행을 망각하려는 자의
적인 의도때문입니다. 해리성장애자의 예를 들어보겠습니다.

CASE

"딸의 죽음을 인정하고 싶지 않아 기억상실에 걸린 어머니"

60세의 여자가 정신과로 이송되었습니다. 환자는 건강하고
고집이 센, 외향적인 성격의 소유자였습니다. 슬하에는 2남 4녀
를 두었는데, 그 중에서도 똑똑하고 공부를 잘 하는 둘째딸에게
많은 기대를 했습니다. 그런데 그 딸이 갑자기 학업을 포기하고
결혼을 하겠다고 하자 환자를 매우 실망시켰습니다. 어머니의
기대를 저버리고 결혼한 둘째 딸은 성격차이를 이유로 결국 5
년 전부터 별거에 들어갔습니다. 딸은 중단했던 공부를 계속하
기 위해 1년 전 미국으로 갔고 외손자는 유학 중간에 환자에게
맡겨졌습니다.

환자는 늘 미국에 있는 딸 걱정을 했습니다. 그런데 환자가
입원하기 전날, 미국에 있는 딸이 빗길에서 과속으로 달리다 차
가 전복되어 사망했다는 갑작스런 비보가 전해졌습니다. 이 소
식을 들은 환자는 크게 목놓아 울다가 갑자기 아무렇지도 않은
표정을 지었습니다.

그리고는 주위 사람들에게 간밤에 꿈에서 딸을 보았는데 잘
지내고 있는지 모르겠다며 왜 집안 식구들이 다 모였느냐는 엉
뚱한 말을 했습니다. 계속해서 이런 식의 행동을 하는 그녀를
가족들은 결국 병원에 데리고 왔습니다.

이 환자는 평소 아끼던 딸의 사망소식에 충격으로 그 사
실을 의식 속에서 제거하려는(해리하는) 노력을 했고 그 때

문에 기억상실 증상이 나타났습니다. 이런 기억상실은 환자 스스로가 자초한 것이지만 무의식 속에서 노력한 것이기 때문에 결국 환자 자신은 이러한 사실을 모릅니다.

성적 장애: 성기능 장애, 성도착증, 성정체성 장애

· 정신분석과 행동주의 기법을 병행 치료

성적 장애에는 성기능 장애, 성도착증, 성정체성 장애가 있습니다. 최근에는 성기능 장애를 치료하는 방법이 많이 개발되었습니다.

특히 카플란(Kaplan)은 정신분석과 행동주의기법을 결합한 치료법을 개발했는데, '그녀는 성적 장애치료 시 부부가 서로를 환자로 보지 말 것', '부부간의 친밀한 관계 유지', '치료받아야겠다는 욕구'를 무엇보다 중요한 조건으로 역설합니다.

21세기에는 성도착증 중에서도 남을 괴롭히는 성도착증에 대한 관심이 높아지고 있습니다. 특히 소아 성애(pedophilia)는 아동에 대한 성적 공격, 즉 강간으로 나타나는데 어떤 사람이, 왜, 아동을 강간하는지에 대한 심리학자들의 관심이 높아가고 있습니다.

성적 장애자의 치료문제에 대해서는 논의가 분분합니다. 어떤 학자들은 거세, 호르몬치료, 혐오치료와 같은 생리적 방법을 제안하는데 반해 어떤 사람들은 피해자 공감훈련과 같은 인지적 방법이 더 효과적이라고 주장합니다.

성정체성 장애는 자기의 생물학적인 성(즉 남자 또는 여자)에 혼란을 느끼는 사람입니다. 즉 생물학적으로는 남자(여자)지만 여자(남자)로 자처하거나 여자(남자)가 되기를 원하는 사람들을 말합니다. 여기에서는 성 정체성장애를 가진 사람의 예를 보겠습니다.

· "여자가 되고 싶어요" 트렌스젠더는 정신질환자인가?

조는 17세의 남자로 5남매 중 막내입니다. 딸을 원했던 어머니는 그가 태어났을 때 몹시 실망하긴 했지만 그는 어머니로부터 가장 많은 사랑을 받으며 자랐고 일에 바빴던 아버지와는 접촉할 시간이 별로 없었습니다.

남자이지만 여장을 한 사람이 '난 여자야'라고 말하고 있다

조는 아주 어린 시절부터 자기 자신을 여자로 생각했습니다. 그는 5세 때 자발적으로 여장(女裝)을 시작했고 이 같은 행동은 중학교 때까지 계속됐습니다. 그의 어머니는 이 때부터 그가 요리, 뜨개질, 십자수, 수놓기에 관심을 갖고 백과사전을 읽으며 이 기술을 익혔다고 말합니다. 그의 형은 그가 사냥과 같은 '남성적인' 활동을 싫어한다고 비웃었습니다.

조는 대부분의 경우, 여자아이들과 어울렸고 1학년 때에는 남자친구에게 강한 매력을 느낍니다. 그리고 12세 때에는 자신이 여자로서 남자와 성 관계를 갖는 환상을 가졌고, 15세 때에 이르러서는 극도로 여성적인 행동을 하여 학교에서 멸시와 조롱의 대상이 되었습니다. 소극적이고 내향적이었던 그는 이 시기에 가출을 하고 자살을 기도하기도 합니다.

그는 고등학교에 계속 다닐 수 없게 되자 유일한 남자로 비서학교에 입학합니다. 의사와의 첫 면담에서 그는 "나는 남자의 겉모습을 하고 있지만 여자이고 수술을 받아 여자가 되고 싶다"고 말했습니다.

최근에는 성정체성 장애자를 과연 정신질환자로 볼 수 있는가 하는 문제가 심각하게 논의됩니다. 조가 선천적으로 여성적 경향성을 타고 났는지, 아니면 그의 어머니의 소망을 반영한 것인지는 확실하지 않습니다. 그러나 자기의 성 정체를 다른 성으로 바꾸고 싶어하는 사람들이 적지 않고, 이들이 그 이외의 정신적인 문제를 갖고 있지 않은 경우가 대부분이므로 이들을 정신질환자 또는 이상성격자로 보는 문제는 앞으로 끊임없는 논란의 대상이 될 것입니다. 우리나라의 트렌스젠더 연예인 하리수는 법원에 자기 호적의 성을 바꾸어 달라는 청원을 정식으로 제출했고 법원은 그, 아니 그녀의 소원을 들어주었습니다.

기분 장애: 유전과 생애 스트레스가 주요 원인

사람들은 모두 어느 정도의 기분장애를 경험합니다. 그리고 어떤 때는 누구나 우울하고 그 우울증상이 기분장애로 진단받을 정도로 심각해지기도 합니다. 미국에서 연구한 바에 따르면 일생 중 한 때나마 기분장애를 겪는 사람의 숫자는 인구 100명중 남자는 13명, 여자는 21명이라고 합니다. 즉 여자가 남자보다 기분장애를 겪는 경우가 더 높습니다.

왕따때문에 자살한 초등학생, 성적 때문에 자살한 남학생은 이 장애의 희생자들입니다. 기분장애에는 여러 가지 원인이 있는데 생애 스트레스가 가장 크게, 유전 역시 상당한 영향을 줍니다. 자살에도 유전이 주는 영향이 크다고 하니 놀라울 따름입니다.

이러한 우리들의 기분을 생화학적으로 연구하는 사람들이 있습니다. 최근에는 기분의 생화학적 물질에 대한 연구가 큰 결실을 맺고 있는데 노어에피네피린, 도파민, 세라토닌 등의 물질이 기분장애 또는 우울증과 깊은 관계가 있음을 밝혔습니다. 이를 토대로 개발한 우울증 치료제인 '프로젝(projec)'은 기적의 약으로 인정되어 우울증 환자들에게 큰 도움을 주고 있습니다.

우울증이 어떤 병인지는 누구나 잘 알고 있습니다. 그렇기 때문에 여기서는 그 예를 들기보다 우울증을 치료하는 방법 중 하나인, 인지적 치료방법에 대해서 설명해보겠습니다.

엘리스라는 심리학자는 우리가 비합리적인 생각을 하며 자신의 실패나, 실수, 그리고 다른 사람으로부터의 거절과 관련해 너무 자신을 학대한다는 사실을 환기시켰습니다. 이러한 원리를 토대로 그는 소위 '합리적-정서적 치료(Rational-Emotive Therapy; RET)'를 개발했는데, 그가 제시한 여덟 가지 비합리적 사고를 아래에 소개합니다. 일반인들은 이 비합리적 사고를 흔히 합리적이라고 생각하여 자기 자신을 학대하고 그래서 우울증의 늪에서 벗어나지 못합니다. 여러분도 이런 비합리적인 사고로 스스로를 괴롭히고 있진 않은가요?

1. **나는 모든 사람으로부터 항상 사랑받고 인정받이야 힌다**

　우리가 남으로부터 손쉽게 사랑을 받을 수도 있지만 남이 우리를 꼭 사랑한다는 보장은 없습니다. 모든 사람으로부터 사랑을 받으려고 기대하는 것은 불가능하고 비논리적임에도 불구하고 많은 사람들은 한 두 사람으로부터 미움을 받으면 크게 상처를 받습니다.

2. **능력이 있고 다른 사람들과 잘 어울리며 성공해야만 가치가 있는 사람이다**

　인간에게 있어서 가장 중요한 생의 목표는 행복한 것이고 자신의 본성을 충족하는 것입니다. 다른 사람들로부터 인정 받는 것을 지나치게 중시하는 것은 인간을 본질을 벗어난 인 생을 살게 하기도 하고 다른 사람과 불필요한 경쟁을 하게 만듭니다.

3. **어떤 사람은 나쁘고 간악하며 비열하므로 처벌을 받아야 한다**

　사람은 유전과 환경의 영향으로 나쁜 길에 빠질 수 있습 니다. 사람들이 때로 실수하는 것은 너무나 현실적인 일입니 다. 누구나 현재보다 더 잘 되기 위해 노력하며, 항상 완벽한 사람은 없습니다.

4. **내가 바라는 대로 일이 진행되지 않으면 그것은 큰 불행이다**

　사실, 세상은 항상 합리적이고 공평하고 친절하지 않습니다. 내맘대로 안되는 일이 더 많다는 보편적인 사실은 누구나 인정하지만 나에게 닥친 일은 인정하기 싫어합니다.

불가능 한 것을 기대하기 때문에 불필요하게 비참해지고 효과적인 대응책을 마련하지 못하기도 합니다.

5. 사람은 자기 자신의 정서적 경험을 조형할 능력이 없다

자기가 행복하거나 슬픈 것은 타인이 어떻게 해주고 세상이 어떻게 돌아가는가에 달려 있습니다. 그러나 사람은 다른 사람이 자신을 화나게 만들지의 여부를 결정할 수 있는 선택권을 갖고 있습니다. 즉 자기가 하기에 따라 남들이 나를 좋아하고 싫어할 수 있게 만들 수 있습니다.

6. 만일 어떤 일이 위험하고 두려운 것이라면, 그 일에 관해 깊이 생각해야 하고 그 일이 발생할 가능성에 대해서 노심초사해야 한다

만일 당신이 그 일에 대해 충분한 준비를 했다면, 더많이 생각하고 더 많이 걱정한다고 해서 달라질 것은 아무 것도 없습니다.

7. 생활 속의 의무와 곤경을 직면하기보다는 이를 회피하는 것이 더 쉽다

단기적으로 보면 어려움을 회피하는 것이 훨씬 쉽지만, 장기적으로 볼 때 그 일이 나의 문제라면 결국은 나에게 다시 돌아옵니다.

모든 일은 우리가 문제를 직면할 때 더 빨리 현명하게 해결할 수 있습니다.

8. 우리는 자신을 돌볼 사람이 필요하다

엘리스의 생각대로라면 의존에 대한 대가가 너무나 큰 인생이 됩니다. 그는 인간은 안전을 보장받기 위해서 자기의 자유를 포기하고 안전을 획득하지 못한 채 생을 마감한다고 주장합니다.

위에서 설명한 엘리스의 비합리적 사고를 읽어보면 여러분은 자신이 얼마나 잘못 생각해 왔고, 얼마나 자신을 쓸데없이 학대해 왔는지 알 수 있습니다. 위와 같은 무의식중에 스스로를 억압하고 있는 잘못된 사고방식을 바꾸면 우리들은 의외로 자기 자신이 행복하다는 것을 느끼게 될 것입니다.

정신분열증: 망상, 환각, 언어장애, 의사소통결핍

모든 정신병은 정신분열증으로 통한다는 말이 있습니다. 그만큼 정신분열증은 과거 정신병이라고 부르던 범주에서 제일 많이 볼 수 있는 증상으로 개인의 삶을 황폐화하는 아주 심각한 질병입니다.

앞에서 얘기한 다른 정신 장애와 마찬가지로 정신분열증은 범주적(categorical)이 아닌 차원(dimension)으로 연구됩니다. 그렇다면 범주와 차원은 어떻게 다른 개념일까요?

예를 들어 남녀는 각기 다른 범주입니다. 그러나 아동과 청소년은 남자라는 범주에서는 서로 같지만 그 연령의 차원 상에서 서로 다릅니다. 마찬가지로 정신분열증에 차원이 있다는 의미는 같은 정신분열증이지만 그 증상의 내용이 서로 판이하게 다르다는 것을 말합니다. 정신분열증의 대표적 차원으로는 양성-음성(positive-negative)차원과 처리-반응성(process-reactive)차원이 있습니다.

양성적 증상에는 망상, 환각, 언어장애, 행동장애 등이 있으며 이것이 정신분열증의 가장 대표적인 증상입니다. 음성적 증상은 정서적 무반응성, 의사소통결핍, 동기상실 등이 있습니다. 처리-반응성 차원은 환자의 증상이 점진적 퇴보과정 또는 스트레스에 대한 반응 중 어떤 쪽으로 나타나는가에 따라 구분하는 것입니다.

여기서 정신분열증 환자 증상을 사례를 통해 살펴보겠습니다.

잘생기고 건강해 보이는 19세 소년 W.G는 가족 주치의의 권고에 따라 정신과 진찰을 받았습니다. 그가 입원시키면서 부모는 아들의 행동이 지난 몇 달 동안에 급격히 바뀌었다고 말했습니다. 고등학교에서 충실한 학생이었던 그는 최근 대학에서 제적을 당했는데 그 이유는 믿을 수 없게도 모든 과목에서 낙제했기 때문이었습니다.

그는 수영, 역도, 육상 등 개인 운동종목에서 뛰어난 재능을 보여 상장을 받은 적도 있었지만 지금은 운동을 전혀 하지 않는다고 했습니다. 그는 평소 자기 건강에 많은 주의를 기울여 왔기 때문에 신체적 이상에 대해서는 걱정 해본 적도 없었는데, 지난 몇 주 동안 머리와 가슴에 큰 이상이 생긴 것 같다고 불평했습니다. 지난 며칠 동안 환자는 대부분의 시간을 방에서 지내면서 용모와 행동에 무관심하고 물끄러미 창 밖을 응시하는 등 평소 그답지 않은 행동을 보였습니다.

이처럼 환자의 행동 면에서도 심한 변화가 감지됐지만, 그보다는 부모와의 대화를 통해 환자의 어린 시절과 성장과정에서 정서상태가 건강치 못했다는 것이 드러났습니다. 그는 특수한 상황을 제외하고는 항상 매우 부끄러워했으며, 자유시간의 대부분을 혼자서(또는 역기와 씨름하면서) 보냈습니다. 그가 체육에서 상당한 업적을 쌓았음에도 불구하고 그는 정말로 친한 친구가 한 명도 없었습니다.

담당 의사는 환자와의 대화가 잘 되지 않아 정상적인 진찰이 불가능하다고 말했습니다. 대체로 소년은 스스로는 얘기하지 않고 직접적인 질문에는 감정의 표출이 없이, 딱딱하고 어조가 없는 말로 대답하거나 가끔 질문과 관련이 없는 것을 대답하기도 했습니다.

검사자들은 잠시 동안 그와 이야기를 나눈 직후에도 그 대화내용이 무엇이었던가를 파악하기가 무척 힘들어서 환자와의 대화를 기록하는 데에 어려움이 있었습니다.

때로는 환자의 말과 감정의 표현 사이에 부조화가 일어났습니다. 예를 들면, 지난 가을 어머니를 몸져눕게 한 병에 대해 걱정스럽게 이야기하면서도 환자는 계속 웃고 있었지요.

환자는 때로 심하게 동요하기도 하였고, 깊은 호기심을 가지고 대화하기도 했습니다. 어떤 때는 뇌 속에서의 전기감각과 전기 흐름에 관해 말하다가도 불쑥 밤중에 깨어 누워 있을 때는 "너는 이 일을 해야만 된다"라는 반복되는 명령을 듣는다고 고백했습니다. 환자는 때때로 외부의 힘에 의하여 저도 모르게 부모에게 폭력행위를 자행하는 생각도 했던 것으로 진술했습니다.

정신분열증은 유전이다?

정신분열증환자에게서는 흔히 망상, 환상, 환청 등이 나타납니다. 위의 사례에서나 앞에 말한 필자의 선배에게서도 망상, 즉 피해망상 증상이 있었습니다.

정신분열증의 원인에 대해서는 생물학적 요인이 강력하게

제기되었지만 전문가들은 정신분열증환자의 뇌가 정상인과는 다르다는 확신을 가질 뿐 아직 형태학상, MRA상의 차이는 발견하지 못하고 있습니다.

한편 정신분열증의 유전적 영향에 대한 증거는 점차 쌓이고 있습니다. 유전적인 영향이 크다는 것을 강력하게 시사하는 것은 일란성 쌍둥이의 정신분열증 일치율이 48%나 된다는 사실입니다. 즉 일란성 쌍둥이 중 한 쪽이 정신분열증에 걸리면 다른 한쪽도 이 병에 걸릴 확률이 약 절반이나 된다는 높은 수치입니다. 이 일치율은 100%가 아니므로 이 병을 완전히 유전으로 돌리기는 어렵지만 앞으로 연구자들은 정신분열증의 유전을 소지한 52%의 쌍둥이가 정신분열증환자가 되지 않도록 해주는 환경요인이 무엇인가를 밝혀내는 데에 주력할 것입니다.

· 획기적인 치료약 개발로 완치됐으나 기억을 잃다

지금까지는 정신분열증의 원인에 대한 연구보다 치료방법의 연구가 더 우선이었습니다. 학자들의 연구가 앞다투어 진행된 결과, 세로토닌 차단제인 클로자파인(Clozapine)이 개발되어 20세기 말에 난치병으로 생각되던 정신분열증이 완치되기에 이르렀습니다.

몇 년 전 타임지에는 클로자파인 약을 먹고 정신분열증으로부터 해방된 환자들이 결성한 모임에 관한 기사가 실렸습니다. 정신분열증이 완치된 환자들이 이제는 정상인들도 배우기 어려운 춤을 배워 댄스모임을 조직했다는 기사였습니다. 기사 속의 그들은 이제 더 이상 음지에서 고통스러워하지 않고 행복한 삶을 누리고 있는 모습이었습니다.

그러나 이들에게는 한 가지 괴로운 일이 있었습니다. 그것은 그들이 정신분열증을 앓고 있었던 그 오랜 시간을 기억하지 못한다는 사실입니다. 정신분열증 환자의 대부분은 20세부터 35세 사이에 병이 발생했고, 병이 치료되기까지 10년 또는 30년 이상을 기다린 사람들이었습니다. 기적의 약덕분에 완치된 지금 그들에게 인생의 대부분이었던 그 기간이 아무 것도 기억할 수 없는 암흑기로 남게 된 것입니다.

발달장애: 정신지체, 자폐증, 학습장애

발달장애에는 정신지체, 자폐증, 학습장애와 같은 여러 가지 장애가 있습니다. 이 중에서도 주의 결핍/과활동 장애(Attention-deficit/hyperactivity disorder(ADHD)는 가장 많은 주목을 받고 있습니다. 이 장애는 전 인구의 3~5%를 차지하고 있으며 정신과적 장애를 가진 아동의 약 50%를 차지하고 있습니다.

고개를 푹 숙인 채 몸을 동그랗게 말고 구석에 혼자 쪼그리고 앉아 있는 아이. 그 옆에는 다른 아이들이 자기들끼리 놀고 있다.

ADHD장애의 아동은 결점을 가진 동시에 비상한 능력도 있어서 심리학자들의 많은 관심을 끌고 있습니다. 즉 어떤 ADHD장애아는 아주 똑똑하고 매력적으로 생겼지만 자신의 행동을 통제할 수 없기 때문에 불행합니다.

이 장애의 원인은 밝혀졌지만 신경학적인 결함, 유전, 출생시의 합병증, 후천적 뇌 손상, 독성 물질에의 노출, 전염병, 심리학적 요인 등 여러 가지가 밝혀졌습니다. 이 증상에도 역시 리탈린(Ritalin)이라는 치료제가 있으며 가족, 교사, 아동이 같이 참여하는 장기적인 행동수정프로그램이 효과적입니다. 여기에서는 학습장애자의 사례를 살펴보겠습니다.

· 자신만의 학습 방법을 알아내라!!!

높은 지능, 기억력과 독해력 학습장애자

엘리스는 20세의 대학생으로 학업 상에 약간의 문제가 있었습니다. 그녀는 초등학교 6학년 때까지 좋은 성적을 유지하다 그 이후부터 성적이 떨어졌는데, 담당 교사는 그녀의 부모에게 "딸이 능력만큼 노력하고 있지 않다"고 다그쳤습니다. 엘리스는 그런 말을 들을 때마다 더 열심히 공부하겠다고 다짐하고 또 실제로도 열심히 공부를 했지만 성적은 계속 나빴습니다.

고등학교를 간신히 졸업하고 지역의 전문대에 입학했지만 또 다시 공부가 어려워져서 따라가기가 어려웠지만 몇 년 동안에 걸쳐 공부하는 요령을 익힌 결과 그녀는 간신히 낙제를 면할 수 있었습니다.

그녀가 익힌 요령은 큰 소리를 내서 책을 읽는 방법으로 조용히 책을 읽을 때에는 몇 분만 지나도 금방 모두 잊어버렸지만 큰 소리로 읽으면서부터는 조금씩 기억을 할 수 있었습니다. 하지만 전문대 2학년에서 4년제 대학으로 편입한 엘리스는 또 다시 대부분의 과목에서 낙제를 받습니다.

이렇게 열심히 공부를 하는데도 학습에 어려움을 겪는 엘리스에게 의사는 여러 가지 심리검사를 실시했습니다. 그 결과 그녀는 학습장애자로 판명되었고, 지능검사는 평균보다 약간 높았지만 독해력과 기억력의 수준이 낮았습니다. 의사는 엘리스에게 계속 큰 소리로 읽도록 권하면서 읽은 것을 정리하는 방법을 권하고, 강의를 녹음하여 운전하는 동안에도 듣도록 했습니다. 그 결과 엘리스는 뛰어난 성적을 얻지는 못했지만 대학을 졸업할 수 있었고 졸업 후에는 학습장애자를 돕는 일을 하고 있습니다.

이처럼 의외로 적지 않은 학생들이 학습장애를 갖고 있습니다. 학습장애의 또 다른 유형으로 난독증이 있습니다. 난독증은 단어들을 정확하게 읽지 못하는 것, 즉 잘못 읽는 것을 말합니다. 난독증은 철자를 잘못 인식하는 것뿐만 아니라 독해하는 능력이 부족한 것도 포함하는 것으로, 가장 간단한 난독증은 단어를 잘못 읽는 경우입니다.

예컨대 'anyway'를 'away'로 'send'를 'seen'으로, 그리고 'carry'를 'cry'로 잘못 읽습니다. 난독증의 원인은 신경학적, 심리학적 이유 등 여러 가지 원인이 있으며, 치료 방법은 난독증의 종류에 따라 다릅니다.

증상에 따라 예로 든 경우와 같이 단어를 잘못 읽기도 하고 개념을 이해하지 못하기도 합니다. 어떤 종류의 난독증이건 최소한 유치원 또는 초등학교 저학년 때 발견되어야 간단하게 치료할 수 있기 때문에 초기 발견이 가장 중요합니다.

난독증이 의심되는 학생은 정확한 검사를 위해 심리학자로부터 검사를 받고, 이후 부모나 교사가 아동과 함께 일 대

일 교정교육을 진행하는 것이 가장 효과적입니다. 우리나라
에는 서울대 유아정신과에서 이 분야를 진단하는 다루는 전
문가가 있습니다.

부모들은 자녀가 열심히 공부하는데도 성적이 오르지 않
으면 학습방법에 문제가 있는가를 살펴보고 그래도 이상이
없으면 난독증과 같은 다른 학습장애가 있는가를 의심해보아
야 합니다.

중독행동: 알콜중독, 마약중독

·술과 마약으로 스트레스를 줄일 수 있을까?

약물남용은 현대사회에서 심각한 사회 문제로 떠오르는
증상입니다. 여러 가지 약물남용 중에서도 알콜중독은 가장
보편적이고 가장 주목을 받습니다. 장기적인 연구 결과에 따
르면 반사회적 행동, 불법행위, 반항, 낮은 학업성적을 가진
사람이 성인이 되어서 알콜중독자가 되는 경향이 높습니다.
알콜중독자 부모의 자녀들도 어려서부터 알콜을 비롯한 여러
가지 약물을 사용할 가능성이 높은 것으로 나타났습니다. 이
처럼 어려서부터 술을 마시면 다른 약물중독자가 될 가능성
이 높습니다.

위의 연구는 알콜중독의 생물학적 요인에 관한 것입니다.
그런데 최근에는 사교를 위해 술을 마시다가 알콜중독자가
되는 사람들도 많아서 이런 사람들의 심리적인 과정이 무엇
인가에 대한 연구도 활발하게 이루어집니다.

여기에는 '기대심리이론'이라는 것이 있는데 이것은 음주
자가 알콜이 스트레스를 감소시키고, 사회적으로, 신체적으
로, 성적으로 자기를 더 유능하게 만들어준다고 믿는 것을

말합니다. 많은 사람들이 이러한 기대심리 때문에 술을 마시고, 청소년들까지도 과도한 스트레스 해소를 위해 술을 선택합니다.

술을 만드는 회사들조차 술이 주는 긍정적 효과를 이런 식으로 선전하고 있지요.

알콜중독 치료에는 여러 가지 방법이 있습니다. 만일 중독자가 우울증 때문에 술을 시작했다면 그에게는 항우울증 약을 처방하는 것이 효과적입니다. 하지만 대부분의 알콜중독자들은, 술을 마시지 않으면 금단현상이 나타나고 그 발단이 너무나 천차만별이라 치료법은 간단하지 않습니다.

알콜중독자들의 금주를 돕는 금주협회(Alcholics Anony-mous)는 서로 규칙을 정하고 이를 지키도록 격려하는 단체인데 많은 효과가 있는 것으로 알려졌습니다. 이 협회의 프로그램은 12단계로 구성되어 있는데 솔직, 직면, 이야기하기 등이 프로그램의 핵심요소입니다. 같은 상황을 가지고 있고, 위기를 맞이할 때 도움을 줄 수 있는 사람들이 있다는 것이 이 협회의 가장 큰 장점이 될 것입니다.

알콜중독 판별 검사

위알콜 중독에 대해서는 많은 사람들이 잘 알고 있으므로 사례는 생략하기로 하겠습니다. 대신 여기에서는 자신이 알콜중독자인가를 알아보는 간단한 검사를 소개합니다. 여러분도 다음 물음에 답해 보시기 바랍니다.

1. 당신과 친한 사람이 당신의 음주에 관해 관심을 가진 적이 있었는가?

2. 문제에 부딪혔을 때, 당신은 자주 알콜을 통해 위안 삼으려고 하는가?

3. 당신은 가끔 음주 때문에 집안 일 또는 직장의 의무를 수행하지 못한 적이 있었는가?

4. 당신은 음주 때문에 병원에 가본 적이 있는가?

5. 당신은 음주할 때 일시적인 기억상실(즉 깨어있는 동안의 모든 기억의 상실)을 경험한 적이 있는가?(소위 필름이 끊어진 적이 있는가?)

6. 당신은 음주와 관련해 범법행위를 저지른 적이 있는가?(예컨대 음주운전으로 경찰에 적발되는 등)

7. 금주하거나 음주량을 조절하겠다는 당신 자신과의 약속을 지키는 데 실패한 적이 있는가?

만일 당신이 위의 질문 중에서 어느 하나라도 "예"라고 대답한다면, 당신의 음주는 이미 심각한 상태입니다. 더욱 악화되기 전에 주변에 도움을 요청하는 것이 좋습니다.

그 밖의 정신병리학적 상태

· 알츠하이머병―원인을 알 수 없는 치매

보통 치매로 알려진 이 병의 원인은 아직 정확히 규명되어 있지 않았지만 머지않아 이 병의 원인과 증상악화의 요인이 밝혀질 것으로 예상되는 증상입니다. 현재는 환자를 돌보는 가족들의 심리적 부담을 경감시켜주는 연구를 병행하고 있습니다.

역대 미국 대통령 중 가장 훌륭한 대통령 중 한명으로 꼽히는 로널드 레이건이 알츠하이머병을 앓았다는 모두가 알고 있는 사실입니다. 그는 남을 사로잡는 유머, 설득력, 훌륭한 정책 등으로 미국 역사상 가장 위대한 대통령의 하나로 존경받았었지만 대통령직을 사임한 직후부터 급격하게 기억력이 감퇴되어 심지어 자기 부인도 알아보지 못하는 상황에 이르렀습니다. 왜 그렇게 총명하고 명랑했던 대통령이 갑자기 알츠하이머병에 걸렸는지는 아직도 미스테리에 빠져있습니다.

동서양을 막론하고 사람들의 수명이 늘어나면서 알츠하이머 환자들이 급증하고 있습니다. 그러나 그 원인에 대해서는 아직 여러 가지 설이 분분합니다. 생리적, 노화현상 등이 가장 설득력이 있지만 아직도 그 치료는 멀게만 느껴집니다. 다만 증상을 완화시키는 약이 개발되어있을 뿐이지요. 아직도 병의 원인, 예방에 관해서는 풀지 못한 문제가 쌓여있습니다.

· 섭식장애 – 체중감량을 조장하는 사회, 문화적 병폐

수많은 젊은 여성들, 최근에는 특히 청소년기의 여학생들이 섭식장애를 보입니다. 때로는 지나치게 심한 다이어트로 인해 목숨을 잃는 경우까지 있습니다. 섭식장애에 대한 문제에서는 비단 생물학적, 심리학적 요인뿐만 아니라 날씬한 몸매를 강조하는 사회문화적인 영향 등도 연구 대상이 됩니다. 섭식장애자의 한 사례를 들어보겠습니다.

CASE

"무리한 다이어트로 약물을 과다복용한
여학생의 이야기"

21세의 한 여학생이 섭식장애로 병원에 입원했습니다. 그녀는 소심하고 내성적인 성격의 소유자로, 중학교 때까지는 몸매가 날씬했으나 고등학교에 진학하고부터 약간씩 살이 찌기 시작했지요.

설사약을 손에 쥐고 통째로 마시는 여학생. 볼이 쏙 들어갈 정도로
말랐는데도 여전히 다이어트를 하려고 한다

대학입시에 실패하고 재수를 하면서 체중이 급격히 늘어났
습니다. 다음해 대학에 진학했을 때 그녀는 키 166cm에 체중은
64kg으로 그리 보기 흉할 정도는 아니었습니다.

그러나 고등학교 친구들과 만나 살이 많이 쪘다는 이야기를
듣고 나서는 심각하게 고민하기 시작했지요. 처음엔 살을 빼려
고 굶다가 한 밤중에 냉장고를 뒤져 배를 채우기도 했습니다.
식사조절만으로는 체중감량이 안 된다는 것을 깨달은 그녀는
헬스 크럽에 다니면서 수영과 에어로빅을 병행. 그 결과 3개월
내에 8kg을 감량해 체중은 56kg가 되었습니다.

그러나 그녀는 자기보다 날씬한 친구를 부러워하며 자신의
체중을 48kg으로 줄이기로 결심합니다. 2개월 동안 54kg까지
조절했으나 더 이상은 몸무게가 줄지 않았습니다. 거기에 포기
하지 못한 그녀는 체형미 관리센터에 들어가서 일체 음식을 입
에 대지도 않았습니다. 하지만 그 과정이 너무 힘들었던 그녀는

2~3일에 한 번씩은 필요 이상의 과식을 했습니다.

체중이 다시 2kg 증가하자 그녀는 설사약을 복용하며 다이어트를 계속 했고 결국 약물 과다복용으로 의식을 잃고 응급실에 이송되었습니다.

지금 당신의 주변에도 있다; 정신질환의 실체
나도 혹시 정신병자?

앞에서 여러분들은 평소 병으로 생각하지 않았던 반사회적 성격, 알콜 중독, 그리고 섭식장애 등이 정신질환으로 분류되는 것을 보고 놀랐을지도 모릅니다.

그리고 열거된 정신질환의 종류를 보면서 '혹시 나도 정신질환을 앓고 있는 게 아닐까?'라는 의심을 해볼 수도 있지요.

그렇다면 정신질환은 왜 생기는 걸까요? 앞에서는 정신질환의 증상별로 간단하게 그 원인들을 설명한 바 있지만 정신질환의 원인은 심리적 원인, 유전적 원인, 그리고 신경학적 원인, 기타 사회문화적 요인 등 여러 가지가 있습니다.

그리고 각 질환에 따라 그 원인이 차지하는 비중도 각각 다릅니다.

정신분열증과 기분장애는 유전적 요인이 많다는 것이 밝

혀졌지만 유전적 영향이 가장 큰 것으로 밝혀진 정신분열증
도 그 영향력은 기껏해야 48%(쌍생아중 한 쪽의 쌍생아가
정신분열증 환자일 경우 다른 한 쪽의 쌍생아 역시 정신분열
증 환자로 나타나는 일치율)에 불과합니다. 따라서 우리는 다
른 원인, 즉 심리적 원인에 초점을 맞추어야 합니다.

부모의 학대가 정신질환을 초래한다

　정신질환을 일으키는 심리적 원인에도 여러 가지가 있습
니다. 그 중에서도 어렸을 때 부모와 환자와의 관계는 질환
을 일으키는 가장 중요한 문제입니다. 부모, 특히 어머니로부
터 사랑을 많이 받아 부모-자식간에 애착(愛着)이 잘 형성된
경우에는 심리적으로 건강하게 성숙하는 반면 부모로부터 사
랑을 받지 못하거나 더 나아가 부모로부터 학대를 받는 경우
에는 심각한 정신질환에 걸릴 가능성이 높습니다.

· 약물치료와 심리치료를 병행해야
　모든 정신질환의 원인이 규명되지 않았다고 해서 불치병
으로 생각할 필요는 없습니다. 신경화학, 생화학, 신경생리학
등의 발달로 여러 가지 정신질환의 증상과 관련한 신경전달
물질, 생화학성분이 규명되어 이를 토대로 치유할 수 있는
여러 가지 약물들이 개발되었습니다. 앞에서도 말했지만 프
로젝, 클로자파인 등은 우울증과 정신분열증 환자를 격감시
키는 데 큰 공헌을 했습니다. 따라서 우리는 정신질환에 걸
렸어도, 그 원인을 찾지 못했어도 병을 고칠 수 있으므로 주
위에 정신질환을 앓고 있는 사람들에게 자기 스스로 치료하
려 애쓰지 말고 정신과 의사를 만나라고 설득해야 합니다.

그러나 약이 만병통치는 아닙니다. 우리가 우울증에 빠지면 항우울제를 먹으면 되지만 환자가 약만 가지고는 병을 완치할 수 없습니다. 약이 증상을 없애주기는 하지만 그 병의 원인까지 없애주지는 않기 때문입니다.

따라서 정신질환을 앓고 있는 환자는 약물치료와 함께 심리치료를 병행해야 합니다. 심리치료는 환자가 심리학자, 정신과 의사와 만나서 대담을 통해 치료받는 것이 중요합니다. 이 때 의사는 환자를 따뜻하게 받아들이고 그의 분노와 좌절을 털어놓을 수 있는 안정된 환경을 제공하여 더 확실한 정신치료가 이루어지도록 해야 합니다. 그러나 아쉽게도 현재 대부분의 정신과 의사는 심리치료보다는 약물로 그 증상을 치료하려 합니다. 환자와 일일이 만나 심리치료를 하는 데에 드는 상당한 시간과 정열이 결여되어있기 때문입니다.

정신과에 가기 전에 심리학자를 찾아라

우리나라의 정신치료 제도도 이제 조금은 바뀌어져야 합니다.

독일과 미국에서는 심리학자들이 환자들을 치료하게끔 자격증을 수여합니다. 한국에서 임상심리학자들은 한국심리학회로부터 전문자격증을 받을 수 있지만 이들이 법적으로 정신질환자를 치료할 수는 없습니다.

심각하지 않은 정신질환문제라면 꼭 정신과 의사를 찾지 않더라도 심리학자를 만나 큰 도움을 받을 수 있습니다. 만일 부모를 살해한 이○○이 사전에 심리학자를 만나 자신의 어려움을 호소했거나 왕따 피해자로 자살한 학생들이 상담심리학자를 찾아 도움을 청했다면 그들은 그러한 무모한 행동을 자행하지 않았을 것입니다. 또 앞에서 언급한 기분장애치료의 한 방법인 엘리스의 '합리적-정서적 치료방법을 배웠더라도 많은 도움을 받았을 것입니다.

우리는 자신이 얼마나 비합리적인 사고를 갖고 있는지, 이것이 우리를 잘못된 방향으로 이끈다는 것만 이해해도 더 이상 자신을 학대하지 않을 것이며 그로 인해 불행한 길을 자초하지도 않을 것입니다. 그래서 우리에겐 심리치료가 절실하게 필요하며 선진국의 정신치료제도의 도입 또한 요구되고 있습니다.

7장

서양과 동양의 생활 문화가 다른 이유;
한국인의 심리와 비교문화심리학

서양과 동양의 문화는 여러 가지 면에서 커다란 차이가 있습니다.
개성을 드러내는 것에 익숙한 서양과 겸손을 미덕으로 아는 동양
사람들, 자아 실현을 최고의 인생 목표로 생각하는 서양과 다른
사람들과의 인간관계를 중요시하는 동양, 갓 태어난 아기를 혼자 재우는
서양과 어느 정도 자랄 때까지 가슴에 품고 사는 동양...
이렇듯 서양과 동양 사람들은 확연히 다른 모습을 보입니다.
하지만 희노애락의 정서표현의 면에서는 이러한 구별이 필요없을
만큼 문화를 막론하고 똑같은 반응을 보이기도 합니다. 그래서 화가 난
얼굴, 슬픈 얼굴 등은 어느 나라에 살고 있는 사람이건 차이가
없습니다. 또 한편으로는 같은 문화권 내의 사람들도 같은 상황에서
다른 태도와 행동을 드러내기도 합니다. 예컨대 한국의 상류사회와
하류사회의 가치관과 사회행동은 서로 다릅니다. 이같은 현상에 대해
우리는 어떻게 이해해야 하는 걸까요?
이 장에서는 한국인의 심리를 엿보고는 동시에 서양과 동양의
문화를 비교함으로써 문화가 우리들 개인에게 미치는 영향에 대해
살펴보겠습니다.

서양과 동양의 생활문화가 다른 이유
자신을 표현하는 것 VS
잘난 척 하지 않는 것

동양과 서양의 문화는 언어, 풍습, 생각, 제도, 종교, 교육, 가치관 등 모든 면에서 서로 다릅니다. 서양은 구교나 신교를 믿으며 개인주의 색채가 짙은 반면 동양은 유교, 불교를 믿으며 집단주의가 강한 특성을 보입니다. 개인주의라면 집단보다 개인의 자유와 권리를 더 우선으로 생각하고, 반대로 집단주의란 집단의 목적과 이익을 위해 개인의 권리와 자유가 침해되어도 좋다는 생각을 말합니다.

미국으로 유학간 한국학생들이 처음으로 겪는 문화적 충격은 이렇습니다. 미국 학생들은 보통 자기 주장을 잘 내세우지요. 이는 교실에서의 토론도 그렇고 사적으로 만나는 대화에서도 그렇습니다. 미국학생들은 자기의 생각과 능력을 드러내는 데 조금도 망설이지 않지만 한국을 포함한 동양학생들은 좀처럼 자기과시를 하지 않습니다. 왜냐하면 앞에 나서서 잘난 척하는 것을 좋지 않게 생각하기 때문이지요. 하지만 교수는 동양 학생이 토론 시간에 자기 의견을 발표하지 않으면 토론의 주제를 이해하지 못했기 때문이라고 판단합니다. 그런데 막상 시험을 보면 토론에 활발하게 참여하지 않았던 동양학생들이 입만 나불나불 대던 미국학생보다 더 우수한 성적을 내는 것에 미국교수들은 당황합니다. 미국사회는 동양 사람들이 겸손한 것 또는 잘난 척하지 않은 것을 미덕으로 삼는 것을 도대체 이해하질 못하는 단적인 예입니다.

나는 자장! 나도, 나도, 나도!!! 튀는 건 싫어!

중국음식점에서 한 명이 '난 자장'이라고 하니까 옆에 있는 친구들도 모두 '나도'라고 외치고 있다

미국이나 유럽사회가 개인주의 또는 자기의 개성을 강조하는 문화를 가지는 반면 동양사회는 자기의 개성보다는 집

단과의 관계를 중요시하는 문화를 갖고 있습니다. 이런 행동들은 우리의 일상 생활에서도 빈번하게 찾아볼 수 있습니다.

　　재미있는 예를 하나 들어볼까요? 한국 사람들은 식당에 가서 음식을 주문할 때 다른 사람에게 동조하는 경향이 아주 높습니다. 점심시간에 6~7명의 친구가 중국음식점에 가면 자장면, 짬뽕, 울면, 볶음밥, 잡채밥, 잡탕밥 등 여러 가지 메뉴가 있습니다. 그런데 이들이 주문하는 것을 살펴보면, 한 사람이 "나는 자장면" 하면 그 다음 사람도 좀 생각하다 "나도", 그리고 셋째, 넷째, 다섯째, 여섯째, 그리고 나머지 한 사람까지도 "나도 자장면" 해서 일곱 사람 모두가 자장면으로 통일하는 장면! 우리가 쉽게 볼 수 있는 모습입니다. 만약 미국사람 7명이 중국음식점에 갔다면 어떨까요. 이들이 시키는 음식은 말그대로 각양각색이어서 일곱 사람이 주문한 음식이 일곱 가지가 될 가능성이 아주 높습니다.

　　왜 이렇게 다른 모습이 나타날까요? 이런 현상이 나타나는 것은 돈을 내는 방식에 차이 때문일 수도 있습니다. 우리나라에서는 일곱 명의 친구가 같이 점심을 했어도 한 사람이 몽땅 점심 값을 내는 경우가 많습니다(물론 이들이 자주 만나는 친구라면 어느 정도 돌아가면서 식대를 내기도 하겠지만). 그러나 미국 친구들은 어디까지나 더치페이, 즉 자기가 먹은 음식값은 각자가 내지요. 따라서 한국 사람의 경우는 자기만 비싼 것을 시키면 친구들에게 미안하고 또 싼 것을 시키면 자기만 손해라는 식의 계산이 깔려있기 때문에 대부분 친구들과 똑같은 음식을 주문하게 되는 식이죠.

　　그러나 필자는 우리나라 사람들이 이러한 지불방법의 문제만으로 똑같은 음식을 주문한다기보다는 친구와 같은 음식을 시킴으로써 자기와 친구가 같다는 동질감을, 또는 최소한

모나게 보이지 않으려는 집단주의 심리가 더 크게 작용한다
고 생각하고 있습니다.

전 세계인이 같은 마음, 왼손은 불길하다?

필자가 겪었던 개인적인 충격을 하나 더 소개해 보겠습
니.? 필자는 처음 미국에 갔을 때 많은 사람들이 왼손으로
글을 쓰는 것을 보고 놀랐습니다. 특히 유명한 정치지도자가
TV에서 왼손을 안으로 이상하게 구부리고 사인하는 장면을
보고는 감동받기까지 했습니다. 여러분은 별것도 아닌 것을
가지고 감동을 받았다고 비웃을지 모르지만 나에게 그 장면
은 확실히 인상적이었습니다. 그 이유는 내 자신이 왼손잡이
였기 때문이었습니다.

필자는 왼손잡이라는 이유로 많은 어려움이 있었습니다.
지금이야 우리나라도 그렇게까지 심하지는 않지만 필자가 어
릴 때만해도 우선 집에서도 왼손잡이인 것을 못마땅하게 여
겨 나의 형은 나의 오른손을 뒤로 묶어 쓰지 못하게 했습니
다. 그래서 나는 사람들이 있는 앞에서는 오른손을, 혼자 글
을 쓸 때는 왼손으로 썼습니다. 그러다 보니 어느새 나는 오
른손으로만 글을 쓰는 반 오른손잡이가 되어 버렸습니다. 주
위의 압력으로 나의 천성이 바뀐 것입니다.

여기에서 왼손과 관련해 한 가지 주목해야 할 사실이 있
습니다. 그것은 왼손에 대한 부정적 시각이 범세계적이라는
것입니다. 심리학자들도 아직 왜 이러한 왼손에 대한 공통적
인 평가가 생기게 되었는지에 대해서는 해명을 못하고 있습
니다.

이러한 범세계적 현상은 비교문화심리학에서 중요하게 연

구해야 할 과제 중의 하나로, 이러한 범세계적인 경향은 어떤 계기를 통해 특수 문화적으로 탈바꿈할 수 있다는 사실이 밝혀졌습니다. 예를 들어, 즉 애초에 왼손잡이를 나쁘게 평가했던 미국에서 개인의 독특성을 중요시하는 문화풍토가 생기면서 예전과는 반대로 왼손잡이를 격려하는 방향으로 사회의 인식이 바뀌어진 사례가 있습니다.

비교문화심리학에서는 문화에 따른 특수성, 예컨대 집단주의 사회와 개인주의 사회의 특성을 가진 동서양을 서로 비교하여 연구하지만 이것 못지않게 문화적 공통현상(즉 애초에 모든 문화에서 왼손잡이를 나쁘게 보았던 풍습)도 중요한 과제로 연구하고 있습니다.

서양과 동양의 생활문화가 다른 이유

누적된 전통과 습관이 문화에 영향을 준다

　　인간은 호모 사피언스입니다. 그래서 문화권이 달라도 인간은 생물학적 또는 생리학적으로 같은 구조를 가집니다. 그러나 같은 인간세계임에도 불구하고 민족과 대륙 간의 문화엔 많은 차이가 있습니다. 이러한 차이는 어디서 오는 걸까요? 바로 각각의 문화권에서 오랫동안에 걸쳐 누적된 전통, 습관이 영향입니다. 특히 동양의 불교, 서양의 신교와 같은 종교는 각기 다른 성격의 문화를 잉태하게 만들었습니다. 이렇게 전혀 다른 문화는 자녀의 양육방법에도 커다란 차이점을 가져왔으며 산업화가 이루어진 오늘날까지도 면면히 이어지고 있습니다.

성취 목표 VS 인간관계

　동양의 불교와 서양의 신교는 각기 다른 인생관과 인간관을 잉태시켰습니다. 많은 학자들은 신교의 교리가 서양인으로 하여금 성취동기를 강조하는 풍토를 가져왔다고 주장합니다. 신교에서는 예수가 인간의 원죄를 대신해 희생했으므로 인간은 날 때부터 죄인이며 원죄를 면하기 위해 열심히 일해야 한다고 가르칩니다. 그래서 서양 사람들은 자아의 성취를 중요시하며 자기가 얼마나 열심히 하고 있는지 그 능력을 과시하는 것을 중요시하게 되었다 이론입니다.

　반면에 동양사회는 유교 또는 불교를 숭상해온 문화입니다. 유교는 무엇보다도 사람들 사이의 관계를 중요시합니다. 이렇게 인간관계를 중시하는 풍토에서는 개인의 능력보다는 다른 사람과의 화목을 더 중요시하기 마련입니다. 그래서 우리나라에서는 집단과의 동조, 화목을 중시해서 음식을 선택할 때를 비롯해 여러 가지 선택행동에 있어 자기의 개성을 나타내기보다는 오히려 집단의 것을 받아들이는 방식을 택하는 것입니다.

　우리는 지도자를 선택할 때도 집단주의 또는 개인주의 사고방식이 많이 작용합니다. 미국과 일본에서 지도자를 선택하는 기준은 개인의 능력입니다. 즉 지식이 많고 능력이 있으며(미국의 경우) 힘이 있는(일본의 경우) 지도자가 유능한 지도자로 간주되고 결국 대통령과 수상으로 추대됩니다. 그러나 중국과 한국에서는 지도자에 대한 기준이 이와는 좀 다릅니다. 한 나라의 유비가 조조를 제치고 지도자로 뽑힌 이유는 그의 능력이 탁월해서가 아니라 대인관계와 인품이 좋

'대통령'이라는 꼬리표를 달고 있는 한 사람이 어깨에 '원만한
대인관계'라고 써 있는 띠를 두르고 있다

았기 때문입니다. 이와 마찬가지로 한국에서도 지도자로 뽑
힌 사람을 보면 개인적 능력보다는 주변과의 친화력이나 인
품이 높이 사는 경우가 많습니다. 신문지상에 실리는 새로운
각료의 프로필을 읽어보면 발탁된 지도자 대인관계의 원만성
여부가 항상 언급됩니다. 즉 임명된 지도자의 대부분은 원만
한 대인관계를 가져온 사람들입니다.

자녀 양육방법: 독립심 장려 VS 가슴으로 밀착

서양의 개인주의는 자녀 양육방법에도 많은 영향을 주었
습니다. 우리는 서양의 부모가 어린 자녀와 방을 따로 쓴다
는 사실에 놀라고 자녀가 어느 정도 클 때까지(평균 유치원
생이 될 때까지) 같은 방에서 함께 잠을 잡니다. 서양인들은
갓 태어난 아기라 하더라도 아기 침대에 따로 뉘어놓고 키우
며 자녀의 독립심을 길러주는 반면 동양의 부모들은 자녀를

품에 안고 길러 부모 특히 어머니와 자녀가 가슴으로 밀착하는 애착관계를 오래 지속합니다.

미국에서는 자녀가 만 18세가 되면 가정에서 독립해 나가는 것이 일반적입니다. 다른 자식이 부모에게 의존하는 것은 바람직하지 않다고 생각하기 때문이지요. 개인주의도, 집단주의도 우리와 멀게 느껴지는 개념들은 그것이 어디서 어떻게 출발했던지 간에 우리의 육아방식, 교육방식, 그리고 일상생활에 많은 영향을 줍니다.

개성을 드러내고 타인과 차별화한다

필자와 필자의 친구는 미국에서 재미있는 경험을 한 적이 있습니다. 일년간 미국 뉴욕대학에서 객원교수로 재직하던 시절의 이야기입니다. 이 때 딸, 아들, 아내를 포함한 전 가족이 미국에 머물렀는데 당시 딸은 중학교 1학년에 입학할 나이였고 아들은 초등학교 1학년생이었습니다. 필자는 어린 아이들이 언어의 장벽 때문에 학교에서 적응하지 못할까봐 항상 걱정이었습니다. 나는 매일 아침 아이들을 학교에 데려다 주며 학교정문을 무사히 넘어서는 것을 보고서야 안도의 한숨을 내쉴 수 있었습니다. 공부는 못해도 좋으니까 학교에 안 가겠다는 말만 하지 말아달라고 속으로 빌고 또 빌었지요. 그런데 다행히도 아이들은 공부는 어떻게 하는지 몰라도 학교를 빼먹는 날은 없었습니다.

그런데 아이들이 입학한지 6개월이 지난 어느 날, 학교에서 부모의 방문 통지서가 날아왔습니다. 6개월 동안 자녀가 학교에서 어떻게 공부해 왔는지를 부모에게 설명하는, 소위 교사-부모면담 시간이었던 것입니다. 나는 속으로 은근히 걱정을 했습니다. 자식들이 영어를 못하니 성적은 형편없을 것임이 뻔하고, 그래서 혹시나 담임선생이 아이들 때문에 애를 많이 먹고 있으니 부모의 별도 조치를 요구하지 않을까 생각하기도 했습니다. 나는 더 최악의 경우까지 생각해서 아이들의 성적이 워낙 부진하니까 다른 학교로 전학시키라는 말을 할지도 모르겠다고 여겼습니다. 그래서 미리 겁을 먹고 우리 아이들이 한국에서는 얼마나 공부를 잘 했고 피아노, 미술 등 특기도 많다는 등의 칭찬거리를 미리 준비해 두는 등 여러 가지 대응방안을 연구했습니다.

막상 교사와의 면담차례가 오자 나는 가슴이 두근거렸습니다. 과연 담임교사가 무슨 주문을 할까? 그러나 교사의 말은 나의 짐작과는 전혀 딴판이었습니다. 두 아이의 담임선생은 한결같이 아이들이 아주 열심히 공부하고 있다는 칭찬부터 늘어놓았습니다. 그리고는 아이들이 얼마나 친구들하고 잘 지내는지, 또 얼마나 명랑한지 등등 아이들의 장점만을 나에게 들려주었지요. 나는 준비해간 시나리오를 펼치지도 못하고 연신 고맙다는 말만 되풀이하고 나왔습니다. 정말 촌지가 통하는 나라였다면 기꺼이 촌지를 건네주고 싶은 심정이었습니다.

이듬해 귀국 길에 하와이대학에 객원교수로 있던 친구를 만났습니다. 그는 역시 해외근무를 위해 하와이에 아들을 데리고 와 있었습니다. 이런 저런 미국 생활에 대해 이야기하던 중 자녀의 학교 교육문제가 나와서 무심결에 그의 아들(초등학교 4학년)은 학교에서 공부를 잘하느냐고 물었더니 그 교수는 다음과 같이 말했습니다.

"영어도 잘 못하니 공부를 잘 할 리가 있나. 학교에서 열심히 그림공부만 하고 있어. 물고기 그림책만 들여다보고

선생님이 물고기 그림을 그리고 있는 아이를 칭찬하고 있다. 아이는
으쓱해 한다

있지. 애가 물고기에 관심이 있는 것을 알고 담임교사가 너
는 물고기 박사가 될 수 있다고 칭찬하니까 녀석이 신이 나
서 물고기 공부만 하고 있대. 정확히 말하면 물고기 공부라
기보다 물고기 그림공부지."

나는 이 말을 듣고 미국교육의 중심은 개인의 독특성을
장려하는 것임을 다시 한 번 깨달았습니다. 일찍부터, 즉 초
등학교부터 학생이 자신의 흥미, 적성, 취미에 따라 그것이
무엇이든 자기의 능력을 개발하도록 격려합니다. 즉 남이 하
는 것을 똑같이 잘 하는 것보다 남이 하지 않는 다른 것을
잘 하는 것이 중요한 키워드로 가르치고 있는 것입니다. 이
때문에 미국의 두 담임은 나의 딸과 아들의 장점을 키워주려
칭찬만을 했던 것이죠.
미국의 이러한 개인주의, 독특성의 강조는 그들의 일상생

활에서도 잘 나타납니다. 어떻게 보면 그들의 일상생활은 수많은 선택의 갈래에서 자기에게 맞는 것을 골라내는 선택과정의 연속이라고 볼 수 있습니다. 생활용품을 살 때도 여러 가지 다양한 상품 중에서 자기의 취미, 기호에 맞는 것을 고르고, 아이스크림만 하더라도 수십 가지 중 하나 스테이크를 주문할 때도 설익은 것, 중간인 것, 아주 잘 구운 것 등으로 자신의 취향을 선택해야만 하는 생활의 연속입니다. 미국인들은 이러한 다양한 선택행위를 통해 자기 자신의 독특성을 드러내고 자신이 타인과 다른 사람임을 과시하는 것을 자랑스럽게 생각합니다.

서양과 동양의 생활문화가 다른 이유

경제체제와 문화:
산업사회를 통한 개인주의의 발생

앞서 종교, 특히 신교가 서양에서 개인주의, 성취와 성공을 강조하는 문화를 잉태했음을 언급했습니다. 이는 문화를 연구하는 학자들의 주장이지요. 그런데 경제제도를 연구하는 많은 학자들은 종교가 아닌 경제체제가 개인주의와 집단주의를 잉태했다고 말합니다.

예컨대 수렵사회와 농경사회에서는 주민간의 협동과 신뢰가 절대적으로 필요했습니다. 큰 짐승을 잡으려면 서로 힘을 합쳐야하고 이는 농경사회도 마찬가지지요. 관계시설을 공동으로 이용해야하고 수확을 할 때 품앗이는 필수적인 노동수단이었습니다.

반대로 개인의 능력이 상품화되고 값이 매겨져 노동시장

에서 거래되는 산업사회나 정보화사회에서 집단과의 협동심은 중요한 평가기준이 아닙니다. 여기에서는 스스로 좀더 높은 수준의 평가를 위해 개인간의 경쟁이 싹트고 개인의 능력이 우선하는 철저한 개인주의 사회가 시작된 것이라는 주장입니다.

목축사회의 독특한 개인주의

한편 목축사회는 조금 독특한 인간관계를 형성합니다. 가축을 키우는 사회에서는 구성원간의 절대적 협력이 필요하지는 않습니다. 그래서 이들은 이웃의 필요성을 느끼지 않으며 오직 가족간의 협력만을 중요시합니다.

어떤 목초지의 풀이 고갈되면 짐을 싸서 다른 지역으로 이동하는 이들은 이웃과의 유대가가 꼭 중요하지 않기 때문에 한 때의 사교적 만남으로 충분합니다. 그래서 목축사회 역시 집단주의보다는 개인주의를 잉태하게 됩니다. 그러나 이들의 개인주의는 현대 산업사회에서 나타나는 능력위주의 개인주의와는 근본적인 차이가 있습니다.

경제사회학자들은 그 사회가 주력하는 경제체제가 무엇이냐에 따라 집단주의 또는 개인주의가 팽배한다고 주장합니다.

집단주의 또는 개인주의가 민족성이나 지역특수성에 따라 결정되는 토착문화적인 성격이 아니라, 경제체제가 발달하는 과정에서 나타나는 부산물이라는 사실은 이러한 문화가 범세계적으로 적용된다는 사실을 말해줍니다.

그러나 이러한 경제사회학자들의 주장도 아직은 확실히 일반화된 것은 아닙니다. 일본의 경우를 보면 그 이유를 알 수 있습니다. 일본은 일찍부터 서양문명이 들어오고 오랜시간 산업사회를 경험했음에도 불구하고 아직도 강력한 집단주의를 벗어나지 못하고 있기 때문입니다. 이들은 오히려 한국보다도 더 집단에 대한 충성심을 보여 자기의 능력을 과시하기보다는 집단과의 화목을 중요 여깁니다.

심한 학력 경쟁으로 인한 한국식 집단주의

그렇담 우리나라는 어떨까요? 과거에 우리는 긴 농업사회를 거쳐 1953년 이후에야 본격적으로 자본주의사회에 진입했습니다. 늦게서야 자본주의에 들어선 만큼 그 동안의 집단주의적인 성격을 많이 가지고 있으며 외국의 비교심리학자들역시 우리나라를 전형적인 집단주의 사회로 보고 있습니다. 그러나 우리 모두는 한국이 개인주의 사회로 급격히 변하고있음을 감지하고 있습니다. 이것은 최근의 연구결과에서도 입증되었습니다.

필자와 미국의 은희 리, 그리고 율만(Uleman)이 한미 양국의 대학생들을 대상으로 연구한 바에 따르면 전반적으로우리나라의 대학생들은 미국대학생에 비해 집단주의적 성향이 높게 나타납니다. 그런데 이러한 우리의 집단주의는 그가누구와 관련해 응답하느냐에 따라 아주 다르게 나타났습니다. 한국 대학생들의 집단주의는 그가 '가족과 얼마나 일체감을 보이느냐'라는 조사에서만 나타났습니다. 그렇다면 친구와의 일체감 측면에서는 어땠을까요? 놀랍게도 친구간의 관계에 있어서 미국보다도 더 강한 개인주의가 나타났습니다. 그리고 낯선 사람에 대해서는 한국 대학생들이 아주 개인주의적인 성향을 드러낸 반면 미국대학생들은 오히려 한국 대학생들보다 덜 개인주의적인 것으로 나타났습니다.

그렇다면 한국 대학생들은 왜 친구관계에서 이렇게 높은 개인주의를 나타냈을까요? 연구 결과 이들이 어려서부터 친구와 심한 경쟁을 경험했기 때문이었습니다. 즉 지금의 한국 청소년들은 심한 학력경쟁 때문에 친구를 친구로 생각하기보다 오랜 기간동안 경쟁의 대상으로 보아온 결과, 이것이 지나쳐 친구와의 개인주의 사회인 미국 대학생보다도 오히려 더 개인주의적인 성향을 나타낸 것이었습니다. 즉 한국의 젊은 층에서 '친구란 서로 믿고 사랑해야 한다'는 삼강오륜식의 집단주의적 인간관계는 더 이상 존재하지 않게 된 것입니다.

이러한 집단주의에서 개인주의로의 탈바꿈은 한국이 급속히 산업사회, 아니 정보화사회로 진입하고 있다는 증거입니다. 그리고 이러한 현상은 문화가 어느 정도 범세계적이라는, 즉 경제발달의 체제에 영향을 받고 있다는 사실을 입증하는 것입니다.

서양과 동양의 생활문화가 다른 이유

개인주의와 집단주의의 사회심리학: 숙명론적인 동양인 VS 자기 결정론적인 서양인

개인주의와 집단주의는 우리들에게 각기 다른 심리를 잉태하게 만듭니다. 그렇다면 이러한 사회성이 우리의 심리에 어떤 영향을 주는지 간단하게 살펴볼까요?

일반적으로 동양인은 숙명론적인데 비해서 서양인은 반운명론 또는 자기 결정론적입니다. 즉 서양인은 자기의 운명과 성공은 자기 노력하기 나름이라고 생각하는 반면 동양인은 운이나 복이 따라야한다는 생각을 많이 합니다. 우리나라에 운명철학관이 이렇게 흥하고 있는것만 봐도 알 수 있죠.

왜 이렇게 전혀 다른 가치관이 생겨났을까요? 그것은 우리가 갖고 있는 자기효능감 또는 자기통제감과 관계가 있습

니다. 서양인이 갖고 있는 반운명론적인 생각은 보통 자기효
능감 또는 자기통제감을 가진 사람들이 갖는 태도인데 이러
한 심리는 자기가 의사결정과 행동의 주체라는 인식에서 생
겨납니다. 이러한 인식은 바로 개인주의 사회에서 강조하는
개념입니다.

　반면 집단주의 사회에서는 자기 효능감이나 자기 통제감
이 싹트지 않습니다. 그 이유는 집단주의 사회에서는 자기하
고 싶은대로, 마음대로 행동하는 것이 아니라 타인의 생각과
행동을 동시에 고려하여 신중하게 자기의 행동을 결정하기
때문입니다. 즉 집단주의사회에서는 개인적 행동보다는 협동
하고 공동으로 행동하는 것이 더 바람직한 것으로 여겨지므
로 이러한 생각은 결국 자기 효능감 또는 통제감을 발달시키
는데 걸림돌이 됩니다. 그 때문에 집단주의 사회에 속한 사
람들은 숙명론적 태도를 갖게 됩니다.

　재미있는 사건 하나를 예로 들겠습니다. 1990년대 미국의
캘리포니아와 일본 동경근처에서 지진이 발생했습니다. 심리
학자들은 두 나라의 주민을 대상으로 지진의 피해를 완화시
킬 수 있는 11가지 행동(예컨대 가구를 창문에 대놓는 것, 식
구들에게 조난이 발생한 후 어디서 만날 것인가를 상의하기,
비상식량을 준비하기 등) 중 어떤 행동을 했는가를 물어보았
습니다. 이와 동시에 두 나라 주민들이 지진에 대해 갖고 있
는 숙명론적 생각(예컨대 지진이 일어나는 것을 막을 수 없
다)의 정도도 측정했습니다. 그 결과 조사대상자의 모든 연령
층에서(20대부터 60대까지) 일본인은 미국인보다 더 숙명론
적인 생각을 했습니다.

　그런데 정말로 흥미로운 사실은 미국사람의 경우 숙명론
자일수록 지진의 피해를 줄이려는 행동이 약해졌지만 일본인

일본인은 지진으로 일어난 피해를 복구하려 애쓰는 반면 미국인은
허탈해 하며 주저앉아 있다

은 그렇지가 않았습니다. 즉 일본인의 숙명론은 미국의 그것
과 조금 성격이 달랐던 것이지요. 그들의 숙명론은 집단주의
가 반영된 숙명론이었기 때문에 지진의 피해를 줄이려고 적
극적인 행동을 보였고 미국의 숙명론은 집단주의와 관계없는
숙명론이었기 때문에 오히려 자포자기하는 마음이 강하게 나
타난 것입니다.

다른 사람의 의견을 받아들여 자신의 행동을 고 쳤을 때?

· 생각과 행동이 달라 불편하다 VS 집단의 이익을 위해 서라면 당연하다

사회심리학에서 중요하게 생각하는 또 다른 개념은 '인지

적 일관성'입니다. 이것은 우리가 갖고 있는 생각, 희망, 행동
은 서로 일치한다는 이론입니다.

개인의 자율성이 강조되는 나라에서는 자기의 생각과 행
동이 일치하는 것이 바람직하고 신뢰있는 행동으로 여겨집니
다. 반대로 다른 사람의 의견을 받아들여 자기의 행동을 고
친다면 외부의 압력에 굴복하고 자신에게 정직하지 않다고
생각합니다.

그러나 인간관계를 중시하는 동양사회에서는 위와 같은
식으로 행하는 것은 이기적이고 성숙하지 못한, 그리고 집단
에 불충하는 것으로 비추어 집니다.

거짓말을 하고 받은 대가가
적을수록 거짓말을 하게 된다

이 실험은 훼스틴저와 칼스미스(Festinger & Carlsmith,
1957)가 한 '실 감기 실험'이다. 이들은 피험자들에게 실을
감았다 풀었다하는 아주 단조롭고 재미없는 과제를 하게
한 후, 한 집단의 피험자에게는 20$을 주고 다른 집단의
피험자에게는 5$을 주면서 실험을 위해 대기하고 있는 다
른 피험자에게 이 실험이 '재미있다'는 말을 해달라고 부
탁했다. 모든 피험자들은 실험자의 요구를 따라 실을 감
았다 풀었다를 반복했다. 그런 후 실험자는 피험자에게
"이 실험이 정말 재미있었는지 말해 달라"고 부탁했다. 이 연구
의 관심은 돈을 받은 액수에 따라서 피험자의 대답이 달라지는
가에 있다.

연구 결과 재미있는 사실이 밝혀졌다. 20$을 받았던 피험자들
은 그 실험이 '재미없다'라고 응답한 반면 5$을 받았던 피험자
는 그 실험이 '재미있다'고 말한 것이다.

따라서 생각과 행동이 일치하지 않는 '인지적 부조화'를 느끼고 이것을 불편하게 생각하는 심리는 동양사회에서보다 개인간의 충돌이 많은 개인주의 사회에서 더 많이 나타납니다. 아래에서 설명하는 연구결과는 이를 입증하는 것으로, 미국에서 입증된 인지적 부조화연구가 한국과 일본에서는 입증되지 않았다는 사실이 이를 증명합니다.

정말 이상하지 않습니까? 사실 이 실 감기 과제는 정말 재미없는 실험이었습니다. 그런데 돈을 적게 받은 피험자들이 오히려 돈을 많이 받았던 피험자들보다 실험이 더 재미있다고 말했습니다. 돈을 적게 받았으니 '재미없다'라고 말해야 당연하지 않았을까요?

그 이유는 5$를 받은 피험자들이 인지적 부조화를 느꼈기 때문입니다. "겨우 5$만 받고 거짓말을 해야 하다니, 내 생각에 이 실험은 정말 재미없는데 말이야." 이처럼 자기가 거짓말을 한 댓가로 받은 5$과 자신이 그 실험을 재미있다고 거짓말을 한 것은 인지적으로 앞뒤가 맞지 않았던 것입니다. 즉 그가 실험자의 요구에 따라 다른 피험자에게 거짓말을 한 것은 그 실험이 재미없다고 생각했던 애초의 그의 판단과 부조화를 이룹니다. 이러한 부조화는 그의 마음 속에 불편함을 느끼게 만듭니다. 왜냐하면 미국사회에서는 자기가 느낀 대로 행동해야 한다는 묵계가 있기 때문이지요. 그래서 이 피험자는 "나는 처음부터 그 실험을 재미있다고 생각했을 거야"라면서 자기의 원래 태도를 변경하게 됩니다. 이런 상황에서 불편한 마음을 없애기 위해 그가 할 수 있는 일은 이것뿐이기 때문입니다. 그는 이미 대기중인 피험자에게 "그 실험이 재미있다"고 말해버렸고 그것은 이미 엎질러진 물이기에 주어 담을 수가 없습니다. 그러니까 그는 자기가 경험한

실 감기 작업이 재미있었을 것이라고 자기의 본래 태도를 수정하는 것이지요. 하지만 20$를 받은 피험자들은 이런 인지적 부조화를 경험하지 않았기 때문에 "실험이 재미없다"라고 자신이 생각한 그대로 말한 것입니다. 왜냐하면 20$라는 금액은 거짓말을 한 대가와 상응하는 액수였기 때문이지요.

그런데 한국과 일본에서는 이런 인지적 부조화 실험이 실패했습니다. 미국에서는 인지적 부조화가 나타나는데 동양에서는 왜 실패했을까요? 그 이유는 인지적 부조화가 일어나는 사회에서 가정하는 전제를 자세히 살펴보면 해답이 나옵니다.

인지적 부조화는 개인을 어떤 존재로 보는지의 문제와 연결됩니다. 개인주의 사회와 집단주의 사회는 개인의 특징을 각기 다르게 봅니다. 개인주의 사회에서 보는 개인은 어떤 존재일까요?

* 개인은 스스로의 선택을 통해서 행동을 결정한다.
* 그의 선택은 그의 선호를 나타낸다.
* 개인의 선호는 시간상으로 변하지 않고 안정적이다.
* 선호는 자아의 정체성을 나타낸다.
* 결과는 우리의 통제가 가능하다.
* 사람들은 자기가 택한 선택과 그 결과에 대해 책임이 있다(그래서 선택은 그의 자아를 반영한다).
* 똑똑한 사람(또는 착한 사람)은 훌륭한 선택을 하고 그 때문에 그 결과에 만족해한다.

이러한 전제를 하는 개인주의사회에서는 인지적 부조화가 발생합니다. 그러나 자기의 행동은 그 개인의 욕구, 희망이 아니라 당시의 상황, 타인과의 관계를 감안한 것이라고 생각하는 집단주의 사회에서는 인지적 부조화를 필연적으로 느낄 필요가 없습니다.

자! 이쯤에서 정리를 해볼까요? 서양사회에서는 개인이 자기의 기호에 따라 스스로 선택할 능력이 있어야 한다고 생각하며 선택의 자유 또한 주어집니다. 누구의 도움을 받거나 눈치를 보고 압력을 받을 필요가 없으므로 자기의 인생은 자기가 만들어 나가는 것이라고 생각합니다. 이렇게 자기 결정론적인 서양사회에서는 인지적 부조화를 갖기 쉽습니다.

그러나 집단주의사회는 어떤가요? 다른 사람과의 화목을 중시하는 이 사회에서는 자기의 기호, 생각만으로 행동할 수가 없기 때문에 행동의 주체권이 자기 자신에게 없습니다. 오히려 타인의 생각을 반영해야하고 협동과 공동노력을 취해야 하는 집단주의사회에서는 숙명론적 생각을 갖기 쉽고 인지적 부조화를 느낄 필요성이 약해집니다.

서양과 동양의 생활문화가 다른 이유

도덕성과 비교문화:
자율성과 인간관계의 조화

　한 나라가 통합·유지되는 데 큰 역할을 하는 도덕성은 국가와 사회의 존립에 영향을 줍니다. 이러한 도덕성과 관련해서는 범세계적으로 공통적으로 나타나는 반응이 있습니다.

　예를 들면, 살인을 하거나, 남의 재산을 도둑질하거나, 혼외정사를 저지른 자에 대해서는 어느 나라에서나 제재를 가합니다. 이러한 죄에 대해 법적 제재를 통해 사회질서가 유지되고 인간관계가 조화로울 수 있기 때문입니다.

　이러한 범세계적 도덕성이 생기게 된 원인을 생물학적으로 설명하는 사람도 있습니다. 예를 들어 혼외정사는 어떤 문화를 막론하고 통제를 받는데 그것은 인간이 지닌 공통적인 성향, 즉 성적 질투심 때문이라는 것입니다.

미국에서는 한 때 '성적 질투심은 유치한 인간의 욕구이고 이는 벗어버려야 한다'는 식의 급진적인 생각이 주류를 이뤘던 적이 있었습니다. 그래서 1960년대 미국은 성의 자유화를 시도한 적도 있었지만 이것은 한 때의 실험으로 끝났을 뿐, 성적으로 개방된 미국에서조차 혼외정사는 이혼소송의 사유가 되는 등 아직도 법적 제재를 받습니다.

서양의 '정의' VS 동양의 '대인관계'

'정의'라고 써 있는 것을 들고 있는 서양인과 '인간관계'라고 써 있는 것을 들고 있는 동양인

한 문화권의 독특성은 그 문화가 중요시하는 도덕성이 무엇이냐를 결정합니다. 이것은 도덕성의 기준이 문화적 특수성에 따라 달라진다는 것을 의미합니다.

서양의 경우는 '정의'를 가장 중요한 덕목으로 꼽습니다. 서양에서 정의가 가장 중요한 덕목인 이유는 무엇일까요? 서양 사회가 개인의 자유를 존중해 주는 만큼 개인은 사회적 질서를 유지하기 위한 도덕적 원칙에 순종해야 합니다. 즉 개인과 사회가 서로 만족하기 위해 사회적 계약을 맺었고 개인간의, 개인과 사회의 충돌을 피하기 위해 바로 '정의'라는 도덕성이 필요합니다.

그러나 동양은 그렇지가 않습니다. 동양인에게는 '정의'라는 개념이 부족한데, 그 이유는 동양에서는 사회적 계약이 아닌 인간관계에서 도덕성을 찾기 때문입니다.

콜버그의 '도덕성판단이론'을 살펴보겠습니다. 콜버그는 우리의 도덕성이 6단계를 통해 발달한다고 보았습니다. 1~2단계는 우리가 보상을 받고 처벌을 피하려는 뜻에서 도덕적인 행위를 한다는 것입니다. 쉽게 풀어서 설명하자면, 우리는 교통경찰이 있기 때문에 안전운전을 하고 다른 사람이 나에게 은혜를 베풀기 때문에 나도 은혜를 베풉니다. 3~4단계는 법과 질서의 중요성을 인식하여 도덕성을 발휘하는 것입니다. 5~6단계는 개인의 권리와 자유, 평등, 형평 등과 같은 신념을 토대로 한 도덕성입니다.

콜버그는 5~6단계의 도덕성이 획득되어야 참다운 도덕성이 발휘된다고 주장합니다. 그러나 실험과 연구결과, 동양의 많은 나라에서 1~2단계의 도덕성만 나타날 뿐 그 이상의 도덕성은 나타나지 않았습니다. 그 이유는 1~2단계의 도덕성은 인간관계적인 것이고 그렇기 때문에 동양사회에서는 쉽게 발견되지만 그 이상의 단계는 서양사회에서 나타나는 '자신과 사회와의 계약에 따른 도덕성'이므로 동양사회에서는 나타나지 않은 것입니다.

서양의 '죄책감' VS 동양의 '체면'

　그런데 최근에 이르러서는 타인과 원만한 인간관계를 유지하는 동양의 도덕성이 콜버그가 말한 높은 수준의 도덕성 못지않게 중요하다는 이론이 등장합니다. 질리건이 그 대표적인 학자로, 그녀는 이러한 인간관계적 도덕성을 '배려(caring)의 도덕성'이라고 불렀습니다.

　질리건은 남성들이 세상을 사람들이 서로 경쟁하는 것으로 내다보고 도덕이란 우리가 '서로 상충하는 권리를 갖고 있을 때 이를 해결하기 위한 일반적 원칙'으로 정의하는데 비해 여성들은 세상을 비경쟁적 그리고 상호 배려하는 관계로 본다고 말합니다. 즉 여성들은 이 세상의 일을 '상호 의사소통을 통해 조정될 수 있는 인간관계'라고 보고 있으며, 이러한 견지에서 도덕성을 정의할 수 있다고 주장합니다.

　간단하게 말하면 남자들은 투쟁적이고 여자들은 서로 대화하고 원만하게 지내려는 태도를 갖고 있다는 것이지요. 그래서 어떤 페미니스트들은 각 국의 지도자가 여성으로 대치된다면 세계에 전쟁이 종식되고 평화가 유지된다고 주장합니다.

　동양사회, 특히 일본에서는 '체면'이 아주 중요한 도덕성으로 부각됩니다. 일본에서는 체면을 상실한다는 것은 다른 사람과의 관계에서 지켜야할 어떤 의무나 도덕을 위반한 것과 같지만 서양사회, 특히 미국에서는 법을 위반했다는 죄책감이 중요시되고 체면은 그리 중요한 덕목이 아닙니다.

　재미있는 사실은 일본의 경우, 형벌을 부과할 때 자기 죄를 얼마나 뉘우치는지에 따라 형량이 감소된다는 것입니다. 이같은 현상은 한국도 마찬가지여서 변호사는 재판장에게

"피고가 죄를 뉘우치고 있으므로 그의 형량을 줄여달라"고 호소합니다. 즉 동양에서는 타인의 마음을 감안하는 것이 도덕성에 반영되기 때문에 죄를 처벌하는 재판장조차도 범죄자가 그의 죄를 뉘우친다는 사실을 자기의 판단에 참조합니다. 그러나 미국에서는 죄인이 지은 죄가 얼마나 무거운가가 형량에 영향을 줄 뿐 죄인이 자기 죄를 얼마나 뉘우치는가는 아무 상관이 없습니다.

이처럼 서양의 도덕성은 자율성을 토대로 한 도덕이므로 정의, 성실(fidelity)이 중요시되는 반면 동양의 도덕성은 인간관계의 조화를 토대로 한 인간관계적 도덕성이기 때문에 의무와 배려(caring)가 중요시됩니다.

06 문화와 명예:
태생적으로 명예를 중시하는 사람들

어떤 사회에서는 돈과 권력보다 명예를 훨씬 중요하게 생각하기도 합니다. 일반적으로 지중해, 전통 카톨릭, 무슬림, 힌두 문화, 중동, 중앙아시아, 동아프리카, 라틴 아메리카와 같은 나라들이 그런 사회에 해당되는데, 명예를 중요시하는 국가의 공통점을 살펴보면 다음과 같습니다.

* 강한 공동 분배 연대감이 특징인 부계 친족 집단
* 남성 자율성과 타인이 가하는 장해로부터의 자유 강조
* 명성과 모욕에 대한 극단적 집착
* 다른 소친족 집단과의 폭력적인 관계
* 여성의 취약성, 성적 욕망, 성욕의 수치심에 대한 집념

(그래서 여성에게는 베일을 씌우고 격리시키며, 음핵을
제거한다)
* 여성이 성적 규범을 위반한 것에 대해 집단적 불명예를
느낌
* 명예를 훼손당하거나 조롱, 가십, 중요한 사회적 관계로
부터 추방당하는 것에 대한 수치심

이러한 문화적 특징을 가진 나라에서는 무엇보다도 무조
건적으로 명예가 존중되며 시대가 변하면서 약간의 변화는
있지만 여전히 현저하게 나타나고 있습니다.

미국 남부인은 북부인보다 모욕에 민감하다

백인 위주의 미국사회에서도 이러한 명예가 존중되는 곳
이 있습니다. 바로 미국 남부로, 물론 미국 남부는 명예를 존
중하는 다른 국가들처럼 여자의 순결을 중요시하지는 않지만
여타 다른 북부 지역에 비해 명예가 중요시되는 것은 사실입
니다.

여러 가지 분쟁 상황에서 폭력을 쓰는 것이 적절한지 아
닌지에 대한 판단은 남부인과 북부인이 별 차이를 보이지 않
았습니다. 그러나 남부인은 북부인에 비해 자신, 가족, 재산
을 보호하기 위해, 또 모욕을 받았을 때 폭력을 쓰는 것이
정당하다고 더 강하게 믿고 있습니다. 실제로 과거 범죄율을
분석해보면 남부에서는 모욕과 관련한 살인율이 북부보다 훨
씬 높았습니다. 남부에서는 도둑질에 대한 살인율보다 분쟁
으로 인한, 예컨대 연인과의 삼각관계, 술집에서의 언쟁으로
인한 살인율은 북부보다 높았습니다. 특히 이런 종류의 살인

율은 남부 소도시가 북부소도시에 비해 4배나 더 많은 것으로 나타났습니다.

왜 미국 남부인은 북부인에 비해 모욕에 민감할까요? 이에 대해 니스벳과 코힌은 "경제와 문화요소가 크게 작용했다"고 분석합니다. 영국, 홀랜드, 독일 출신 농부들이 자리를 잡았던 북부는 생산성을 높이기 위해 남과 협동해야만 했지만 남부는 스코틀랜드, 아일랜드 출신의 사람들이 정착하게 되었고 이들은 목축업 민족의 자손이었습니다. 앞에서 경제체제가 인간관계에 주는 영향에 대해 설명했지만 목축은 농부처럼 사람들과 협동할 필요성이 크지 않았습니다.

대신 목축사회에서는 다른 사람의 가축을 훔쳐 갑자기 부자가 되는 경우가 많았습니다. 따라서 목동들은 가족간의 결속으로 도둑으로부터 가축을 보호하려하고 타인과의 마찰에서 호전적인 태도를 강하게 보입니다. 또 모욕을 당하면 반드시 사과를 받아내어 남들에게 자기가 허약한 상대가 아니라는 사실을 강하게 인식시키려합니다. 따라서 목축사회에서 명예, 힘에 대한 평판, 거침, 개인적 통합은 경제적인 면에서도 절대적으로 필요했던 것입니다. 이같은 특징 때문에 목축업이 활발한 곳에서는 전 세계 어디서나 전통적으로 명예가 존중되고 있습니다.

서양과 동양의 생활문화가 다른 이유

정서와 문화:
정서와 그 표현은 범세계적인 동시에 문화특수적이다

'정서'는 최근 들어 비교문화심리학에서 부각되는 분야로 범세계적이면서도 동시에 문화특수성이라는 독특한 면을 가집니다.

유전학의 대가인 찰스 다윈은 말년 10년간을 정서발달에 대해 연구하는데 집중했습니다. 그는 동물과 인간 사이에 나타나는 정서상의 공통점을 발견하고 공포, 분노, 역겨움 등과 같은 정서는 동물과 인간에게 나타나는 정서의 기능과 표현도 같다고 분석했습니다. 특히 그는 공포, 분노, 역겨움 등은 동물이 생존하는데 꼭 필요한 정서로 보아, 예컨대 쥐는 고양이 앞에서 공포를 느껴야하고 거기에서 도망가야 목숨을 유지할 수 있다는 이론을 펼칩니다. 정말로 쥐가 고양이 앞에서 공포를 느끼지 않고 분노를 느낀다면 살아남지 못하겠지요.

동물이나 인간은 모두 분노를 느낍니다. 자신의 욕구가 좌절되면 '분노'로 이를 표현해서 방해물을 물리칩니다. 즉 분노는 자신의 목표를 달성하는 데 필수적인 정서입니다. 다윈에 의하면 역겨움의 원천은 동물이 해로운 음식을 삼켰을 때 이를 토해내려는 행동으로부터 진화된 것인데, 역겨움이란 단어의 자체가 토해낸다는 의미를 가지고 있습니다.

사람들이 공포, 역겨움, 분노의 정서를 표현하는 방식을 보면 동물과 일치하는 점이 있습니다. 공포를 느꼈을 때 우리는 몸을 움츠리고 도망갈 태세를 취하는데, 이는 동물의 경우도 마찬가지여서 개의 경우 꼬리를 내리고 고개를 숙이며 도망가려는 자세를 취합니다. 또 동물은 분노를 느꼈을 때 흔히 이빨을 드러내는데, 사람의 경우도 처음에는 동물과 같았던 것이 시간이 지나고 사회화 과정을 거치면서 눈살을 찌푸리거나 주먹을 불끈 쥐는 것과 같은 세련된 방법으로 바뀌었습니다.

공포, 분노, 기쁨, 슬픔은 범세계적인 정서

심리학자들은 범세계적 정서가 있다고 말합니다. 에크만이란 심리학자는 공포, 분노, 기쁨, 슬픔 등 여러 가지 정서를 나타내는 얼굴을 사진으로 찍어 이를 미국사람이나 아프리카 포어(Fore)족에게 보이고 어떤 정서인가를 예상하게 했습니다. 그 결과 두 민족은 이들 정서가 무엇인지를 판단하는데 상당한 일치를 보였습니다.

포어족은 태어난 이래 서양인을 만나거나 서양에서 만든

아프리카 포어족이 '분노'를 표현하는 얼굴 사진을 보고 험악한
표정과 몸짓을 하고 있다

영화를 본 적도 없는, 한번도 서양인들이 어떻게 정서를 표현하는지 경험하지 못한 사람들이었지만 사진에 나타난 얼굴 표정만 보고도 그것이 어떤 정서인지 정확히 유추했습니다.

이 연구결과를 토대로 에크만은 정서가 범세계적이고 보편적이라고 주장하면서 6개의 정서 즉 행복, 역겨움, 놀람, 슬픔, 분노, 공포는 누구나 가지는 기본 정서임을 밝혔습니다.

문화에 따라 표현과 강도 다르다: 분노를 표현하지 못하는 일본인과 인디언 VS 자유롭게 정서를 표현하는 미국인

그런데 더 깊숙이 연구해본 결과 정서는 문화에 따라 그 인식 정도와 표현 강도가 다르다는 것을 발견했습니다. 즉 똑 같은 정서를 느끼더라도 문화적 특성에 따라 각기 다른 반응을 보인다는 의미입니다.

대표적인 집단주의사회에 속하는 일본인은 남 앞에서 부정적인 정서, 예를 들어 분노의 감정을 잘 표현하지 않습니다. 그래서일까요? 미국대학생과 일본대학생으로 하여금 여러 정서가 뒤섞인 사진을 보여주고 분노의 정서를 찾아내 보라고 했더니 미국대학생은 분노를 빨리 찾아내는 데 비해 일본대학생은 상대적으로 느렸습니다. 또 북미의 어떤 인디언족은 아이들에게 절대로 분노를 표현하지 못하도록 억제합니다. 그래서 이 인디언은 성인이 되어서도 분노를 잘 표출하지 않습니다.

미국사회는 개인의 자율성이 존중되기 때문에 정서표현이 자유롭습니다. 그래서 그들은 분노, 기쁨 등을 자유롭게 표현하지만 집단주의사회인 일본과 한국에서는 정서의 표현조차 제약을 받습니다. 승리하거나 기쁜 일이 있어도 상대를 배려한다는 차원에서 이를 드러내놓고 표현하는 것은 못마땅한 것으로 여겨지니 말입니다.

결국 정서에 관한 문화적 스크립트는 따로 있었습니다. 어떤 상황에서 어떤 정서를 느껴야 하고 그 정서를·어떤 강도로 표현해야 한다는 규범은 문화별로 서로 다릅니다. 물론 범세계적 규범도 있습니다. 예를 들어, 스포츠 경기에서 2등을 한 선수가 울거나 분노를 표출하는 것은 바람직하지 않은 행동으로 여겨지기 때문에, 패자는 승자를 칭찬하고 박수를 쳐줘야 하는 것이 묵계로 되어 있습니다.

한편 여러 가지 정서의 표현차이는 문화에 따라 더 두드러집니다. 앞에서 언급한 바와 같이 수치심은 일본과 같은 동양사회에서, 죄책감은 미국과 같은 서양사회에서 현저하게 나타나는데 이렇게 각기 다른 정서의 현저성은 그 사회의 문화풍토, 예컨대 개인주의 또는 집단주의에 의해 영향을 받습니다. 따라서 정서와 그 표현은 범세계적인 동시에 문화특수적입니다.

이제 지구촌 시대가 되어 대학생들도 해외로 배낭여행을 하면서 수많은 외국사람들을 만나고 외국문화를 자주 접하게 됩니다. 그러면서 세계 각 나라의 국민성은 물론이거니와 그들의 생활방식, 습관, 태도는 우리와 전혀 다르다는 것을 몸으로 체험합니다. 소위 문명충돌이라는 말은 문화가 다른 사람들이 서로를 이해하지 못하는데서 발생합니다. 또는 다른 문화가 자기 문화보다 열등하거나 흡수통일 되어야 한다고 생각하기 때문에 생기기도 합니다.

다른 나라의 문화를 이해하는 것은 함께 살아가기 위한 필수 조건입니다. 또한 다른 문화를 받아들이는 자세에서 그들과의 무역, 합작, 과업협동의 성과가 나타납니다. 한국인이 중국이나 동남아지역에 현지공장을 세우고도 종종 현지인 노동자들과 화합하지 못해서 문제가 불거지는 경우를 봅니다. 이것은 한국인이 잘못된 우월감, 그들의 문화를 이해하지 못한 데에서 기인하는 경우가 많습니다. 지식인이라면 타국의 문화를 이해하려는 태도는 당연한 에티켓이겠죠. 그런 의미에서 비교문화심리학은 비단 심리학자의 연구영역이 아니라 현대를 사는 모든 사람에게 꼭 필요한 교양입니다.

8장

왜 집단과 집단 사이엔 갈등이
존재하는가?; 사회심리학

사회에도 심리가 있다?
어쩌면 사회를 의인화한 비유 표현인 듯하지만 사회에도 엄연히
심리가 존재합니다. 심리의 문제는 개인에게만 존재하는 것이 아닙니다.
사회란 개개인이 모여 만들어진 집단으로, 사회 안에서도 그리고
사회간의 관계에서도 복잡한 시림들이 우리를 지배하고 있습니다.
여기에서는 특히 집단과 집단 사이의 갈등, 지역과 지역 사이의
갈등 및 그 원인을 분석하면서 그동안 우리가 간과해왔던 미묘한
사회적 심리의 세계를 알아보겠습니다.
학자들은 사회 심리학을 크게 세 가지 수준 차원에서 연구하고
있습니다.
첫째는 개인 내부 수준, 둘째는 대인 간 수준, 셋째는 집단 간
수준입니다. 여기에서는 세 수준의 연구가 어떻게 연결되고 통합되는지
각각의 예를 통해 함께 살펴보겠습니다.

"언젠가 터지고 말거야."
화산 폭발을 날조하라!!!

인도의 한 지방 기상대에서 화산폭발을 예보했습니다. 곧 화산이 폭발하여 A지역과 B지역 모두를 덮칠 것이라는 예보가 있고 얼마 후 화산이 폭발했습니다. 그런데 화산폭발로 인해 흘러내린 용암은 A지역으로 집중되었고 그곳에서는 많은 집과 인명 피해가 있었습니다. 반면 B지역은 화산재에 의한 피해만 약간 있었을 뿐 인명이나 가옥에는 아무런 피해가 없었습니다.

그런데 그 후 두 지역의 주민들 사이에는 이상한 현상이 발생했습니다.

B지역 주민들 사이에서 곧 2차 화산폭발이 있을 것이며 그 때는 B지역에 화산재, 용암은 물론 해일까지 밀어닥쳐 엄

청난 피해를 입힐 것이라는 소문이 돌았습니다. 그래서 많은 사람들이 동요하고 짐을 싸 대피를 했습니다.

그런데 더 놀라운 사실은, 정작 엄청난 화산피해를 당한 A지역의 주민들은 피해복구에 전념하고 어떻게든 살아보려고 애를 쓰느라 다음 폭발의 소문에 대해서는 전혀 동요하지 않았습니다.

인도의 화산폭발과 두 지역의 엇갈린 반응

화산이 폭발하고 있고 A지역 사람들은 차분하게 피해 복구를 하는 반면 B지역 사람들은 짐을 싸서 도망을 가고 있다

앞의 비교문화심리학에서 이야기했던 훼스틴저라는 사회심리학자는 '인지적 부조화'란 이론을 개발했습니다. 그가 이

론을 발견하게 된 것은 아주 우연한 사건이었는데, 각 나라의 민속과 역사를 읽고 있다가 발견한 '인도 화산 폭발사건'이 계기가 되었습니다.

훼스틴저는 이 기록을 읽고 무척 궁금했습니다. "왜 엄청난 피해를 입은 A지역 주민들은 차분한데, 아무런 피해가 없었던 B지역 주민들은 그렇게 난리법석을 떨었을까?"

몇 달 동안의 궁리 끝에 그는 다음과 같은 인지적 부조화 가설을 세웠습니다. A지역 주민들이 동요하지 않은 것은 그들이 기대한 것(즉 화산 폭발)이 실제로 나타났기 때문이었지요. 그들에게는 '기대'한 것과 '실제' 사이에 조화가 이루어졌습니다. 그런데 반대로 B지역 주민들에게는 기대한 것과 실제 사이에 괴리가 생겼습니다. 그래서 그들의 인지에는 부조화가 생긴 것이었습니다.

사람들은 자기가 생각한 것(즉 여기서는 기대한 것)과 실제로 일어난 상황이 일치하면 만족스러워 하는 반면 그것이 일치하지 않으면 만족하지 못하고 불편해합니다. 그래서 이 인지적 부조화를 스스로 조화롭게 만들기 위해서 B지역 주민들은 새로운 기대(즉 2차 화산폭발)를 만들어냅니다. 이것이 훼스틴저의 인지적 부조화이론의 골자입니다.

7장에서 훼스틴저와 칼 스미스가 연구한 '실 감기 실험'을 회상해 봅시다. 이 실험은 훼스틴저와 그의 제자들이 인지적 부조화이론을 실제 실험으로 검증한 것으로 좀더 쉽게 이해할 수 있습니다. 이 실험에서 거짓말을 한 대가로 20$을 받은 피험자보다는 5$을 받은 피험자가 실험에 대한 태도를 더 많이 바꾸었습니다. 왜 그랬을까요? 5$을 받은 피험자들은 자기가 받은 적은 액수의 돈과 자기의 행위(거짓말)가 조화롭지 않았기 때문입니다. 그러나 20$을 받은 피험자들은 자기의 행위에 대한 합당한 대가를 받았기 때문에 태도를 변화시킬 필요가 없었던 것이지요.

이처럼 훼스틴저는 우리가 태도를 바꾸는 이유가 인지적 부조화 때문이라고 보고 이 인지적 부조화가 사회심리학에서도 아주 중요한 부분을 차지한다고 주장했습니다.

담배는 해롭지 않다고 스스로를 세뇌하다

실생활에서 볼 수 있는 예를 하나 더 들어보겠습니다.

최근 들어 금연에 대한 관심도 높아지고 담배값도 오르면서 금연을 강요하는 문화까지 생겨나고 있습니다. 이러한 홍보는 흡연자에게는 심각한 인지적 부조화를 초래합니다.

자신이 담배를 피운다는 것을 알고 있는(하나의 인지) 흡연자는 흡연이 각종 암을 유발한다는 홍보(또 하나의 인지)로 인해 인지적 부조화를 느낍니다. 이때 흡연자는 자신의 인지적 부조화를 조화롭게 바꾸어야 합니다.

그렇다면 어떻게 해야 조화롭게 될까요? 두 가지 방법이 있습니다. 하나는 아예 담배를 끊는 것입니다. 그러면 담배가 폐암을 유발한다는 사실과 자신이 흡연자라는 사실이 충돌하지 않습니다. 사실 이렇게 해서 금연을 결심한 사람들도 많습니다. 그러나 금연은 말처럼 그리 쉬운 일이 아니라서 또다시 담배를 피우게 되기도 하고 사람들은 다시 인지적 부조화에 빠져 불편한 마음을 갖습니다.

건강 때문에라도 담배를 끊어야겠는데 금연은 자신없고...

이때 흡연자들은 "담배 때문에 암으로 죽을 확률보다 교통사고나 다른 병으로 죽을 확률이 더 높을 거야"라며 스스로를 세뇌합니다. 흡연자 중에는 '주변에 담배를 아주 많이 피우는 사람이 있었는데 그 사람은 장수했다'는 강변을 하는 사람들이 있습니다. 그러나 이는 자기의 인지적 부조화를 줄이기 위해 흡연으로 인한 암의 발생을 낮추어 생각하는 몸부림입니다.

만일 그 주변사람이 담배를 피우지 않았더라면 더 오래 살았을 것이라는 사실을 그는 일부러 외면하고 있는 것이죠. 결국 흡연자가 인지적 부조화를 조화롭게 만드는 두번째 방법은 부조화를 만드는 정보의 중요성을 평가절하하는 것입니다.

백인이 흑인을 싫어하지 않게 된 이유? 행동이 거꾸로 신념을 변화시키다

예전에 심리학자들은 '태도가 우리의 행동을 결정한다'고 생각했습니다. 예를 들어, 우리가 민주주의를 찬성하면 독재나 공산주의에 반대하고 민주주의를 옹호하는 여러 가지 행동을 하게 되듯이 우리의 행동은 신념과 태도가 먼저 형성된 다음 그 결과물로 뒤따라오는 것처럼 보입니다. 그러나 현실 세계에서는 반드시 그렇지 않을 수도 있습니다.

1954년 미국의 대법원장 얼 워렌은 '그 동안 인종을 분리해 교육을 해온 것은 위법'이라는 유명한 판결을 내립니다. 그 이후 흑인과 백인이 함께 공부하는 '흑백인 통합교육법'이 제정되었지요.

하지만 많은 백인들은 이에 반대했고 어떤 식으로든 이를 저지할 것이라고 목소리를 드높였습니다. 학자들까지도 이에 동조했는데, 유명한 사회학자인 윌리엄 그래햄 섬너는 "국법이 시민법을 바꿀 수 없다"라며 "법으로 정해져도 지금까지의 관례대로 흑백분리교육은 그대로 지속될 것"이라고 호언

장담하기도 했습니다.

하지만 이러한 저항에도 불구하고 흑백통합교육은 강제로 시행되었고 미국 전역에서 진행되었습니다.

그러자 이상하고도 놀라운 일이 벌어졌습니다. 백인들 사이에서 흑인에 대한 태도가 극적으로 바뀌기 시작한 것입니다. 많은 백인들은 더 이상 '흑인은 폭력적이고 비양심적이다'라고 보지 않게 되었습니다.

도대체 왜 흑인에 대한 백인들의 태도가 돌변한 것일까요? 이는 행동이 태도를 변화시켰기 때문입니다. 그 과정을 자세히 살펴보겠습니다.

처음에 흑백통합교육은 대다수의 백인 학부모 사이에서 인지적 부조화를 불러 일으켰습니다. 그들은 지금까지 '흑인은 도둑놈이고, 거짓말을 잘 하며 범죄자가 많다'라고 생각해왔는데 지금은 자신의 아이들이 흑인들과 함께 공부를 하고, 함께 놀고 집에까지 찾아오는 것이 아니겠습니까. 여기에서 이들은 인지적 부조화에 빠질 수밖에 없습니다.

그 동안 흑인에 대해 매우 극단적으로 생각해왔던 백인들은 자신의 아이들과 함께 공부하는 흑인들이 너무 폭력적이어서 자신의 아이들을 때리고 강간할 지도 모른다고 생각했고 그렇게 생각할수록 더욱 불안해졌습니다.

그렇다면 백인 학부모가 이러한 인지적 부조화, 또는 불안에서 해방되는 길은 무엇이었을까요? 결국 가장 좋은 방법은 "흑인은 생각한 것보다 그렇게 나쁘고 사악하지 않다"라며 흑인에 대한 자신의 태도를 바꾸는 것이었습니다.

이처럼 강제로 시행된 흑백통합교육법은 백인의 인종차별 태도를 바꾸어 놓았는데, 이는 결국 인지적 부조화 때문이었습니다. 즉, 백인 학부모들이 "내 아이들이 흑인과 어울려 공부하는 것은 이미 엎질러진 물이고 이는 주어 담을 수 없다"
라며 현실을 인정했을 때, 이들이 인지적 부조화를 없애는
길은 흑인에 대한 자신의 태도를 우호적으로 바꾸는 것이었
습니다.

이러한 백인 학부모의 흑인에 대한 태도 변화는 훼스틴저
의 '실감기 실험'보다 더 쉽게 이루어 졌습니다. 왜냐하면 자
신의 딸이 이웃의 흑인 아이들과 함께 어울려도 그가 자기
딸을 강간하거나 때리는 일이 발생하지 않는다는 것을 알았
기 때문에 자신의 태도를 바꾸는 데에 거부감이 없었기 때문
입니다. 이 사례는 행동이 거꾸로 우리의 신념과 태도를 변
화시킬 수 있다는 명제를 증명했습니다.

훼스틴저의 인지적 부조화이론은 우리가 자신의 신념을
합리화하고 고수하는 현상을 잘 설명하고 있습니다.

사회심리학에는 '잔인성의 정당화'라는 이론이 있습니다.
이것은 우리가 어떤 집단에 대해 잔인하게 굴고 나면 그 집
단에 대해서 오히려 더 나쁜 태도를 갖게되는 현상을 말합니
다. 예를 하나 들어보겠습니다.

월남전이 벌어졌을 때, 미국의 켈리 중위는 밀라이 촌을
급습하여 노인, 부녀자, 유아를 포함해 한 마을의 주민들을
무차별적으로 소탕했습니다. 그런데 켈리 중위는 이 사건을
저지른 이후 오히려 베트콩에 대한 분노가 더 커지게 됩니
다. 그는 군사재판에서 월남인, 특히 베트콩에 대해 강한 분
노를 드러냈습니다. 미국 육군사관학교를 나온 엘리트 장교
였던 그가 왜 이렇게 인종적 편견을 가지게 되었을까요?

상사의 명령 때문이었든 아니었든 간에 그는 밀라이 주민
을 대량 학살했습니다. 그런데 이 학살은 이미 엎질러진 물이
고 다시 주워 담을 수 없는 사건이었습니다. 그러므로 그는

월남인에 대해 더 극단적인 편견을 가져야만 했고, 그래야만
스스로의 잔인성이 정당화될 수 있었던 것입니다.

관상법을 확신하는 회장님! 우리 회장님!!!

우리 주위를 둘러보면 편견이 아주 심하거나 고집이 센
사람이 있습니다.

어떤 부모들은 자식은 엄하게 다루어야 한다고 굳게 ale
고, 또 어떤 사람은 자기는 관상을 통해서 사람의 능력을 알
수 있다고 확신하기도 합니다. 물론 우리는 이들의 주장과
신념이 별 근거가 없는 것이라고 생각하지만 정작 본인들의
생각은 확고합니다.

그렇다면 그들은 왜 검증되지 않은 신념과 주장을 믿는
것일까요?

그들은 그들 나름대로 이를 정당화할 수 있기 때문입니
다. 위에서 말한 '잔인성의 정당화'처럼 이들도 인지적 부조
화를 잘못된 방향에서 해결하기 때문입니다.

우리나라에는 관상법을 믿는 기업 대표들이 적지 않습니
다. 그래서 어떤 회장들은 사원을 채용할 때 응시자의 관상
을 직접 보기도 하지요. 그리고는 자기 자신만의 관상법에
따라 사원을 뽑습니다. 모 대기업 회장은 신입사원을 뽑을
때 관상을 보는 역술인을 심사위원 자리에 앉혀놓고 관상이
좋은 사람은 뽑고 아닌 사람은 탈락시킨다고 합니다.

그러면 결과는 과연 어떨까요? 회장의 관상법에 맞는 훌륭
한 인재도 뽑혔겠고 반대로 회장의 눈에 차지는 않지만 다른
능력으로 선발된 사원도 있을 것입니다. 모든 사원을 회장의
관상법으로만 뽑을 수는 없으니까요.

그런데 문제는 그 이후에 발생합니다. 회장의 관상법에 맞지 않는 사원들이 뽑히면 이들은 회장에게 부조화를 일으킵니다. 자신이 절대적으로믿는 관상법에 걸맞지 않은 사원은 회장에게 불쾌감을 주고 회장은 그런 사원을 맘에 들지 않으니 그들이 하는 일이 좋아 보일 리가 없습니다. 그리고 눈밖에 나있던 사원들은 결국 지방으로 전근시키거나 해고됩니다.

신입사원 면접날, 회장님이 면접위원 자리에 앉아서 돋보기로
지원자의 관상을 보고 있다

그러면 그의 주위에는 어떤 사원만 남았을까요? 결국 회사에는 그의 관상법을 만족시키는 사원들만 남고 회장은 매일 그의 관상법을 확신하는 사례만을 보게 됩니다. 그러므로 회장은 자신의 관상법을 더욱 굳게 믿게 되고 결국 자신의 신념을 정당화하고 합리화할 수 있습니다.

이런 문제는 자녀의 교육방법에도 나타납니다. 만일 여러분의 부모가 '자식은 엄하게 길러야 한다'고 굳게 믿고 있다면 이제 여러분은 부모가 왜 이러한 생각을 갖게 됐는지 알 수 있습니다. 부모는 그들의 소신에 따라 자녀를 길러왔고 그것이 설령 잘못된 훈육법이라 해도 이제 와서 그것을 바꿀 수는 없습니다. 그러므로 억지로라도 자신의 훈육방법에 더욱 박차를 가할 수밖에 없는 것이지요. 이는 부모토막살해범 이〇〇의 부모도 마찬가지였습니다. 이〇〇이 부모에게 스파르타식 훈육법에 대해 불평하고 힘들어했어도 부모들은 전혀 굽히지 않고 계속해서 똑같은 방법으로 아이들을 다루었습니다.

· 빨치산 대장이 전향하지 않은 이유?

남부군이라는 소설에서는 '이현상'이란 빨치산 대장이 등장합니다. 많은 친구들과 함께 좌익에 몸을 담았던 그는 결국 지리산 빨치산 대장이 되었지만 대대적인 공비토벌작전이 펼쳐지자 이들은 속속 체포되었고 이 중에서 많은 친구들이 전향을 합니다. 국가에서는 이현상에게 "전향하면 출소할 수 있다"며 회유했습니다. 미리 전향한 친구들이 나서서 전향을 강력하게 권유하는데도 그는 이를 거부하면서 다음과 같은 말을 남깁니다.

"친구여, 나도 공산주의에 문제가 있다는 것을 잘 알고 있네. 그리고 김일성이 우리가 월북하여 그의 반대세력이 될까봐 우리의 월북을 반대했다는 것도 잘 아네. 그래서 우리가 지리산에 갇혀 결국 몰살당했다는 것도 너무나 잘 알고 있다네. 그러나 친구여, 나는 평생동안 공산주의를 믿고 그쪽 편에 서서 싸워왔네. 이제 와서 내가 공산주의를 부인하는 것은 결국 지금까지의 내 인생을 부정하는 것이 되는 것이야. 나에게 그것처럼 괴로운 것은 없다네. 그러므로 나는

전향할 수 없고 나의 신념을 그대로 안은 채 생을 하직할 것
이라네."

주인공인 이현상이 친구들이 강력히 전향을 권했어도 이
를 거부한 것은 그 역시 스스로의 인지적부조화에서 벗어나
기 위해서였습니다. 그가 지금까지 공산당을 위해 일생을 받
쳐온 것은 그것이 잘 된 일이든 잘못 된 일이든 이미 벌어진
사건입니다. 그런데 이제 와서 전향을 하면 자기의 인생 전
체를 부정하는 것이 되고 결국 회한만 남을 뿐입니다. 결국
그는 인지적 부조화에 빠질 수밖에 없고 이 인지적부조화를
조화로 바꾸는 방법은 애초의 신념을 더욱 강화하는 것뿐이
었습니다.

왜 집단과 집단 사이엔 갈등이 존재하는가?
우리팀 반칙은 안 보인다니까!

혹시 그런 경험이 있으십니까? 내가 속해있는 집단은 무조건 좋게만 보이고 경쟁하는 집단은 무조건 나쁘게 보이는 것 말입니다. 축구를 예로 들었을 때, 아무리 객관적으로 보려고 해도 우리팀은 잘못한 게 없는데 심판은 자꾸 반칙이라고 한다든지 분명히 상대팀이 반칙을 했는데도 심판은 그냥 넘어가는 것처럼 보인다든지...하지만 제3자가 봤을 때는 공정한 심판이라고 판단하게 되지요. 이처럼 집단 관계에서 객관성을 잃고 주관적으로 판단하는 것에도 미묘한 심리적 원인이 숨어있습니다.

상대팀 반칙은 너무 잘 보여!!!

미국에서는 한국과 달리 미식 축구가 상당한 인기를 누립니다.

1954년에 대학 미식 축구 경기에서 다트머스대학과 프린스턴대학이 결승전에서 맞붙게 되었습니다. 온 국민의 관심이 집중되는 경기였던만큼 두 대학팀은 반드시 이겨야겠다는 승부욕에 불타올랐습니다. 그래서였는지 경기는 무척 과열됐고 반칙 또한 난무했습니다. 그 경기를 지켜본 관중과 매스컴이 "아마추어 경기가 프로 이상으로 난장판이었다"고 혹평을 했을 정도였으니까요. 이날 경기에서는 어느 한 팀만의 일방적인 반칙 플레이가 아니라 두 팀 모두 치사한 반칙 플레이가 펼쳐졌습니다.

그런데 이 경기를 지켜본 하스트로프와 캔트릴이란 두 심리학자는 "양 팀의 응원단들은 과연 이 경기를 어떻게 보았을까?"라는 의심을 하게됩니다. 그래서 이들 심리학자들은 경기가 끝난 후, 이 경기를 녹화한 필름을 두 대학 학생들에게 보여준 뒤 그들이 본 경기를 회상해 적어보라는 지시를 내렸습니다. 그 결과는 연구자들의 예상대로였습니다.

다트머스 대학생들은 "프린스턴 선수들이 훨씬 더 많이 반칙을 했다"라고 기록했고 프린스턴 대학생들은 "다트머스 선수들이 더 많이 반칙했다"라고 회상했습니다.

우리에게도 이와 비슷한 경험이 있습니다. 2002년 월드컵 4강전에서 한국팀은 세계 최강 독일팀과 만났습니다. 이 때 대부분의 한국시청자들은 심판이 한국팀에게 불리한 판정을 한 것에 분개했지요. 필자 역시 이 경기를 관람하면서 주심

이 한국팀에게 너무 많은 경고를 주는 것을 보고 무척 안타
까웠습니다. 하지만 냉정하게 생각해 보면 주심은 한국과 독
일 팀 모두에게 공평한 판정을 내렸을지도 모릅니다. 그러나
우리는 반드시 독일을 이겨야 한다는 집념 때문에 한국팀이
반칙하는 것은 모른 척하고 독일 팀이 반칙하는 것만 보았던
것입니다.

미국의 두 대학생들, 그리고 한국의 2002년 월드컵 응원
단은 왜 자기 팀의 반칙을 의도적으로 외면하고 상대방 팀의
반칙을 더 많이 발견해냈을까요? 역시 인지부조화이론으로
설명할 수 있습니다.

우리는 우리 팀에 대해 호감을 가지는 반면 상대방 팀에
대해서는 반감을 갖기 마련이지요. 그래서 우리 팀이 잘 하

양 팀 모두 심판에게 '저 쪽이 반칙이야'라며 따지고 있다

는 것은 우리에게 인지적 조화를 가져오고 상대방이 잘하는 것은 우리에게 부조화를 가져옵니다. 또 우리 팀이 잘못하는 것은 인지적 부조화를, 그리고 상대방 잘못하는 것은 인지적 조화를 가져옵니다.

그런데 앞에서도 말했듯이 우리들은 인지적 부조화보다 인지적 조화를 가지려 합니다. 그러다 보니 우리 팀이 잘 한 것은 눈에 잘 띄는 반면 상대방이 잘 한 것은 일부러 외면하려합니다. 마찬가지 이유로, 우리 팀이 잘못한 것은 보이지 않고 상대방 팀이 잘못한 것은 확연히 보이는 것이지요.

마음의 갈등을 해소하기 위해 스스로를 속이다

앞에서 말했던 인지적 부조화에 대한 많은 실험들은 우리가 어떤 행동을 하고 난 후의 심리상태에 따른 인지적 부조화를 말하는 것들이었습니다.

훼스틴저와 칼 스미스의 '실 감기 실험'에서 피험자가 다른 피험자에게 실험이 재미있다고 거짓말을 한 뒤에 인지적 부조화에 빠지고 이를 조화롭게 만들기 위해 애초의 태도를 바꾼 것처럼 미국 군인 켈리 중위도 잔인한 학살을 한 후 그의 행동을 합리화하기 위해 더 강한 인종적 편견을 가집니다. 이들 실험은 우리가 어떤 중요한 의사결정이나 행동을 한 뒤에 이것이 평소 그가 생각하던 것과는 다른 행동이라는 것을 인식하게 되면 인지적 부조화에 빠지며, 이를 조화롭게 만들기 위해서 우리가 원래 갖고 있던 신념과 사고를 바꾸거나 혹은 반대로 더 강하게 믿는다는 사실을 지적했습니다.

그러나 다트머스와 프린스턴 대학의 축구 경기를 연구한 하스트로프와 캔트릴의 실험은 우리가 의사결정이나 행동을 하기 전부터 인지적 부조화가 생길 수 있으며 이를 막기 위해 우리는 아예 처음부터 인지적 부조화를 초래할 것 같은 사건이나 사실을 무시하고 외면한다는 사실을 밝혔습니다.

대학생들이 자기 팀의 반칙을 무의식적으로 외면한 것은 이러한 사실을 입증합니다. 대학생들은 자기 팀이 잘 해야된다고 생각했기 때문에 자기 팀의 반칙은 그들에게 인지적 부조화, 즉 불쾌감을 유발했던 것입니다. 따라서 이러한 불쾌감에 빠지지 않기 위해 프린스턴 대학생들은 아예 처음부터 인지적 부조화를 일으키는 사건(자기 팀의 반칙 행위)을 외면한 것이지요.

이것은 인지적 부조화이론이 단순히 의사결정 후, 또는 인지적 부조화가 생기고 난 후에만 적용되는 것이 아니라 그 이전에도 똑같이 작용한다는 사실을 보여주었습니다. 결국 우리는 인지적 부조화를 일으킬 것 같은 사실은 아예 처음부터 외면하는 '지각적 착각'을 일으키는 것입니다.

내가 속한 집단이 아니면 모두 나빠!

하스트로프와 캔트릴의 미식 축구팀 연구는 인지적 부조화가 집단 사이의 문제에서도 발생한다는 놀라운 사실을 증명했습니다. 우리들은 집단을 내집단(내가 속해 있는 집단)과 외집단(내가 속해 있지 않은 다른 집단)으로 구분하는 경향이 있으며, 내집단은 좋게 보고 외집단은 나쁘게 보는 경향 또한 있는데 이러한 경향성이 사회적 인지적 부조화를 일으킬 있습니다.

이 장의 서두에서 말했듯이 사회심리학은 개인내적 심리학, 대인간 심리학, 집단간 심리학 등 세 가지 수준으로 나눌 수 있는데 위의 연구는 집단간의 문제를 다룬 것입니다. 그러나 하스트로프와 캔트릴 실험은 어디까지나 개인내적 심리학이지 이것이 집단간 연구는 아닙니다. 집단간의 문제를 다뤘다면서 결국엔 개인내적 심리학이다? 이건 또 무슨 말일까요? 그 이유는 다음과 같습니다.

인지적 부조화이론은 여러 가지 중요한 사회심리학적 현상, 예컨대 태도의 변화, 신념의 정당화 및 합리화, 더 쉽게는 옹고집의 이유 등을 잘 설명하는 아주 중요한 개념입니다. 그러나 이 이론 또는 이와 관련된 개념을 연구하는 것은 개인내적 수준이지요. 왜 개인내적 수준일까요? 그것은 인지적 부조화란, 개인의 머리 또는 마음속에서 생기고 혼자서 이를 해결하는 것이기 때문입니다. 인지적 부조화란 개인이 갖고 있는 신념과 태도, 이와 관련된 어떤 행동 사이에 일치가 있느냐 아니냐에 관한 것이지 다른 사람과의 관계가 아닙니다.

하스트로프와 캔트릴이 조사한 다트머스와 프린스턴 대학생들의 축구 경기는, 그 주제 자체만 보면 집단간 문제입니다. 각 대학생들이 자기 팀과 상대방 팀의 플레이를 보고 난 뒤, 나중에 이를 어떻게 기억하는가를 조사했기 때문에 이 연구는 집단간의 문제를 다룬 것처럼 보입니다. 그러나 이들 연구자들은 이 문제를 단순히 인지적 부조화로만 설명하려 했기 때문에 결국 개인 내부적 방식으로 연구한 것이 되었습니다. 하스트로프와 캔트릴이 집단간 문제를 다루었음에도 불구하고 실제로 그 문제를 설명한 개념은 개인내부적 개념이기 때문에 그들의 연구는 집단간 관계를 집단적인 연구방법으로 다룬 것이 아니었던 것입니다.

왜 집단과 집단 사이엔 갈등이 존재하는가?

고정관념과 편견이 차별을 불러온다

'군인은 용감하고 무뚝뚝하며, 교수는 깐깐하고 잘난 체하며, 간호사는 친절하고 희생적이다' 이와 같은 고정관념은 우리가 어떤 사회집단에 대해 갖는 지식입니다. 앞의 '여성과 성차의 심리학'이란 장에서도 말했지만 우리가 갖는 성 고정관념도 우리가 성 집단에 대해 갖는 우리의 지식 또는 상식을 나타내는 것입니다.

고정관념은 긍정적인 것과 부정적인 것으로 나누어집니다. 어떤 사회집단에 대해 우리가 갖는 부정적인 고정관념은 편견을 가져오며 상대방에 대해 부정적인 태도를 갖고 적대시하게 만듭니다. 이러한 편견이 더 깊어지면 상대방을 차별하기 시작합니다.

우리가 어떤 사회집단에 대해 갖는 지식이 고정관념이라면 편견은 우리의 태도이며, 차별은 고정관념과 편견을 토대로 우리가 다른 사회집단에게 불이익을 주는 행동을 말합니다.

고정관념, 편견, 차별이란 주제 자체는 집단문제를 다루는 것임에도 불구하고 지금까지는 집단문제의 연구방식으로 연구되지 못했습니다. 그것은 앞에 나온 미식 축구팀 연구가 비록 주제는 집단문제였지만 그 연구방식은 개인내부 심리학적인 개념, 즉 인지적 부조화를 채택한 것과 같은 문제였습니다.

개인이 느끼는 자아정체감처럼 집단에서도 정체감을 찾는다

지금까지 고정관념을 다룬 연구는 정신분석학적인 방법이나 성격을 연구하는 식이었습니다. 예를 들어 고정관념을 가진 사람은 권위주의적인 성격과 밀접한 관계가 있다는 것을 연구하여, 고정관념을 가진 사람은 보수적이고 권위에 대해 무조건 복종하는 반면 하층 계급이나 혁신을 요구하는 사람에 대해서는 편견을 갖는, 성격적으로 문제가 있는 사람이라는 가설이었습니다. 이처럼 고정관념을 가진 사람을 개인내부 심리학적 연구로 국한하고 집단연구방식을 적용하지는 않았습니다.

그렇다면 어떻게 하는 것이 집단연구방식으로 하는 것일까요? 우선 연구개념이 집단과 관련이 있어야 합니다.

유럽의 학자 타지펠과 터너는 '사회적 정체감'이란 개념을 개발했습니다.

　　사회적 정체감은 기존의 심리학적 개념인 '개인적 정체감'
과 대비되는 개념입니다. 개인적 정체감이란 우리가 스스로
자신이 어떤 사람이라고 생각하는 것, 즉 자기에 대한 인식
을 말하는 것으로 더 구체적으로 말하면 나의 신분과 위치는
물론이고, 취미, 적성, 가치관 등을 말합니다.

　　필자의 개인적 정체감을 말해보면, 나는 대학교수이고, 한
집안의 가장이며, 심리학자이고, 나의 목표는 제자들로부터
훌륭한 교수로 인정받고 또 그에 걸맞는 연구를 하는 것입니
다. 또 나는 내성적이고 밖에 돌아다니기보다는 연구실에 틀
어박혀 있기를 더 좋아하지요. 이처럼 개인의 정체는 개인의
신분과 심리적 특징 등을 설명해줍니다.

　　고등학교 3학년 정도가 되면 우리는 개인적 정체감을 확
립하려고 합니다. 그 시기에는 자기가 앞으로 어떤 직업을 갖
고 어떤 일을 하며 어떻게 세상을 살아갈 것인가를 정해야하
는 시간이기 때문입니다. 대학을 갈 것인가 말 것인가를 생각
하는 것은 물론, 대학을 간다면 구체적으로 어떤 학과에 지망
해서 앞으로 어떤 직업을 가질 것인가도 결정해야 합니다.

　　이렇게 진로를 결정할 때 우리는 자신의 취미, 적성, 인생
관, 가치관을 나타내는 자아정체감을 잘 파악하고 있어야 하는
데 자아정체감을 확립하는 것은 그렇게 쉬운 일이 아닙니다.

　　여러분도 잘 아시겠지만 내가 추구하는 것이 무엇인지,
가치있게 생각하는 것이 무엇인지를 아는 것은 결코 쉽지 않
기 때문입니다.

　　자아정체감은 어떻게 보면 일생을 통해 형성되는 것입니
다. 하지만 일단 대학에 들어가고 전공을 정하는 일이 인생
에서 처음 부딪히는 정체감의 문제이므로 자신의 자아정체감
을 충분히 고려해야 합니다. 우리가 대학에서 무엇을 전공하

느냐에 따라 그의 미래와 직업이 결정될 수도 있기 때문입니다. 그리고 그 직업은 우리의 적성, 취미, 가치관과 걸맞아야 하는데 이러한 적성, 취미, 가치관이 바로 자아정체감이기도 합니다.

타지펠과 터너는 우리가 자아정체감을 갖듯이 사회적 정체감을 갖는다고 말합니다. 한 사회에는 여러 가지 집단이 있습니다. 이 집단은 출생지, 성, 인종, 직업 등 여러 가지 기준에 의해 나뉘어 지고 우리는 자기가 속한 집단에서 정체감을 갖게 되는데 이것이 바로 사회적 정체감인 셈입니다.

필자는 교수이기 때문에 교수라는 사회적 정체감을 갖습니다. 그래서 직업이 교수인 다른 사람을 알게 되면 그가 누구이든 간에 친밀감을 갖습니다. 또 외부에서 누군가 교수집단의 권리를 침해하려고 하면 교수집단의 권리와 의무를 찾기 위해 다른 교수들과 힘을 합쳐 강력히 대항합니다. 하지만 교수의 신분과 의무를 소홀히 하는 동료나 그 구성원에 대해서는 강하게 비판하기도 합니다.

이러한 사회적 정체감은 집단을 구분하기 때문에 생겨난 것입니다. 한 사회에는 학연, 지연, 직업, 성별, 경제적 지위별 등 무수히 많은 집단이 존재합니다. 그런데 이렇게 집단이 형성되고 나면 자연히 내외집단으로 나누어지고, 일단 내외집단이 형성되면 내집단 구성원은 좋게 보고 외집단 구성원들은 나쁘게 보는 등의 편파가 생기고 이들 집단은 서로 경쟁하기 마련입니다. 이런 식으로, 특히 남녀 사이의 편견과 차별은 아주 오래 전부터 있어왔습니다. 물론 이것은 남자의 여자에 대한 일방적인 차별이지만요.

더 높은 자부심을 갖기 위해 다른 집단과 경쟁한다

개인적 정체감에서 우리는 자존심을 느낍니다. 즉 자신이 사회에서 신분이 높고, 괜찮은 사람이라고 판단하는 사람은 자부심이 높기 마련인데, 이와 마찬가지로 사회적 정체감에서도 자존심이 생겨납니다. 자기가 속한 집단이 사회에서 우수한 집단이고 권력을 가진 집단이라고 생각하면 집단 자부심은 높아집니다.

그러므로 우리는 개인적 자부심뿐만 아니라 사회적 자부심도 높게 가지고 싶어합니다.

이러한 사회적 자부심은 자기 집단을 타 집단과 비교함으로써 얻어집니다.

미국에서는 흑인집단이 백인집단에 비해 열등한 신분으로 여겨집니다. 그래서 흑인 아이들은 백인이 되고 싶어하는, 그래서 인형을 선택할 때에도 흑인인형 대신 백인인형을 가지려 하는 잘못된 동일시를 하기도 합니다.

이는 아이들조차도 어느 정도 집단정체감을 인식하고 있다는 사실을 말해주는 것으로, 자기 집단이 백인보다 열등하다는 것을 의식하고, 어렸을 때부터 백인을 선망하는 태도를 보이는 것입니다.

사회적 정체감을 더 구체적으로 말하면 집단정체감이라고 할 수 있습니다. 우리는 사회에서 구분한 집단에 속하면서부터 자신이 어떤 집단의 구성원임을 자각하고 그에 따른 집단정체감을 갖게 됩니다.

타지펠과 터너가 제안하는 집단정체감은 우리가 왜 다른

집단과 경쟁을 하고 차별을 하는가에 대해 잘 설명하고 있는데, 우리는 다른 집단과 비교해서 보다 높은 집단자부심을 갖기 위해 다른 집단과 서로 경쟁한다는 사실입니다.

앞의 인지적 부조화연구, 특히 하스트로프와 캔트릴의 미식 축구팀 연구로 돌아가 봅시다. 대학생들은 자기 팀의 추악한 플레이는 기억하지 못한 반면 상대방의 반칙 행위는 생생하게 기억해 냈습니다.

왜 그런 일이 발생했을까요? 이에 대해 하스트로프와 캔트릴은 인지적 부조화 때문이라고 설명했습니다. 그렇다면 그러한 인지적 부조화는 왜 생긴 걸까요? 그것은 자기 대학 팀이 우승하기를 바랐기 때문이지요.

그런데 자기 팀이 우승하기를 바라는 것은 타지펠과 터너가 말하는 '집단간 구분에 의한 내외집단 편파'와도 깊은 관련이 있습니다. 더 구체적으로 말하면 이들이 우승을 바라는 마음은 집단자존심을 유지하고 싶은 욕망인데, 자기 팀이 이겨야만 남들 앞에서 과시할 수 있기 때문입니다.

그렇다면 여러분은 "위의 연구 결과를 설명하는 데 인지부조화이론가들과 집단정체감이론가들의 차이점이 별로 없지 않은가?"라고 생각할지도 모릅니다.

인지부조화이론가들은 두 대학생들이 자기편을 편들기 위해서 그렇게 착각을 했다고 설명했고 집단정체감이론가들도 집단구분에 따른 내외집단편파로 이러한 현상이 나타났다고 설명했으니 말입니다.

그러나 이 두 가지 이론엔 분명한 차이가 있습니다. 인지부조화이론가들은 축구시합 실험결과를 인지적 부조화란 개념으로 설명했는데, 이는 개인내적인 개념이고 따라서 개인내부 수준에서 설명한 것입니다.

그러나 집단정체감이론가들은 이 문제를 집단정체감이란 개념을 이용해 설명한 것입니다.

아직 여러분들은 개인내적 연구방법과 집단관계적 연구방법이 다르다는 사실에 동의하지 못할 수도 있습니다. 아래에서 얘기하는 집단연구방식의 연구를 살펴보면 두 연구방법이 어떻게 다른지 좀더 쉽게 알 수 있습니다.

비교하려는 집단의 특성에 따라 정의는 달라진다?

사회적 정체감 또는 집단정체감이론은 그 후 자기범주화이론으로 바뀌었습니다.

자기범주화이론은 앞의 이론을 더 구체화한 것으로 커다란 차이는 없습니다.

사회적 정체감이론에서는 우리가 사회에서 정한 어떤 구분에 따라 자기의 집단이 정해지면, 자기집단은 선호하고 타집단은 배척하는 내외집단편파를 하게 되는데, 그 이유가 집단자부심 때문이라고 설명합니다.

그런데 범주화가 어떻게 이루어지는지에 대해서는 두 이론이 각기 다른 해석을 합니다. 사회정체감이론에서는 범주화가 피동적으로 우리에게 주어지는 것으로 여기는 반면, 자기범주화이론에서는 자기 스스로 이를 정하는 것으로 봅니다.

간단한 예를 하나 들어서 보겠습니다.

우리나라에서는 출생지에 따른 편견과 차별이 심합니다. 특히 경상도와 전라도 주민 사이의 대립은 심각한 수준이지요. 그런데 모든 사람이 자기 출생지에 따라 집단정체감을 갖는 것은 아닙니다. 자기 직업에 대한 집단소속감은 높지만 자기 출생지에 대한 소속감은 낮을 수 있습니다. 이런 사람은 자기의 사회적 범주가 출생지에 따라 결정되는 것에 반대하기 때문에 자기를 경상도(또는 전라도) 출신으로 범주화하는 것을 꺼려하게 됩니다.

이러한 자기 범주화는 상황과 맥락에 따라서 다를 수 있습니다. 다음의 예를 보면 확실해 집니다.

필자가 존경하는 한 선배는 경상도 출신으로, 많은 경상도 출신들이 그렇듯 전라도 출신에 대해 반감을 갖고 있습니다. 정치문제에 있어서도 그런 성향은 그대로 나타내는 사람이었습니다. 그런데 놀랍게도 그가 전라도 출신의 며느리를 맞이했습니다.

영호남 사람 중 지역적 편견이 심한 사람은 상대 지역 사람들과 혼인관계를 맺지 않으려고 합니다. 예전에 비해서 지역주의가 많이 사라졌다고는 하지만 아직도 많은 사람들 자녀의 반려자이 서로 반감을 가지는 지역 출신이라면 아예 만

'경상도' 팻말 쪽에 선 부모는 아들을 끌고 가고, '전라도' 팻말 쪽에 선 부모는 딸을 끌고 간다. 애절하게 헤어지는 두 연인

나는 것조차 싫어하기도 합니다.이런 현상은 젊은이들에게서
도 나타나는데, 처음엔 서로 고향을 모르고 교제하다가 나중
에 각자의 고향이 영호남이라는 것을 알게 되면 아예 교제를
끊는 경우가 종종 있습니다. 물론 이런 경우 그들 부모의 압
력 때문일 가능성이 높습니다.

그렇다면 그 선배의 행동은 어떻게 설명할 수 있을까요?
선배는 '결혼'이란 상황에서 자기를 경상도 출신이라고 범주
화하지 않았기 때문입니다. 결혼문제에 있어서는 상대방의
능력, 자질, 외모, 기타 등등에 비해 그의 출생지가 중요하지
않다고 생각하기 때문입니다. 그는 자기 자신을 상황에 따라
조금씩 다르게 범주화한 것입니다.

예를 들어, 영호남간의 정치적 대립상황에서는 자기 자신
을 영남사람으로 굳건히 범주화하지만 자식의 결혼에서는 자
기를 영남사람으로 범주화하지 않았던 것입니다. 특히 사돈
은 특정지역 사람들과 맺지 않겠다는 범주화를 하지 않았기
때문에 자기와 사돈이 서로 적대적 집단이라고 생각하지 않
았습니다.

이처럼 우리는 상황에 따라 자기범주화를 달리하는데 사
회정체감이론가들은 이를 간과했었고, 그 때문에 자기범주화
이론이 사회정체감이론보다 한 발 앞선 이론이 되었습니다.

타 집단보다 우수한 점을 찾아내 우월감을 과시한다

자기범주화이론에서는 우리가 자기 스스로를 정의(定義)
할 때 상황에 따라, 그리고 비교하려는 집단의 특성에 따라
다르게 해석할 수 있다고 설명합니다.

미국에서는 흑인들이 자신의 정체를 예·체능계 소질, 가
정의 화목이라는 점에서 정의하려 하는데, 이렇게 함으로써
자신들이 백인들보다 더 우수하다는 결론을 내릴 수 있게 되
기 때문입니다. 만일 흑인이 자기 자신을 경제적, 정치적, 기
타 성취적 측면에서 범주화하거나 정의(定義)한다면 그들은
언제나 백인보다 열등하다는 결과만 나타나서, 자연히 집단
자부심은 낮아질 수밖에 없기 때문입니다.

이처럼 우리는 자신이 속한 집단이 다른 집단에 비해 무
엇이 더 우수한지 찾아내려고 애쓰고, 그러한 측면에서 우리
를 정의하여 다른 집단보다 우위에 있다는 것을 과시하고 싶
어합니다.

내가 속한 집단과의 동일시

아주 능력있는 여성은 자신을 여성으로 바라보기보다는
여자 변호사, 여자 교수, 여자 정치가로 인정받기를 원합니
다. 이런 여성들은 다른 여성들에 비해 여성 집단과 동일시
하는 것을 꺼려하지요.

이 이유는 앞에서 말한 것처럼 자기를 더 돋보이게 하기
위해서 그에 걸맞는 비교기준을 이용하기 때문입니다. 즉 여
자 변호사가 단순히 자기를 여성으로만 범주화하면 자기 자
부심은 낮아집니다. 왜냐하면 우리 사회에서는 남자에 비해
여자를 능력이 낮은 집단으로 평가하기 때문입니다. 그러나
자기 자신을 여자 변호사로 동일시하면 그 때는 높은 자부심
을 갖게 됩니다. 변호사라는 직업이 사회에서 높은 신분으로
인정받기 때문입니다.

이렇게 우리는 여러 집단에 소속되어 있지만 각 집단에

대한 우리의 동일시 정도는 다르게 나타납니다. 그러므로 우리가 집단문제에서 개인의 행동을 정확히 예측하려면 그가 집단에 대한 동일시를 얼마나 강하게 하는가, 그리고 그가 어떤 입장에 서서 자신을 정의(또는 범주화)하려 하는가를 알아야 합니다.

04

상대방과 친해지는 이유 VS 공격하는 이유

앞에서 사회심리학은 세 가지 수준으로 나누어진다고 구분하고, 지금까지 개인 내부 수준과 집단간 수준의 연구방법에 대해서 알아보았습니다. 그렇다면 이제는 우리가 가장 알고 싶은 대인간 수준을 살펴볼 차례입니다.

대부분의 사람들은 자신이 만나는 사람들과 친해지고 싶어합니다. 하지만 어떻게 하면 친근감을 느끼게 할 수 있는지 그 방법을 잘 알지 못하지요. 여기에서는 사람과 사람 사이의 친밀감이 어떤 식으로 생겨나는지, 반대로 어떻게 서로를 미워하게 되는지에 대해 알아보기로 하겠습니다.

협동하고 친밀해지는 것에도 보상이 따른다

대인간 수준의 연구는 주로 매력, 친밀한 관계, 친사회적(또는 남을 돕는) 행동, 그리고 그 태도에 관한 것입니다. 매력에 관한 연구는 우리가 상대방에 대해서 왜, 어떻게 매력을 느끼게 되는가를 분석하는데, 매력을 결정하는 중요한 요소에는 개인적 유사성, 친밀성, 신체적 매력 등이 있습니다.

또 친밀한 관계에 관한 연구결과를 보면 우리가 서로 평등하고(경제적으로나 사회신분상에서), 상대방이 나에게 보상을 주며(술과 식사를 잘 사준다든지, 나를 칭찬한다든가 등), 정서적으로 만족감을 주는(예컨대 농담을 잘하며, 나를 기쁘게 해준다) 경우 친밀감을 느끼고 친구가 될 가능성이 높습니다.

우리가 상대방으로부터 매력을 느끼거나 친밀감을 갖게 만드는 요인은 우리가 누군가를 만나고 사귀는 친사회적 행동에도 똑같이 작용합니다. 그래서 도움을 받을 사람을 결정하고 그를 도와주며 그에게 연민을 느끼는 감정은 유사성, 친밀성, 신체적 매력과 같은 영향을 크게 받습니다.

반대로 이러한 요소가 전혀 없거나 혹은 반대적 요소가 있는 경우에는, 우리는 좌절, 분노, 불공정성 등과 같은 공격성을 드러낼 가능성이 높습니다. 상대방이 나에게 불만족스러운 결과를 불러올 수 있다고 생각하면 상대방을 공격합니다. 물론 동물과 같은 본능적인 형태의 공격은 아니겠지만 말이죠.

대인관계 수준의 연구 사례를 보겠습니다.

한 심리학자가 기능공들을 대상으로 게임을 하게 했습니

다. 심리학자는 기능공 두 사람에게 "당신들은 각기 반대편에 위치한 화물운송회사의 차주라고 생각하라"고 주문했습니다. 그리고는 "당신들의 목표는 가능하면 빠른 시간 내에 화물을 운반하는 것"이라고 말했지요.

그런데 두 운전수는 길 중간에서 외나무다리를 만나게 됩니다. 이 외나무다리는 길이 좁아서 간신히 차 한 대만 통과할 수 있기 때문에 두 운전수가 반대 방향에서 최고의 속력으로 달리다 보면 어쩔 수 없이 외나무다리에서 부딪히게 됩니다.

이럴 경우, 두 사람이 각자 자기의 목표를 달성하려면 서로 한번씩 양보하는 방법밖에는 없습니다. 처음에는 B가 양보를 해서 A가 먼저 외나무다리를 건너고 그 다음 B가 건너가고 나서, 또 돌아올 때 외나무다리에서 다시 만나면 이제 A가 먼저 양보해 B가 먼저 건너고 그 다음 A가 건너면 됩니다.

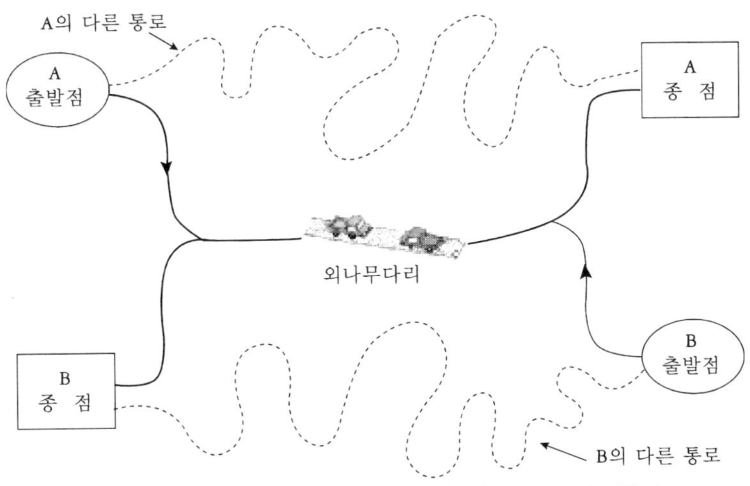

외나무 다리 위에 화물차 두 대가 마주보고 달려온다

실험자는 1$을 칩으로 바꾸어주고 빠른 시간 내에 피험자들이 화물을 모두 이송하면 돈을 주기로 약속했습니다.

자, 피험자들이 그 돈을 받으려면 번갈아 가면서 길을 양보해야만 합니다. 그런데 대부분의 피험자들은 외나무다리에서 상대방이 길을 비켜주기를 기다렸고 결국 시간 초과로 돈을 모두 받지 못했습니다.

그런데 어떤 피험자가 우연히 길을 양보했을 때에는 상대방도 그에 보답하여 길을 양보하였고 그 둘은 실험자로부터 돈을 받았습니다.

이 실험으로 우리는 사람들이 협동하고 친밀해지는 이유는 상호 보상을 주기 때문이라는 것을 알 수 있습니다. 즉 상대방이 나에게 호의를 베풀면 나도 이에 보답해 친절을 베풀게 된다는 것이죠.

비슷한 사람이어야 친구관계도 오래간다

보상도 한 편만 너무 많은 이익을 갖게 되면 불편해지므로 공평한 것이 가장 좋습니다. 예를 들어, 만날 때마다 친구가 매번 나에게 점심을 사면 나는 마음이 불편해집니다. 왜냐하면 내가 너무 일방적으로 보상을 받고 있기 때문입니다.

그래서 나도 그 친구에게 한두번쯤은 점심을 사려하고, 만일 내가 돈이 없다면 더 이상 그 친구와 가깝게 지내기가 불편해집니다. 따라서 결국 나는 나와 비슷한 경제수준의 친구를 찾게 되는 것이지요.

개인 내부적, 대인간, 집단간의 수준은 합하면 사회가 보인다

최근 부랜스콤과 스페어스는 사회심리학의 세 수준의 연구 즉 개인 내부적 연구, 대인간 연구, 집단간 연구가 통합될 수 있다는 의견을 주장하며, 이것이 사회정체감 또는 자기범주화이론을 통해서 가능하다는 의견을 내었습니다.

앞서서 우리는 인지적 부조화이론이 개인 내부적 수준의 연구이긴 하지만 집단간 수준의 연구로도 설명될 수 있다는 것을 알 수 있었습니다.

다시 한 번 설명하면 프린스턴과 다트머스 대학생들이 자기편의 반칙은 적게, 그리고 상대편의 반칙은 더 많게 본 것은 인지적 부조화를 없애기 위한 것이라기보다 사회적 정체감 또는 자기범주화이론에 따른 내집단 편애로 설명하는 것이 더 바람직합니다.

그 이유는 집단간 고정관념, 편견, 차별을 보다 더 효과적으로 설명할 수 있기 때문입니다. 더 구체적으로 말해서 인지적 부조화이론에서는 개인이 집단과 동일시하는 정도, 상황에 따른 자기범주화를 변경하는 현상을 설명할 수가 없습니다.

하지만 타지펠과 터너가 제안한 집단정체감이론은 이 문제를 취급할 수 있습니다. 여러분들은 이 두 학자의 이론을 통해 세 수준의 연구가 하나로 통합될 수 있음을 어렴풋이 이해할 수 있을 것입니다.

개별적인 인간관계도 집단관계 속에서 보면 결과가 다르다

또 대인관계 수준에서 얻은 결과는 집단관계의 수준에서 재검토할 필요가 있는데 그것은 우리가 대인관계 수준에서의 문제를 집단간관계 속에서 살펴보면 그 결과가 다르게 나타나기 때문입니다.

예컨대 대인간 상황에서 사람들은 불공정한 리더보다는 공정한 리더를 더 좋아합니다. 그러나 집단간 상황에서는 오히려 불공정한 리더를 좋아하는데 그 리더가 우리와 대적하는 다른 집단에 대해 편견을 가질수록 사람들은 그를 더 좋아하기 마련입니다.

최근 이라크 전쟁 때문에 골치아픈 미국의 부시 대통령을 예로 들어봅시다. 그는 유엔과 세계 각국의 반대를 무시하고 이라크 전쟁을 일으켰습니다. 하지만 부시는 이같은 외국의 반감에도 불구하고 미국 내에서는 압도적인 지지를 받으며 전쟁을 선포했습니다.

그 이유는 무엇일까요? 당시 대다수의 미국인들은 9.11 테러로 인해 중동에 대한 격앙된 분노의 감정을 갖고 있었고 자신들의 복수심을 부추기는 부시에게 열화와 같은 지지를 보냈던 것입니다. 결국 나라와 나라 사이의 이해관계가 얽혀 있을 때, 자국민은 국수주의적인 리더를 더 선호하게 됩니다.

이 장에서 말하고자 한 것은 사회심리학입니다.

사회심리학은 비단 집단속의 개인행동을 연구할 뿐만 아니라 집단대 집단간의 문제, 그리고 개인과 개인간의 문제를 이해하는데 도움이 됩니다.

특히 오늘날처럼 우리사회에서 집단간 갈등이 첨예하고 또 국제간의 분쟁이 잦은 경우 사회심리학은 이 집단간 갈등을 해결하는 열쇠를 제공하고 있습니다.

우리가 여기에서 꼭 알고 넘어가야 할 것은 집단간의 갈등이 왜 발생하느냐 하는 문제가 아니라, 발생할지도 모르는 갈등에 대해 미리 대처함으로써 더욱 발전된 관계로 나아가는 방법을 찾아야 한다는 사실입니다.

우리가 가장 염두에 두어야 하는 것은 모든 갈등의 원인은 '욕심'에서 비롯된다는 것입니다. 과도한 욕심을 버리고 내가 아닌 다른 사람을 진정으로 포용할 때, 이 사회의 갈등은 사라지게 될 것입니다.

9장

‘나는 혹시 천재가 아닐까?’.‘내 아이가 아무래도 천재인 것 같다.’
자녀가 어렸을 때 모든 부모들은 한번쯤 “내 아이가 혹시 천재가
아닐까?”라는 생각을 해보게 됩니다. 내 아이가 새로운 행동을 하나씩
보일 때마다 “확실히 다른 아이들보다 머리가 좋은 것 같아”고 생각하는
것은 일종의 통과의례 같기도 합니다. 또 독자들 중에는 어릴 때 스스로
천재가 아닐 까 의심해본 분들도 있을 것입니다.
그렇다면 과연 어떤 사람이 천재일까요? IQ가 높은 사람? 성공한
사람? 위대한 발명가?
또 우리의 IQ는 정말 신뢰할 수 있는 수치일까요?
여기에서는 그동안 우리가 지능에 대해 갖고 있던 여러 가지 오해와
진실에을 알아보겠습니다.
‘천재’란 과연 어떤 사람을 두고 하는 말인지에 대해서도 다시 한번
생각해 볼 수 있었으면 합니다.

01

천재가 되고 싶습니까; 지능의 발전
나의 IQ는 과연 얼마일까?

사람들은 누구나 내 지능이 얼마나 되는지 알고 싶어합니다. 그래서 "내 IQ는 얼마나 될까?"라는 생각을 종종 하곤 하지요. 하지만 이렇게 관심이 높은 것에 비해서 자기 지능에 대해 구체적으로 알고 있는 사람은 극히 드뭅니다.

여러분들 주변에서 혹시 "나는 생활연령보다 지능이 더 높다"라고 말하는 사람이 있을지도 모르겠습니다. 생활연령과 지능을 비교하는 것은 비네(Binet)식의 지능지수를 말하는 것입니다. 비네는 프랑스 심리학자로서 1881년 프랑스 정부의 요청으로 지능이 낮아 특수교육을 받아야 할 학생을 가려내는 검사를 만들었습니다. 그는 지능을 다음과 같이 간단하게 정의했습니다.

지능지수, IQ(intelligence quotient) = 정신연령/생활연령 × 100

비네의 생각에 의하면 지능이 높은 사람은 자기 나이(생활연령)보다 지적으로 발달한 사람이고 반대로 지능이 낮은 사람은 자기 나이에 비해 지적 능력이 부족한 사람이었습니다. 그래서 IQ가 100 이하인 사람은 지능이 낮은 사람이고 100 이상인 사람은 지능이 높은 사람으로 간주했습니다.

비네는 지능검사를 만들 때 각 연령대가 평균적으로 모두 풀 수 있다고 여겨지는 문제를 2개 씩 선정했습니다(p. 340 표 참조). 만일 어떤 사람이 자기 연령대의 사람이 보통으로 풀 수 있는 문제를 해결하면 그의 생활연령과 정신연령은 같기 때문에 그의 지능은 100입니다. 그리고 그가 자기보다 더 나이 많은 사람이 보통으로 풀 수 있는 문제를 해결했다면 정신지능이 생활지능보다 더 높아 그의 지능은 100 이상이 됩니다.

IQ테스트는 정말 믿을 만한 걸까?

비네의 이러한 정의와 지능 측정 방법은 비교적 간단하지만 많은 문제를 안고 있습니다. 우선 지능에 대한 정의가 너무 간단합니다. 자기 나이보다 더 지적으로 발달되었으므로 지능지수가 높고, 덜 발달됐으므로 지능지수가 낮다는 것은 도대체 어떤 기준으로 규정할 수 있을까요.

p. 340에 있는 표를 한 번 보겠습니다. 9세가 풀어야 하는 문제로 "빌존은 발이 너무 커서 바지를 머리 위로 입어야 한다"라는 문장이 있고 이 말의 어디가 잘못되었는가를 대답해 보라는 과제가 주어져 있습니다. 그런데 9세라면 정말 이 문

제를 꼭 풀 수 있어야 할까요? 그 근거는 어디에서 나오는 것인지. 왜 다른 문제가 아니고 꼭 이 문제여야 하는지에 대한 자료가 없습니다.

마찬가지로 성인에게 해당하는 문제를 살펴보면, "실험자가 불러준 6개의 숫자를 역순으로 말하기"가 있습니다. 이 문제 또한 왜 성인이 필수적으로 풀어야 할 문항으로 선정되었는지가 불분명합니다.

공부를 많이 한 사람은 지능도 높다?

일반적으로 지능은 '타고난 능력'이라고 말합니다. 그런데 비네의 지능검사는 그러한 점에서 모순점을 가집니다.

비네식 지능검사는 공부를 한 사람과 공부를 하지 않은 사람이 지능검사를 받았을 때 확연한 차이를 나타냅니다. 340페이지의 표에서 14세가 풀어야 할 어휘문제, "곤궁과 가난" 그리고 "인품과 명성"간의 차이는 학교에서 그 단어를 공부한 사람만이 풀 수 있는 문제로, 학교를 다니지 않은 사람은 구체적인 차이를 구별해내기 어렵습니다. 그렇다면 당연히 학교를 다닌 사람이 훨씬 높은 지능지수를 얻게 됩니다.

바로 여기에서 비네의 지능지수에 문제가 발생합니다. 학교를 다녀야만 풀 수 있는 문제들을 제시한 비네의 지능검사는 학업 사람의 선천적 지능을 측정한 것이라기보다는 공부의 결과로 얻은 학업능력에 가깝습니다.

세상에는 학교를 다니지 않았더라도 머리가 좋아서 뛰어난 능력을 발휘하는 사람들이 많이 있습니다. 사실 그런 사람들이야말로 정말 지능이 높은 사람이 아닐까요?

나이	과 제
2	**신체 부위들 이름대기**. 아이에게 커다란 종이 인형을 보여주고 신체의 여러 부위들을 짚어보라고 한다.
3	**시각-운동기술**(visual-motor skills). 벽돌 세 개로 만든 다리를 보여 주고 그와 같은 것을 만들어 보라고 한다. 본대로 원을 따라 그릴 수 있는가.
4	**반대유추**. 빠진 단어 채우기: "형은 소년이고; 누나는___이다." "낮은 밝고; 밤은___."
5	**추리**. 요구받을 때 답하기: "우리는 왜 집을 가지고 있나?" "우리는 왜 책을 가지고 있나?"
6	**어휘**. 공, 모자, 난로와 같은 단어들을 정의 내리기 **시각-운동기술**. 본대로 정사각형을 따라 그릴 수 있는가? **수개념**. 요구받을 때 검사자에게 9개의 벽돌을 건네 줄 수 있는가 **이야기 기억**. 이야기를 듣고, 그 이야기에 대한 질문에 대답하기
8	**운율**. 요구 받을 때 옳게 대답하기: "fred와 운이 같은 색깔 이름을 말해 봐라" "free와 운이 같은 숫자를 말해 봐라"
9	**말의 모순점**. "빌 존은 발이 너무 커서 바지를 머리 위로 입어야 한다"와 같은 진술에서 무엇이 잘못됐는가를 말해보라.
12	**추리**. 검사자가 종이 쪽지를 여러 번 접되, 접을 때마다 가위로 모서리를 자른다. 그 종이를 펼치면 구멍이 몇 개나 될지를 결정하는 규칙을 피험자에게 묻는다.
14	**상이**. "곤궁과 가난," "인품과 명성" 간의 차이점을 기술할 수 있는가.
성인 (15세 이상)	**역순으로 된 숫자에 대한 기억**. 검사자가 6개의 한자리 숫자를 소리내서 읽은 다음에 그것들을 거꾸로(즉, 역순으로) 되풀이 할 수 있는가.

스탠포드-비네 지능 척도의 문항 예

아이슈타인은 저능아였다!

어떤 천재의 경우는 일반인들보다 지능 발달이 늦어지기

도 합니다. 세계적인 천재 아인슈타인도 그랬습니다. 그는 2살 반이 지나도록 말을 하지 못했지요. 보통의 유아는 한 살부터 말하기 시작하고 2살이 지나면 어느 정도의 짧은 대화가 가능하지만 아인슈타인은 2살 반 이전까지 간단한 단어조차 제대로 말하지 못했습니다. 아마 아인슈타인의 지능을 비네 검사로 측정했다면 그는 틀림없이 정신지체아로 판명되었을 것입니다.

하지만 지금 우리가 아는 아인슈타인은 누구나 인정하는 천재입니다.

그의 이름이 천재의 대명사처럼 불려지는 데에는 특별한 이유가 있습니다. 그는 자신의 이론을 보통의 경우와 같이 끊임없는 실험을 통해 발전시킨 것이 아니라 오직 머릿속에서 상상력을 발휘해 만들었기 때문입니다. 학자로써 실험을 거치지 않고 이론을 개발한다는 것은 거의 불가능한 일이지만 그는 머릿속의 생각만으로 상대성이론을 만들어내었고, 그의 이론은 물리학에 새로운 지평을 열어주었습니다.

천재가 되고 싶습니까; 지능의 발전

진짜 천재는 배우지 않아도 스스로 깨우친다

그렇다면 천재란 과연 어떤 사람을 말하는 것일까요? 물론 학습을 받아 머리가 좋은 사람도 있겠지만 선천적으로 타고난 두뇌를 가진 사람도 있는 법입니다. 어쩌면 진짜 '천재'는 배우지 않고도 자기 스스로 세상의 진리를 깨우치는 사람일지도 모릅니다.

어리숙한 천재

필자에게는 '지능'하면 생각나는 친구가 있습니다. 친구라고 말하긴 했지만 사실 초등학교 때 잠깐 스쳐간 학교 동창으로, 어릴 적 잠시 다녔었던 임시 학교에서 1년간 함께 지

행색이 초라한 남자애가 시험답안지를 들고 서 있는데, 그
답안지에는 그림과 숫자들만이 난무하다. 0점이라고 써 있는
답안지를 들고 '나는 100점이야'라고 외치고 있다

냈던 친구입니다.

필자는 5학년 때 그 친구를 만났습니다. 그때 5학년은 2
0~30명 정도의 학생이 있었는데 필자는 반장이었고 가끔 시
험 본 것을 채점하는 것이 내가 맡은 중요한 일이었습니다.

그 친구는 얼굴은 통통했지만 옷이 항상 더러웠습니다.
얼굴은 그렇게 못생긴 편이 아니었는데도 잘 씻지를 앉아서
지저분했습니다. 기억을 더듬어 보니 그 친구네 집은 그 동
네에서도 아주 못사는 집이었던 같습니다. 어쨌든 그는 내성
적인 아이이어서 말도 없고 친구도 없었습니다.

그러던 어느 날 산수시험을 보았습니다. 필자는 평상시처
럼 친구들의 시험답안지를 거두어 쉬는 시간에 채점을 하고
친구들에게 답안지를 돌려주는데, 다들 시험답안지를 조용히

받고 있던 중 평소엔 말도 없던 그 친구가 갑자기 나에게 다가오더니 어색한 웃음을 지으며 "채점이 잘못 되었다"고 하는 것이었습니다.

그의 시험답안지를 보니 '0점'이었습니다. 그런데 그는 자기가 100점이라는 것입니다. 나는 그럴 리가 없다면서 다시 한번 그의 답안지를 살펴보았지만 그는 확실히 0점이었습니다.

보통 산수 문제를 풀 때는 선생님이 가르쳐준 공식을 써서 풀기 마련인데, 그의 시험지 어디에도 공식으로 문제를 푼 흔적이 없었습니다.

시험문제가 다음과 같다면, '어떤 사람이 남에게 한달 1%의 이자를 주기로 하고 5,000원의 돈을 빌렸다면 그는 한 달 후 원금과 이자로 얼마나 갚아야 하는가?' 이 문제를 푸는 공식과 그 답은 다음과 같습니다.

$$5,000원 \times (1 + 5,000원 \times 1/100) = 5,050원$$

그의 답안지에는 이자를 계산하는 공식 즉 '5,000원 × 1/100'은 없고 그 대신 여러 가지 그림과 더하기 빼기가 전부였습니다. 그런데 자세히 들여다보니 그는 시험문제 번호 옆에 숫자를 적어 놓고 동그라미표를 해 놓았더군요. 놀랍게도 동그라미 안의 숫자는 그가 푼 답이었고 그의 답은 모두 정답이었습니다. 결국 그는 정말 100점을 맞았던 것입니다.

하지만 나는 그가 100점을 맞았다고 믿을 수가 없었습니다. 어쩌면 시험지를 돌려받고 난 후 적당히 아무데나 답만 적어놓았을 수도 있었으니까요. 그러나 그는 완강히 부인했습니다. 나는 그래도 선생님이 가르쳐 준대로 문제를 풀지 않았기 때문 100점은 줄 수 없다며 따져 물었습니다. 나는

"이자계산을 할 때는 반드시 분수로 문제를 풀어야 하는데
넌 그것을 알고 있니?".

그런데 그는 좀 전에 배운 분수도 모르고 있었습니다. 왜
그가 최근에 배운 분수 문제를 이해하지 못했는지는 알 수
없지만 수업시간마다 먼 산을 바라보는 그의 태도로 봐서는
아마 분수를 배울 때도 딴청을 피웠을 것입니다.

그렇다면 그는 분수에 대한 개념도 모르고 어떻게 이자
계산을 할 수 있었을까요?

어쩌면 그는 타고난 천재가 아니었을까요? 그 산수시험에
서는 훨씬 어려운 문제도 있었는데 그는 분수개념을 이용하
지 않고 그림을 그려가며 혼자만의 방식으로 분수의 응용문
제를 거뜬히 해결했던 것입니다.

나는 반장의 권위를 지키기 위해서 그와 협상을 벌여 100
점은 줄 수 없다며 80점에서 타협을 보았습니다. 그러면서
나는 "다음 시험부터는 꼭 선생님이 가르쳐준 공식대로 문제
를 풀고 답을 적어야 한다"고 말했습니다. 나보고 "순 엉터
리"라고 대꾸하면서도 멋쩍은 웃음으로 고개를 끄덕였던 그
의 모습이 아직도 눈에 선합니다.

나는 심리학을 배우면서, 희미해져 가던 그의 모습을 생
생하게 떠올랐습니다. 그리곤 갑자기 "그 친구는 정말 천재
였구나"라는 생각이 머리를 스쳤지요. 선생님이 가르쳐 준대
로, 즉 공식대로 문제를 푸는 것은 아무나 할 수 있는 일이
지만 진짜 천재는 배우지 않고도 스스로 문제를 푸는 사람입
니다. 왜냐하면 천재는 남이 못 푸는 문제를 푸는 사람이기
때문입니다.

그는 어쩌면 그는 너무 배가 고파 산수시간에 딴 생각을
하고 있었는지도 모릅니다. 아니면 집에서 기다릴 동생들을

생각했는지도 모르지요. 그래서 걱정에 공부가 제대로 머리에 들어오지 않았던 것인지도...그러다 갑자기 시험이 닥쳤고 그는 거침없이 자기 식대로 문제를 풀어나갔을 것입니다. 선생님에게 분수를 배운 아이도 100점을 받지 못했는데 그는 자기 머릿속의 힘만으로 모든 문제를 다 풀었습니다. 결국 그는 우리보다 지능이 훨씬 앞선 천재였던 것이지요.

5학년을 마친 후 나는 그 친구와 헤어졌습니다. 그는 그 이후 자신의 천재성을 발휘했을까요? 그의 가정환경이 나아지지 않았다면 그는 공부를 계속하지 못했을지도 모릅니다.

그럴 가능성은 아주 희박하겠지만 필자는 그 친구가 나의 이런 글을 읽고 나타나 주길 바라고 있습니다. 그러면 그가 과연 천재였는지, 그의 능력을 발휘하고 있는지에 대한 나의 궁금증도 해결되겠지요.

천재가 되고 싶습니까; 지능의 발전

습관을 벗어나면 그것이 창의력

유명한 예술가, 과학자들은 과연 모두 지능이 높았을까요?

발명왕 에디슨, 정신분석학의 대가인 융은 학교에서 저능아 취급을 받았습니다. 그래서 에디슨과 융은 각각 집에서 부모로부터 가정교육을 받았지만 나중에 학교에서 공부한 친구들보다 더 훌륭한 업적을 쌓았습니다.

뛰어난 예술가, 과학자들의 지능이 모두 얼마나 높았는지는 정확히 알 수 없지만 이들이 다른 사람보다 창의력에서 뛰어났다는 것은 부인할 수 없는 사실입니다. 남들이 생각하지 못한 일들을 이루어내고 위대한 업적을 쌓은 사람들, 남들에게는 없는 창의력이 높았기에 가능한 일이었습니다. 그렇다면 지능의 또 다른 측면으로 최근 가장 관심을 모으고

있는 '창의력'이란 어떤 것일까요

· 습관을 타파하라!!!

우선 여러분께 문제를 하나 드리겠습니다.

점이 9개 찍혀 있는 정 사각형의 도형이 있습니다.

연필을 한번도 떼지 않고, 즉 떨어지지 않는 4개의 선을
직선으로 연결해서 점 9개를 모두 통과하도록 그려보세요.

아마 많은 분들이 어떻게 할지 난감해 할 것입니다. 선을 다
섯 번 그어야만 점 9개를 모두 통과할 수 있기 때문입니다. 그
러나 아래의 그림처럼 선을 그으면 이 문제는 쉽게 풀리고 맙
니다.

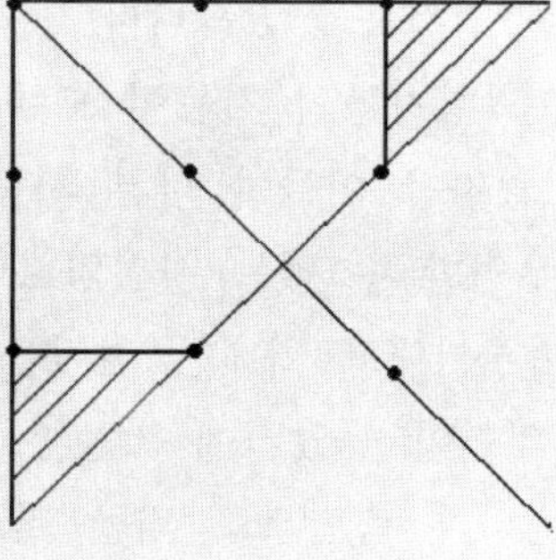

　“아하, 쉽구나.”
　그런데 여러분은 왜 이 문제를 풀지 못했을까요? 그것은 선을 점 9개 안에서만 그리려 했기 때문입니다.
　점으로 어떤 공간을 만들어주면 우리는 그 공간 내에서 문제를 해결하려고 합니다. 창의력을 연구하는 학자들은 이것을 ‘습관적인 공간’이라고 부릅니다. 우리가 습관적으로 정해진 공간 내에서만 행동해왔기 때문입니다.
　그리고 그들은 해답으로 보여준 그림처럼 사선을 친 영역을 ‘비습관적, 또는 창의력 공간’이라고 부릅니다. 이제 여러분들은 왜 이런 이름을 부르는지 이해할 수 있겠죠?
　이 영역은 우리의 습관 밖에 있는 공간이라는 사실.

점 9개를 4개의 직선을 그어 모든 점을 통과하세요.

학교가 창의력을 잠재운다?

　우리는 공부를 많이 한 사람을 부를 때 흔히 ‘먹물’이라고 합니다. 이 말은 옛날 선비들이 공부를 할 때 먹을 갈아 글씨를 썼기 때문에 생겨난 것입니다. 그런데 우리는 창의력이 없이 앞뒤로 꽉 막힌 사람을 부를 때도 ‘먹물’이라고 합니다. 이는 매우 의미심장한 말입니다.

　공부를 많이 하면 할수록 우리의 지식은 늘어나지만 그만큼 창의력은 줄어들게 됩니다. 그래서 어른들이 전혀 생각지 못한 것을 찾아내는 아이들의 창의력도 어쩌면 학습수준이 아직은 낮기 때문인지도 모릅니다.

　아이들에게 자동차를 그리라고 하면 바퀴가 차 지붕 위에 달린 것도 있습니다. 그런데 어른들에게 자동차를 그리라고 하면 모두 다 같은 모양입니다. 우리가 알고 있는 자동차 모양 그대로입니다.

　어른들은 가끔 이런 어린이들의 엉뚱한 착상에서 새로운 발명품을 생각해내기도 합니다.

　차바퀴를 지붕 위에 그려 놓은 것을 본 어떤 과학자가 높은 산악지대를 연결하는 케이블카를 발명했을 수 있는 일이니까요. 이처럼 새로운 작품이나 발명품은 기존의 것과는 전혀 다른 것이어야 하며 이런 창의력은 천진난만하고 엉뚱한 생각에서 생겨납니다.

어린아이가 차 바퀴를 지붕 위에 그려 놓은 그림을 보고 힌트를
얻은 어느 발명가가 케이블카를 착안해 냈을지도 모른다

　그러나 학교에서 배운 지식이 많으면 많을수록 자유로운 사고를 방해하는 영역을 만들어냅니다. 아는 것이 많아질수록 우리의 창의력은 오히려 감소하는 것이죠. 그래서 창의력

이 없는 사람을 '먹물'이라고 빗대어 말하는 것입니다.

우리가 잘 아는 음악의 천재 모차르트는 어려서부터 피아노를 능숙하게 다루었습니다. 그래서 그는 신동으로 소문이 났었지요. 하지만 어린 모차르트가 피아노를 잘 친 것은 그의 타고난 재능보다 아버지의 스파르타식 교육 때문이었습니다. 천재가 아니더라도 모차르트처럼 어려서부터 많은 연습을 반복하다 보면 남보다 피아노를 잘 칠 수 있게 되는 것이니까요. 그러나 모차르트가 진정한 천재인 이유는 그가 피아노를 잘 쳤기 때문이 아니라 누구보다 뛰어난 영감과 창의력으로 아무도 생각해내지 못하는 음악을 만들어냈기 때문입니다.

1960년대 김OO라는 천재소년이 나타나 세상을 놀라게 한 일이 있었습니다.

김군은 어려서부터 한글과 영어에 통달한 천재로 매스컴에 알려졌고 이를 검증하기 위해 신문기자는 한국행동과학연구소의 심리학자에게 그의 지능 검사를 요청했습니다. 후에 그를 검사했던 심리학자로부터 전해들은 바에 의하면, 김군이 검사를 받을 때 부모가 옆에서 자꾸 암시를 주고 답을 가르쳐 주려고 해서 애를 먹었다는 것입니다.

그때 김군이 지능검사에서 어떤 점수를 얻었는지는 모르지만 꽤 많은 시간이 흐른 뒤 한 방송에서 그에 관한 후일담을 다룬 기사를 보고 놀라지 않을 수 없었습니다. 놀랍게도 그는 학교에 적응하지 못해 중퇴를 했고 대입검정고시를 준비하고 있었습니다. 김군이 이미 미국의 유명한 대학에 유학을 갔거나, 그것도 아니면 최소한 월반에 월반을 거듭해 국내 일류대학의 일류학과에 재학 중일 것으로 기대했었는데, 그는 예전의 유명세에 비해 너무나 초라한 학생으로 변해 있었습니다.

  어렸을 때의 천재가 후에 평범한 인물로 끝나는 경우는 많습니다. 또 천재가 아니었음에도 불구하고 부모의 욕심이나 매스컴의 장난으로 가짜 천재로 위장하는 경우도 있습니다. 그리고 이와는 반대로 진짜 천재인데도 관리를 잘못하는 바람에 천재성을 발휘하지 못하는 경우도 있습니다. 앞서 말했던 필자의 초등학교 친구는 마지막의 경우에 속하는 사람일 것입니다.

천재가 되고 싶습니까; 지능의 발전

천재에겐 그들만의 특징이 있다

"혹시 나는 천재가 아닐까?"

이 글을 읽고 있는 사람들 중에는 이런 생각을 갖고 있는 사람들도 있을지 모릅니다. 스스로 너무나 뛰어나다는 생각이 들면 누구나 한번쯤 그런 생각을 하기도 하죠. 그렇다면 진짜 천재들은 어떻게 알아볼 수 있을까요. 물론 천재를 가려내는 테스트와 조건들이 있지만, 위대한 천재가 되는 사람들에게는 공통적으로 나타나는 특징이 있습니다.

여기에서는 그 특징이 무엇인지, 또 천재들은 어떤 식으로 사고하는지에 대해 알아보기로 하겠습니다.

· 어린애처럼 천진난만하다.

모차르트는 젊은 나이에 요절했음에도 불구하고 많은 주옥같은 곡들을 작곡했습니다. 그는 다른 작곡가들과는 달리 아주 짧은 시간 내에 곡을 완성하는 재능을 보였는데, 그의 손가락이 움직이기만 하면 어느새 하나의 훌륭한 곡이 오선지 위에 그려졌고 또 그렇게 쉽게 만들어진 작품들은 모두 창의성이 돋보이는 작품들이었습니다. 어떻게 그렇게 주옥같은 곡들이 모차르트의 머릿속에서 쉴 새 없이 흘러나왔을까요?

창의력이 높은 사람은 보통 잘 웃고, 천진난만한 행동을 하거나 아이같은 생각을 잘 합니다. 모차르트의 일생을 그린 영화를 보면 모차르트가 놀기 좋아하고 깔깔대며 웃으며, 마치 어린아이 같은 행동을 많이 했다는 사실을 기억할 것입니다. 그는 남들을 깜짝 놀라게 하는 것도 무척 좋아했습니다. 모차르트와 마찬가지로 천재로 인정받았던 하이든 역시 모차르트처럼 청중을 놀라게 하는 것을 좋아해서 '경악(surprise)'이란 곡을 작곡하기도 했습니다. 클래식의 잔잔한 선율이 흐르면 많은 청중들은 눈을 감고 엄숙하게 감상하는 척 하지만 실제로는 졸고 있기 일쑤였습니다. 하이든은 그런 청중을 혼내주기 위해 경악이란 곡을 작곡했는데 잔잔한 곡이 한참 흐르다 갑자기 '꽝'하는 폭발음이 들리면 많은 청중들은 졸다가 기절초풍을 하고 깜짝 놀라는 장면은 상상만 해도 웃음이 납니다.

이런 어린애 같은 마음은 먹물들의 사고방식과 대조가 됩니다.

어린애 같은 마음은 부드럽고 유연한 반면 고정관념에 사로잡힌 사람의 생각은 경직되고 판에 박혀있기 마련이지요. 모차르트와 하이든을 창조적 인물로 기억하는 것은 그들의 이런 천진난만한 행동에서도 그 이유를 찾을 수가 있습니다.

· 완벽한 기초를 다진다

그러나 천재가 유전된 재능으로만 위대한 작품을 만드는 것은 아닙니다. 우리는 즉흥적인 천재와 달리 엄청난 노력으로 천재적란 칭호를 받는 사람들도 알고 있습니다.

베토벤이 바로 그런 사람이지요. 그는 모차르트처럼 즉흥적 천재성은 부족하지만 노력과 끈기로 천재적인 작품을 만들어내었습니다. 모차르트가 한 번의 발상으로 물 흐르듯 자연스럽게 작곡을 했다면 베토벤은 생각하고 가다듬고 또 생각하는 방식으로 정성들여 음악을 만들었습니다. 베토벤은 귀가 멀어 작업을 할 수 없게 되었을 때에도 몇 번이고 고치고 또 고쳐 작품을 완성시켰습니다. 그렇게 탄생한 곡이 그 유명한 교향곡 '합창'입니다.

미술계의 거장 미켈란젤로도 마찬가지였습니다. 그가 만든 조각상은 지금까지도 마치 살아 움직이는 듯합니다 이러한 명품이 제작되기까지 그는 수없이 많은 데생은 물론 근육과 골격의 구조를 알기 위해 직접 시신을 해부하는 열성을 보이기도 했습니다.

문외한들이 보기에 천재적인 작품은 어떤 영감으로 짧은 순간에 제작되는 것처럼 보이지만 사실은 그것과 다른 경우가 많습니다. 아무리 천재라 해도 닦아놓은 기초 지식이 없다면 훌륭한 작품을 탄생시킬 수 없는 것이죠. 피아노를 칠 수도 없는데 훌륭한 피아노곡을 만들 수는 없는 일이니까요. 천재는 이런 지식들을 바탕으로 새로운 싹을 키우는 것입니다.

그렇다면 앞에서 '먹물이 창의적인 활동을 하는데 방해가 된다'는 명제와 모순이 되지는 않을까요?

문제는 먹물의 정도입니다. 천재에게도 기초가 되는 먹물은 필요한 셈입니다.

모차르트도 천재라는 명성을 얻기 전에 기초 화음법은 물론 여러 가지 스타일의 음악작곡법을 배웠고 그것을 바탕으로 자기 나름의 새로운 음악세계를 발전시켰습니다. 다시 말하면 아무것도 배우지 않은 사람이 갑자기 상대성 이론을 제시하거나, 다비드 상과 모나리자를 제작하지는 못하는 일입니다. 즉 모차르트, 아인슈타인, 그리고 미켈란젤로는 작업에 필요한 기초 지식을 완벽히 갖추고 있었습니다.

·기존의 방식을 모르는 사람이 새로운 발상이 가능하다

창의력을 연구하는 사람들은 새로운 아이디어는 기존 아이디어의 변형, 합성으로 나온다는 말을 많이 합니다. 우리가 창조를 하려면 수많은 기존의 아이디어를 흡수하고 있어야한다는 의미입니다.

우리나라 미생물 학계의 거두이자 세계적인 학자인 이호왕 박사는 한탄 바이러스를 발견해 더욱 유명해졌습니다. 그가 어떻게 이 바이러스를 찾아냈는지의 과정은 참 재미있습니다. 한탄 바이러스는 야생 쥐가 옮기는 출혈성 바이러스로 감염되면 갑자기 고열증세를 보이고 몸에선 피가 흐르는 무서운 병이어서 6.25전쟁 때 미군병사들이 이 병으로 많은 고생을 했습니다.

이호왕 박사를 비롯한 많은 미생물학자들은 야생 들쥐가 이 병의 숙주라고 생각하고, 야생 들쥐를 잡아 쥐의 여러 곳을 면밀히 검사했지만 결국 바이러스 균은 발견되지 않아 연구는 난관에 봉착했습니다.

그때까지의 바이러스는 주로 신체의 간에 기생했습니다. 그래서 이호왕 연구팀도 쥐의 간에만 집중해서 연구를 했던 것이죠. 아무리 검사해도 바이러스가 발견되지 않자 이 박사는 전혀 엉뚱한 창자를 한번 검사해보자고 건의했고 결국 그의 예상은 맞아 떨어졌습니다.

새로 발견된 바이러스의 명칭은 본래 발견한 학자의 이름을 따서 붙이는 것이 관례이지만 이 박사는 한국적인 이름을 남기고 싶다며 바이러스의 이름을 한탄 바이러스라고 명명했습니다. 그 바이러스는 한탄강에 서식하고 있는 들쥐에서 발견되었기 때문입니다.

그동안 이 병에 걸린 환자가 북미, 아프리카를 포함한 세계 각지에서 발견되었음에도 불구하고 그 바이러스를 발견하지 못했던 이유는 각국의 연구팀이 기존의 방식만 고집했기 때문입니다. 하지만 전혀 엉뚱한 발상으로 연구를 진행한 이호왕 박사는 결국 이 바이러스를 찾아냈고 공은 고스란히 그에게 돌아갔습니다.

이호왕 박사의 예는 먹물과 창의력과의 관계를 잘 설명해줍니다. 이 박사가 미생물의 연구방법을 몰랐다면 그는 한탄 바이러스를 발견하지 못했을 것입니다. 이렇게 최소한의 먹물은 위대한 인물을 만들어내는 원동력이 되어줍니다. 그러나 결정적으로 그에게 영광이 돌아가게 한 것은 기존의 방식에서 탈피한 색다른 발상을 했다는 사실입니다. 그것이 정확히 맞아떨어져 드디어 한탄 바이러스가 이호왕 박사팀에 의해 그 모습을 세상에 드러낸 것입니다.

천재가 되고 싶습니까; 지능의 발전

지능이란 무엇인가?

비네가 지능검사를 처음 만든 때가 1881년이니까 그로부터 120년의 세월이 흘렀습니다. 그 이후 지능검사는 발전을 거듭해 스탠포드 지능검사, 웩슬러 지능검사 등 다양한 검사가 개발되었습니다. 애초에 정신연령과 생활연령을 고려해 지능을 산출하던 방법도 이제는 규준척도로 환산해 표를 거쳐 규준점수를 읽고 지능지수를 측정합니다.

그러나 이렇게 지능을 측정하는 방법과 기술이 개선되었어도 학자들 사이에서는 아직 '지능이란 무엇인가'에 대한 의견이 분분합니다.

사회에서 성공한 사람들을 보면 학교에 다닐 때 성적이 좋지 않았던 사람들도 많습니다. 그렇다면 이들은 운이 좋아서 성공한 것일까요? 아닙니다. 이들은 우리가 측정할 수 없는 분야의 지능이 발달된 사람들이기 때문이지요. 다른 사람

보다 창의력이 뛰어나다거나 자신만의 방식으로 현실세계에
적응하는 능력이 탁월하기 때문일지도 모릅니다. 그렇다면
지금까지 우리가 알고 있던 '지능'에 대한 개념도 달라져야
하지 않을까요?

창의적, 실용적 능력도 지능이다

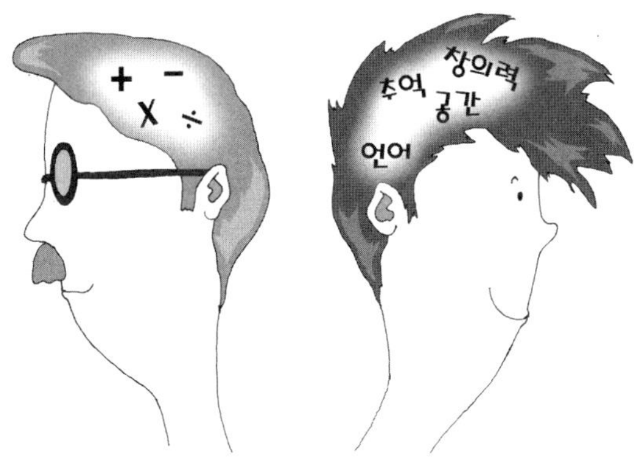

두 명의 사람이 있다. 한 명의 머릿속에는 '+', '-', '×', '÷' 등의
수학기호가 그려져 있고, 다른 한 명의 머릿 속에는 '추억', '언어',
'공간', '창의력' 등이 적혀 있다

지능에 대한 정의는 서서히 발전하고 있습니다. 스페어맨
은 "지능은 한 가지 요인, 즉 일반지능 요인으로 구성되어
있으며, 일반지능 요인이란 지능검사에서 좋은 점수를 따는
데 영향을 주는 것이다"라고 주장했고, 서스톤은 "지능은 여
러 가지 능력으로 구성되어 있다. 언어이해, 수, 공간지각, 기
억, 추리 등이 여기에 포함된다"라고 보았습니다.

그는 일곱 가지의 기본 능력을 토대로 지능검사를 제작했
고, 우리나라에서 사용되는 한국판 웩슬러 지능검사도 '지능
은 여러 개의 변인으로 구성되어 있다'고 보는 입장에서 제

작되었습니다.

그런데 지금까지 말한 것과는 전혀 다른 방식으로 지능을 정의하는 학자가 있습니다. 바로 스턴버그입니다. 그는 지능이 분석적, 창의적, 실용적인 측면을 가진다고 분석합니다. 그는 비네, 스페어맨, 서스톤과는 달리 지능을 보다 넓게 정의합니다. 스턴버그가 정의하는 진능은 단순히 언어추리나 수학문제를 푸는 분석적 능력뿐만 아니라 창의적, 그리고 실용적 능력을 포함합니다.

그는 많은 지능검사가 분석적 능력만 측정하고 있기 때문에 이 검사들은 학업능력은 잘 예측할 수 있지만 실제로 성공하는 사람은 예측하지 못한다고 지적합니다. 그래서 그는 "지능검사에서 낮은 점수를 얻는 사람들이 실제 사회에는 크게 성공하는 경우가 많다. 이들이야말로 숨겨진 천재"라고 역설합니다. 따라서 스턴버그는 본인이 정의하는 '지능'은 '성공하는 사람의 지능'이라는 학설을 주장하고 있습니다. 지금까지의 지능에 대한 정의와 달리 새롭게 접근하고 있는 스턴버그의 이론인 것입니다.

그가 주장한 지능의 세 가지 측면을 하나의 예를 들어 설명하면, 우리가 어떤 문학작품을 분석하는 것은 분석 지능이고 우리가 시를 쓰는 것은 창의적 지능입니다. 또 문학작품 속의 인물이 겪는 고통이 우리 자신의 삶과 연관성을 갖는지 토론하는 것은 실용적 지능입니다.

지능이 무엇인가를 연구하는 문제는 현대인지심리학에서 마음을 모듈(module)로 간주하는 경향과도 관련이 있습니다. 포다는 "고차원적 지적 처리작업을 제외한 우리의 마음은 대부분 모듈 식으로 분리되어 있다"라고 주장합니다. 모듈로 보는 개념은 우리의 마음이 매우 독립적인 다수의 정보처리

체계로 나뉘어져 있다고 보는 것으로, 예를 들어 학교 숙제를 할 때 동원되는 지능과 어떤 사람을 좋아할지 여부를 결정하는데 사용하는 지능은 각각 분리된 다른 부분이라는 뜻입니다.

천재가 되고 싶습니까; 지능의 발전

정서지능이란? 학습능력
보다 중요한 정서 지능

일류대라고 써 있는 뱃지를 달고 있는 사람이 '잘난척' 하며 다른
사람들과 어울리지 못하고 있다

하버드 대학에서 심리학을 전공하고 미국 뉴욕타임스에서 심리학 칼럼을 담당했던 골만(Golman)은 '정서지능'에 관한 책을 써서 일약 유명인사가 되었습니다. 우리나라에서도 몇 년 전 어느 신문사에서 정서지능에 관한 기사를 대대적으로 소개한 적이 있었습니다. 그래서 당시 기업체는 물론 아동교육기관에서도 큰 관심을 갖고 미국의 저명한 교수를 초청해 정서지능에 대한 강연회를 개최하기도 했었습니다.

교육기관도 아닌 기업체에서 정서지능에 대해 관심을 갖게 된 이유는 무엇이었을까요?

기업에서 사원을 선발할 때는 일류대학을 나온 인재들은 선발하려합니다. 일류대학을 나오고 머리가 명석한 사람들이 기업에서 많은 능력을 발휘해주길 바라기 때문입니다.

그런데 소위 일류 출신 사원들이 실제로 회사에서 일하는 것을 보면 참 어리숙한 경우가 많습니다. 상사의 기분을 잘 맞추지도 못하고, 동료들과의 인간관계도 좋지 않은데다 직장 분위기도 제대로 파악하지 못하고 돌출행동을 하는 경우도 많습니다.

그런데 정작 기업체에서 필요한 사람은 일류대학 출신의 재능있는 사람보다도 아니라 상사, 부하와 원만한 인간관계를 유지하는 사람입니다. 그래서 기업체는 지적능력에 대한 불신과 회의를 갖게 되었고 그때 마침 골맨이 회사에서 필요한 정서지능을 제안한 것입니다.

정서지능이란?

정서지능을 파악하는 것은 크게 다섯 측면으로 나누어볼 수 있습니다.

· 첫째, 자신의 정서를 파악하라!

첫째는 '자기정서의 인식능력'입니다. 지금 내 기분이 어떤가를 인식하고 그 기분이 왜 생겨났는지 알아내는 능력입니다.

우리는 자기의 정서, 즉 화나고 기쁘고 즐거운 감정은 쉽게 알 수 있습니다. 그리고 그 정서가 시험을 잘못 보거나(화남), 애인을 만났거나(기쁨), 즐거운 코미디를 보았기 때문(즐거움)이라는 것도 잘 압니다.

그러나 지속적으로 우울한 기분을 느끼는 경우, 그 원인이 무엇인지 잘 모를 수 있습니다. 자신의 기분, 정서를 잘 파악하고 그 원인을 알아야 자신의 기분을 통제할 수 있기 때문에 정서지능의 첫 번째 요인은 자기정서의 파악능력입니다.

· 둘째, 자신의 감정을 얼마나 조절할 수 있는가!

정서지능의 두번째는 '조절능력'입니다. 여러분은 우리 역사 속에서 중요한 사건으로 기억되는 10.26 사태를 알고있습니까? 이 사건 1979년 중앙정보부장이었던 김재규가 박정희 대통령과 차지철 경호실장을 살해한 사건으로 그 전말이 참으로 드라마틱합니다.

김재규와 차지철은 서로 앙숙이었습니다. 5.16 당시 차지철은 공수부대 대위에 불과했고 김재규는 장성이었습니다. 이 두 사람은 박정희 대통령이 정권을 잡은 뒤, 두터운 신임을 받아 각기 경호실장과 중앙정보부장이란 요직에 올랐습니다. 두 사람은 앙숙처럼 계속 권력다툼을 하던 중 차지철은 1979년 부산과 마산에서 벌어진 대규모의 시민 데모를 중앙정보부에서 강력하게 진압하지 못했다며 김재규를 몰아 붙였습니다. 그리고 김재규가 신청한 대통령과의 면담도 번번히

견제했습니다. 김재규는 차지철이 옛날 자기보다 낮은 신분이었던 것을 망각하고 장성출신인 자기를 모욕하는 데 격분하여 순간적인 흥분상태에서 박정희와 차지철을 살해하였습니다.

만일 김재규가 결정적 순간에 차지철에 대한 분노를 통제할 수 있었다면 어떻게 되었을까요? 본인 자신의 위치는 물론이고 우리나라의 역사가 달라졌을 것입니다. 김재규는 자기의 정서를 통제하지 못해 어마어마한 사건을 저질러 버린 것이지요.

비단 김재규뿐만 아니라 평범한 사람도 자신의 감정을 통제하지 못해 엄청난 사건을 저지르는 경우가 있습니다. 우리들이 흔히 말하는 '욱'하는 성질을 참지 못해 사람을 죽이거나 아내와 자식을 폭행하고 상사나 부하와 싸우는 사람들도 많지요. 그들은 이렇게 엉뚱한 실수로 감옥에 가고 아내와 이혼하고 직장을 그만 둡니다.

이렇듯 자신의 정서를 잘 이해하는 것 못지않게 중요한 것이 정서를 조절하는 문제입니다. 아무리 화가 나고 억울해도 자기 기분을 풀기위해 과격한 행동을 하는 것은 큰 결과를 불러옵니다. 때문에 일단 순간적인 감정을 차분히 가라앉히고 나중에 상대방과 냉정하게 대화하는 능력이 필요합니다. 이러한 정서의 통제능력은 앞에서 말한 분석적 지능과는 전혀 다른 성격의 것입니다.

· 셋째, 다른 사람의 감정을 파악하라!

세번째 정서지능은 '타인의 감정파악'입니다. 우리는 나의 감정과 정서에는 민감한 반면 다른 사람의 정서에는 무관심합니다.

예를 들어 요즘 아버지가 예전과 달리 예민해졌다면 자녀들은 아버지가 왜 그런 행동을 보이는지 그 원인을 파악하려고 노력합니다. 만일 아버지가 최근 실직하는 사건이 있었더라면 자식들은 아버지를 위로해드리거나 아버지가 싫어하는 행동은 하지 않겠죠.

그런데 아버지의 기분 따위는 전혀 아랑곳 않는 자녀들도 있습니다. 지금 아버지의 정서를 알아채지도 못하고 자기가 하고 싶은 대로 술을 먹고 늦게 들어오거나 갑자기 옷을 사 달라고 떼를 쓰다가 아버지로부터 호되게 야단을 맞습니다. 그러면 왜 갑자기 아버지가 난폭해졌는가를 모른 채 아버지를 원망하고 결국 아버지와의 관계는 나빠집니다.

부모토막살해범인 이OO의 부모는 모두 고등교육을 마친 엘리트였지만 타인의 감정을 파악하는 정서지능이 부족하였습니다. 이OO의 어머니가 만약, 형만 아끼는 부모 때문에 속상해했던 이OO의 심정을 헤아릴 수 있었다면 불행한 사건은 벌어지지 않았을 것입니다. 아버지도 마찬가지로 아들이 왜 화가 났는지, 어떤 불만이 있는지를 알아채거나 최소한 그 원인을 알아보려는 시도만 했어도 이런 무서운 사건은 발생하지 않았을 것입니다.

타인의 정서는 상대방의 기분이나 행동을 보고 추측할 수도 있지만 가장 좋은 것은 대화입니다. 서로 간에 항상 대화가 있는 사람들 사이에서는 상대방의 감정을 파악하지 못할 이유가 없습니다. 약간의 관심만 있다면 상대방이 지금 어떤 상태인지는 쉽게 알 수 있는 부분입니다.

· 넷째, 목표에 매진할 수 있도록 내 기분을 조절한다!

네번째는 '동기부여 능력'입니다.

우리는 시험을 잘 봤거나 축구시합에서 이기면 기분이 좋아집니다. 2002년 월드컵 때 우리가 얼마나 환호했는지 생각해 보면 잘 알 수 있습니다.

우리는 성취감, 환희를 느끼기 위해 열심히 공부하고 운동하고 자기 일에 매진합니다. 이처럼 일에 매진하기 위해 어떤 정서를 이용하는 것을 '정서의 동기부여방법'이라고 합니다. 우리가 자신에게 동기를 부여하는 방법은 일에 매진하도록 자기의 기분을 조절하는 것입니다. 그 첫번째 방법은 성취의욕과 성취감을 고무하는 것입니다. 일등을 해서 다른 사람들로부터 찬사를 받고 의기양양한 내 모습을 상상하면서 더욱 더 목표를 향해 달려갑니다.

그리고 두번째 방법은, 앞으로 다가올 커다란 만족을 위해 현재의 유혹을 뿌리치는 것입니다. 지금 다이어트를 하는 여성이라면 맛있는 케이크와 고기도 먹고 싶지만 다이어트에 성공한 후, 날씬해진 모습을 위해 음식의 유혹을 참아내는 이 방법도 성공적인 동기부여방법입니다.

· 다섯째, 원만한 대인관계를 유지하라!

다섯번째는 '대인관계 능력'입니다. 대인관계가 좋은 사람의 정서지능은 높게 나타납니다. 앞에서도 잠깐 언급했지만 지능이 높은 사람은 스스로에 대한 자부심 때문에 오히려 대인관계가 나쁜 경우가 많습니다. 물론 그렇지 않은 경우도 있지만 분석적 지능과 대인관계 지능은 서로 별개의 영역이기 때문입니다.

대인관계 능력은 타인의 정서를 정확하게 판단하는 능력만을 의미하지는 않습니다. 이것은 타인과 원만하고 깊이 있는 인간관계를 맺으면서도 그 폭이 넓은 사람을 말합니다.

많은 사람과 교제를 하면서 상대방의 마음을 파악하고 상대방이 원하는 행동을 해 줄 수 있는 능력이 바로 대인관계 능력인 것입니다.

앞에서 우리는 내성적인 간디가 변호사라는 직업을 통해 많은 사람들을 만나고 또 그들의 권익을 위해 투쟁함으로써 대인관계 능력을 크게 향상시킨 사실을 보았습니다. 이처럼 처음부터 소심한 성격을 가진 사람이라고 해도 대인관계 능력은 얼마든지 개발할 수 있습니다.

예술가, 과학자들의 정서지능은 낮다?

정서지능은 일반지능보다 개인의 성공을 더 잘 예측할 수 있습니다. 왜냐하면 현대 사회에서는 똑똑한 머리보다 인간관계를 잘 하는 능력이 성공에 더 도움이 되기 때문입니다.

그러나 학문이나 예술과 같은 창조적인 일에서도 과연 정서지능이 높은 사람이 탁월한 업적을 쌓을 수 있을까요? 그렇지 않을 가능성이 더 많습니다.

정서지능이 높은 사람은 눈치를 잘 살펴서 상대방이 원하는 것을 잘 맞춰주는 사람입니다. 그런데 창작 활동에서는 이런 사람보다 자기 일에만 몰두하고 남의 생각이나 비판에 무관심한 사람들이 성공하는 경우가 많습니다.

실제로도 훌륭한 예술가, 과학자들의 경우 다른 사람들과 원만한 인간관계를 유지하지 못하는 사례가 많지요.

정서지능의 가장 큰 문제점은 그것을 측정하는 마땅한 도구가 아직 발견되지 않았다는 것입니다. 몇 개의 도구가 개발되긴 했지만 정서지능을 측정한다기보다는 정서적 태도의 여부를 알아보는 데 그치고 있습니다.

　　정서지능을 정확하게 측정하려면 태도보다 능력을 측정해야 하는데, 기존의 정서지능 검사는 단순히 응답자에게 타인의 행동과 마음에 대해서 얼마나 주의하는지 묻는 설문을 통해 측정하는 경우가 많아 과학적으로 증명이 되는 결과를 얻지 못하고 있습니다.

지능은 유전되는가?

부모가 똑똑하면 자식도 똑똑할까요? 지능의 유전여부를 밝히기 위해서 가장 보편적으로 사용되는 연구가 '쌍둥이' 연구입니다. 쌍둥이, 그 중에서도 일란성 쌍둥이는 같은 유전인자를 나누어 가졌기 때문에 이들의 지능이 서로 유사하다면 지능이 유전된다는 사실을 밝혀낼 수 있습니다.

다양한 연구 결과에 따르면 일란성 쌍둥이 사이에 지능의 상관은 0.90이었습니다. 상관이란 두 변인간의 관계를 나타내는 통계적 수치로, 두 변인간의 상관이 1.00이라면 이것은 두 변인의 관계가 100%완벽하게 일치한다는 뜻입니다.

그런데 일란성 쌍둥이 사이에서 지능의 상관이 0.90이라는 사실은 매우 높은 수치라고 볼 수 있지요. 결과적으로 일란성 쌍둥이 중 한 명의 지능이 120이라면 다른 한 명의 지능도 거의 120 내외라는 것을 시사합니다.

　지능이 상당 부분 유전된다는 사실도 물론 중요하지만 환경의 영향도 무시하지 못할 만큼 큽니다. 다음의 예는 그 사실을 단적으로 보여줍니다.

다른 환경에서 자란 쌍둥이의 지능

여자 쌍둥이가 있다. 한 쪽은 얌전한 모습에 책을 옆에 끼고 있는 모범생의 모습이다. 그 옆에서는 어머니가 사랑을 듬뿍 주고 있다. 다른 한 쪽은 불량한 모습의 비행 청소년의 모습이다. 그 뒤에서는 무관심한 아버지가 술을 마시고 있다

　일란성 쌍둥이인 로라와 비키는 부모의 이혼으로 어렸을 때 헤어져 각자 다른 곳에서 자랐습니다. 엄마와 함께 사는 로라는 애정을 듬뿍 받으며 많은 장난감과 엄마의 열성적인 지도를 받으며 성장한 반면 술만 마시는 아빠와 함께 살게 된 비키는 주위의 무관심 속에 방치된 채 성장했습니다.
　시간이 흘러 18살이 된 두 아이들이 다시 만나게 되자 여

러 가지 면에서 대조적인 모습을 보였습니다. 애정이 많은 엄마와 함께 살았던 로라는 학업 성적도 우수하고 밝은 성격을 갖고 있었던 반면 무관심한 아빠와 함께 살았던 비키는 어두운 성격에 학업 성적도 매주 저조했습니다.

여기에서 알 수 있듯이 자녀 양육방법과 물리적, 심리적 환경에 큰 차이가 있으면 비록 일란성 쌍둥이일 지라도 지능에 차이가 생기기 마련입니다. 지능발달을 촉진시키는 양호한 가정에서 자란 아이는 선천적 지능을 잘 발휘할 수 있어 지능이 높아지지만, 같은 선천적 지능을 가진 아이라도 지능발달에 저해가 되는 환경에서 자란다면 선천적 지능은 발휘되지 못합니다.

환경이 지능발달에 영향을 주는 정도는 아동의 지능에 따라 다릅니다. 우수한 아동은 환경의 영향을 크게 받지만 지능이 낮은 아동은 환경에 크게 영향받지 않습니다.

아래의 그림은 지능과 환경의 관계를 그림으로 나타낸 것입니다.

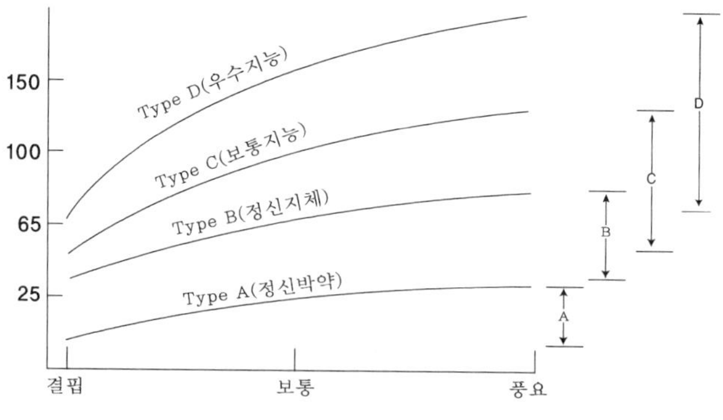

환경의 질. 각 유형에 대한 IQ의 범위

그림 9-1. 환경의 질이 지능에 주는 영향

　그림 9-1.은 유전된 지적 능력이 서로 다른 네 집단의 아동이 각기 다른 환경에서 양육될 때 그들이 실제로 발휘하는 지능의 정도를 네 가지 곡선으로 나타난 것입니다.

　가장 우수한 지능을 타고난 D유형이 결핍된 환경에서 자랄 경우 지능이 65로 나타나지만 최고로 풍요한 환경에서는 180으로 발달합니다. 오른쪽에 그려진 수직선은 네 가지 유형으로 나누어진 각각의 지능집단이 보일 수 있는 지능의 범위입니다

　지능발달에 있어서 가정환경, 특히 어렸을 때의 양육환경이 중요하다는 사실이 밝혀지자 미국에서는 1963년 죤슨 대통령의 명령으로 헤드 스타트(Head Start)라는 프로그램을 빈곤층 가정에 도입했습니다. 헤드 스타트는 빈곤층 가정의 2~5세 아동에게 양호한 지적 환경을 제공하는 프로그램으로, 정부에서 고용한 교사가 일주일에 서너 번 빈곤가정을 찾아가 유치원 교육을 실시하고 아이들의 부모에게도 적당한 자녀 양육방법을 가르쳐 주었습니다.

　이 조기교육 프로그램은 무척 성공적인 결과를 가져와서, 이 혜택을 받은 가정의 아동들은 스탠포드-비네 또는 웩슬러 지능검사에서 이 교육을 받지 않은 집단에 비해 지능이 10점가량 더 향상되었습니다.

　그런데 이보다 더 중요한 사실은, 이 효과가 어렸을 때만 나타난 것이 아니라 그 이후까지 지속됐다는 것입니다. 이때 교육을 받은 어린이들이 15세가 된 시점에서 재조사한 결과, 조기교육 프로그램에 참가했던 아이들은 그렇지 않은 아이들에 비해 학교에서 보충교육을 받을 필요도 없었고 비행정도도 낮았으며 졸업 후에는 다른 비슷한 환경의 학생들에 비해 더 뛰어난 취업성취도를 보였습니다.

성공의 원인, 높은 지능일까 노력일까

　　지능은 인간의 심리적 능력 중 아주 중요한 부분입니다. 그래서 오래 전부터 심리학자들은 지능에 대해 많은 연구를 해왔고 그 결과 많은 것을 알게 되었습니다. 그러나 지능은 애초에 비네가 생각했던 것처럼 그렇게 간단한 능력이 아니며 이를 측정하는 방법도 무척 복잡하다는 것 또한 알게 되었습니다. 그러므로 지능에 대한 정의는 아직도 계속 연구되어야 하는 진행형입니다.

　　사람들은 지능검사에 대해 지나치게 과신하는 경향이 있습니다. 즉 지능이 높으면 사회에서 성공할 것이라고 착각을 합니다. 물론 지능을 어떻게 정의하느냐에 따라 그런 생각은 맞을 수도, 틀릴 수도 있습니다. 만약 여러분이 지능에 창의력과 정서지능까지도 포함시킨다면 그러한 생각이 반드시 착각만은 아닙니다. 그러나 여러분이 지금까지 생각하고 있는 분석적, 추리적 능력만을 지능으로 생각한다면 착각이 될 가능성이 높습니다.

　　우리가 사회적으로 성공할지 실패할지 여부는 지능보다 오히려 성격적 특징에 달려있습니다. 즉 지능보다 성공하려는 의욕이 얼마나 크고, 노력을 얼마나 쏟았느냐 하는 것이 성공에 더 큰 영향을 주기 때문입니다.

IQ 대신 노력지능을 도입한다

　　2002년 조선일보(12월 16일자. 강인석 워싱턴 특파원)에 재미있는 기사가 하나 실렸습니다. 그것은 현재 미국 고교에

서 IQ 대신 '노력지능'이란 것을 도입해 학교교육에 활용하고
있다는 내용이었습니다.

노력하면 머리가 좋아진다!!!

"미국 메릴랜드 주 카운티 학교들은 최근 노력지능
(effort-based intelligence)이라는 새로운 개념을 교육에
적극 활용하기로 했다.

노력지능을 토대로 한 교육이란 학생들이 현재 얼마나
똑똑한가보다는 효과적으로 노력했을 경우 얼마나
똑똑해질 수 있는가를 기준으로 삼아 교육하는 방법이다. IQ
를 기준으로 똑똑한 아이들과 그렇지 못한 아이들을 구분하지
않고 노력이라는 변수에 따라 지능이 향상될 수 있다고 믿고
교육하는 것이다.

이 방법을 도입할 경우, 교사는 어떤 학생이 주어진 시간 내
에 학과내용을 이해하지 못했다고 해서 뒤쳐진다고 평가하지
않는다.

대신 아직 이해하지 못했을 뿐이라고 평가하고 적절한 방법
을 찾아 성과를 올릴 때까지 기다려준다. 문제는 교사가 학생
개개인에게 적합한 방법을 찾아내고 학생들이 그 방법에 따라
충분히 노력하겠다는 자세를 갖는 것이다. 어떤 아이들은 같이
공부할 친구가 있으면 공부가 더 잘 되고 또 어떤 아이들은 노
트정리 법만 제대로 익혀도 성적이 오른다. 워싱턴 DC. 디트로
이트, 밀워키, 세인트루이스 등 미국 곳곳의 공립학교에서도 노
력지능교육이 성과를 거두고 있다는 보고가 나오기 시작했다."

(조선일보 2002. 12. 16. 강인석 워싱턴 특파원)

위의 기사는 학업성적에 있어 지능보다는 노력이 더 중요하다는 사실을 말해줍니다. 우리는 아직도 지능에 너무 많은 기대를 하고 있으며 현재의 학업성적에 지나친 과잉반응을 보이는 것이 현실입니다.

노력은 죽을 때까지 지속할 수 있는 능력입니다. 그리고 이 노력의 결과는 지금 당장 나타나는 것이 아니라 먼 훗날 나타나기도합니다. 짧은 시간 내에 성적이 오르길 기대하는 우리의 학부모와 학생들은 이 기사를 읽고 여유로운 마음을 가졌으면 하는 바랩입니다.

너무나 단기적인 우리의 학습문화는 지금 당장 자신의 성적이 나쁘다고 해서 학생들을 비관할 만들고 학부모와 교사들은 정작 아이들에게 희망과 노력의 중요성을 가르칠 기회를 잃고 맙니다.

우리가 뛰어난 천재들을 만들어내려면 그들의 잠재력을 발전시켜야 합니다.

아인슈타인처럼 천재는 대기만성형이기 때문입니다.

10장

심리가 발달을 한다; 발달심리학

사람은 일생을 통해 발전합니다. 신체적인 발전은 물론, 정신적으로 어떤 식으로든 계속해서 발전합니다. 하지만 과연 우리는 어떻게 발전하고 있으며 또 어떻게 발전해야 제대로 잘하는 것인지 알 수가 없습니다.

그저 시간이 지나며 달라져가는 자신의 모습을 발달이라고 생각한다면 그것은 큰 오산입니다. 지금 이 순간에도 우리는 꾸준히 발달해가고 있지만 과연 내가 어떤 방향으로 발달하고 있는지 제대로 알지 못한 채 시간을 보내고 있습니다.

좋은 환경과 따뜻한 가정에서 꿈과 희망을 키우며 자란 긍정적인 사람과, 불안한 가정환경속에서 절망과 혼란을 겪으며 방황의 터널을 지나온 사람들은 나중에 어떻게 다른 인생을 살게 될까요? 그리고 어릴 때의 환경때문에 방황하던 영혼은 죽을 때까지 혼란 속에서 살아야만 하는 걸까요?

그 해답을 알기 위해 이제 발달심리학의 세계를 들여다보겠습니다.

유전과 환경이 우리에게 미치는 영향

앞에서 우리는 간디와 부모토막살해범 이OO에 대해 이야기했었습니다. 같은 기질을 가졌던 인물, 위대한 영혼이라고 추앙받는 간디와 부모를 살해한 이OO은 왜 그렇게 대조적인 인물로 자라게 되었을까요? 선천적으로 타고난 어떤 성격특성 때문에? 아니면 후천적인 영향, 즉 가정과 사회의 영향 때문에?

한사람의 인생에 있어서 그 사람의 성격을 파악하는 것은 아주 중요합니다. 그러나 그보다 더 중요한 것은 어떤 이유로 그 사람의 성격이 그렇게 완성되었는지를 이해하는 것입니다. 그런 의미에서 발달심리학자들은 성격의 발달을 연구합니다.

초기의 발달심리학자들은 주로 신체적인 성숙에 집중했었
지요. 그래서 사람이 몇 살이 되면 걷고, 말하고, 언제쯤 2차
성징이 나타나는지 신체적 변화를 주로 관찰하고 정리했습니
다. 신체적 발달에 대한 연구가 어느 정도 정리되고 나서야
심리적 발달문제까지 관심을 갖게 되었습니다. 예를 들어 지
능과 성격은 어떻게 발달하는지, 지능과 성격발달에 영향을
주는 요인은 무엇인지 등에 관한 연구입니다. 발달심리학자
들은 여러 가지 유전적, 가정적, 사회 환경적 영향이 우리의
성격과 지능발달에 어떤 영향을 주는지 등에 대해 연구하기
시작했습니다.

쌍둥이는 성격도 지능도 똑같을까?

발달심리학에서 다루는 문제들을 살펴보면 다른 장에서
다뤄온 여러 심리학 분야와 아주 밀접한 관계가 있음을 알
수 있습니다. 앞에서 다룬 성격, 지능을 살펴보면서 우리는
성격과 지능이라는 개념과 이를 어떻게 측정할 수 있는지에
대해 알아봤습니다. 이제 우리는 발달심리학에서도 이 문제
를 다루어야합니다. 여기에서는 전혀 다른 각도로 같은 문제
에 접근합니다. 더 구체적으로 말하자면 앞에서 얘기한 지능
과 성격이 완성되기까지 어떻게 발달하는지를 살펴보게 되는
셈입니다.

우리의 성격과 지능은 과연 선척적으로 유전되는 것일까
요? 아니면 후천적으로 습득되는 것일까요?

가장 잘 확인할 수 있는 방법은 쌍둥이 연구입니다. 왜
쌍둥이를 연구하면 성격이나 지능이 유전인지, 아니면 환경
의 영향인지를 알 수 있는 것일까요? 일란성 쌍둥이는 어머

니의 난자가 아버지의 정자와 수정된 후 두 개로 나누어져 태어난 사람들입니다. 그래서 일란성 쌍둥이의 유전도는 100%입니다.

"즐겁게 춤을 추다가~그대로 멈춰라!"라는 노래로 많은 사랑을 받았던 쌍둥이 꼬마 가수 량현, 량하를 기억하십니까? 한동안 활동하지 않던 이들이 최근 들어 TV에 자주 등장하고 있습니다. 이 두 소년이 처음 등장했을 때 어찌나 똑같이 생겼는지 남들이 보면 누가 누구인지 알 수가 없을 정도랍였습니다.

쌍둥이 소년 가수들이 춤추며 노래하고 있다

이렇게 일란성 쌍둥이의 외모는 처음 보는 사람들이 구별해내지 못할 만큼 비슷합니다. 반면 이란성 쌍둥이는 처음부터 두개의 난자가 각각 정자와 수정하여 태어난 사람들이기 때문에 이들의 유전도는 50%이며, 이는 일반적인 형제 자매 간의 유전도와 같습니다.

유전이 성격과 지능에 주는 영향을 알아보기 위해서는 일 란성 쌍둥이와 이란성 쌍둥이를 대상으로 연구합니다.

일란성 쌍둥이의 유전도는 서로 100%이고 떨어져서 자라지 않는다면 가정환경도 같습니다. 그러므로 만일 일란성 쌍 둥이의 성격과 지능이 서로 높은 유사성을 가진다면 우리는 성격과 지능에 있어 환경보다 유전이 더 큰 영향을 준다는 것을 알 수 있습니다.

그러나 아무리 유전이 주는 영향이 크더라도 쌍둥이의 성 격이나 지능이 완전히 똑같을 수는 없습니다. 따라서 이들 일란성 쌍둥이의 성격과 지능 사이의 상관관계를 이란성 쌍 둥이(또는 형제 자매간) 사이에서의 상관관계와 비교할 필요 가 있습니다.

만일 일란성 쌍둥이의 성격과 지능 사이의 유사성이 이란 성 쌍둥이에 비해 훨씬 높게 나온다면 우리는 성격과 지능이 환경보다 유전의 영향을 많이 확신할 수가 있습니다.

02

어떤 성격이 유전되는가?

앞에서 우리는 기질은 유전되는 것임을 보았습니다. 여기에서는 유전되는 성격의 특징을 보다 더 자세히 살펴보겠습니다. 성격의 유전여부는 쌍둥이, 그것도 일란성 쌍둥이를 연구하면 잘 알 수가 있습니다. 일란성 쌍둥이중 어떤 쌍둥이는 어렸을 때 다른 가정에 입양되어 서로가 다른 부모밑에서 자랐는데도 나중에 우연히 만나보니 서로 취미와 성격이 같다는 사실이 발견되기도 합니다. 미국의 타임 잡지에서 일란성 쌍둥이가 서로 다른 가정에서 성장했지만 나중에 만나보니 일상용품, 예컨대 치약, 비누 등도 같은 제품을 쓰는 경우가 있다는 아주 재미있는 사실을 밝혔습니다. 그러나 여기에서는 일화적 이야기보다는 보다 엄격한 실험과 조사를 통해 얻은 결과만을 제시하고자 합니다.

성취노력과 정서는 유전에서, 공격성은 환경에서

2,400쌍의 쌍둥이를 조사한 로린은 "성인에게 있어서 성격의 내·외향성은 약 50%, 그리고 신경증적 경향성은 약 40%가 유전의 영향을 받는 것으로 나타났다"고 밝혔습니다.

이 결과는 성격의 중요한 측면이 유전의 영향을 받고 있다는 것을 시사합니다. 부모가 내향적 성격이거나 외향적 성격이면 그들의 자녀도 부모의 성격을 닮을 가능성이 아주 높고 신경증적 경향성도 부모로부터 유전되는 경우가 많다는 것이 입증된 셈입니다.

한국의 심리학자 허윤미는 초등학교 3학년부터 6학년까지의 일란성 쌍둥이와 이란성 쌍둥이 약 600쌍의 성격에 관해 연구를 했습니다. 그녀가 연구에서 사용한 성격검사는 긍정적인 측면과 부정적인 측면을 합쳐 모두 10가지의 하위 차원으로 구성되었습니다.

우선 긍정적인 측면의 하위 차원에서는 유전의 역할이 가장 큰 부분으로 성취(열심히 노력하고, 인내하고, 완벽을 추구)였고 유전의 영향력은 55%로 나왔습니다. 그 다음으로 유전의 영향을 많이 받은 성격은 안녕(행복, 명랑, 적극적), 사회적 효능(강한 영향력, 설득력, 결단력), 사회적 친근(사교적, 따뜻함, 대인지향) 등이었는데 이들 차원에서는 각기 평균 33%의 유전영향력을 보였습니다.

그녀가 조사한 부정적 측면의 성격 차원은 스트레스 반응(예민, 강한 죄의식, 지나친 근심, 화를 잘 냄), 소외(부당하게 대우받음, 불운의 희생), 공격성(신체공격을 잘함, 강한 복수심)이 있습니다. 여기에서 밝혀진 바에 의하면 공격성에 있어서 일란성 쌍둥이와 이란성 쌍둥이의 상관관계계수는 거의 차이점을 보이지 않았습니다. 이 결과는 공격성에 있어서는 유전보다 가정환경이 더 큰 영향을 미친다는 것을 나타냅니다. 스트레스반응과 소외 등 나머지 두 부정적 성격차원의 유전영향력은 약간 낮아서 평균 19%을 보였습니다.

또, 그녀가 조사한 나머지 세 가지 성격차원, 즉 통제(조심스럽고 주의 깊음, 성찰), 위험회피(모험, 위험회피), 전통주의(높은 도덕성, 예의 범절존중)가 성격에 주는 유전의 영향력은 평균 약 22%였습니다.

반대로 가정환경이 성격에 주는 영향을 따져봤을 때 안녕, 공격성, 전통주의의 영향력은 약 30%~40%로 비교적 높게 나타났습니다.

모든 결과들을 종합해 보면, 우리의 성격은 유전과 가정환경 모두의 영향을 받는 것으로 나타납니다. 하지만 유전과 가정환경이 미치는 영향은 성격차원별로 조금씩 달라서 성취, 안녕, 사회적 효능은 유전의 영향을 더 많이 받는 것으로, 그리고 공격성과 안녕은 유전적인 영향도 있기는 하지만 가정적인 환경에 크게 영향을 받는 것으로 나타났습니다.

다시 말해 성취하려는 노력과 그 정서는 유전에 의한 영향이 큰 반면 공격적 성격은 자라온 가정환경과 사회환경에 의해 크게 좌우되는 부분입니다.

부모의 양육방법과 자녀의 성격

쌍둥이들의 성격을 연구한 결과를 보면 유전과 환경 모두 성격에 영향을 주는 것을 알 수 있었습니다 그렇다면 이제 우리는 우리가 조절할 수 있는 조건인 환경이 성격에 어떤 영향을 주는지에 대해 살펴보겠습니다.

그동안 많은 심리학자들은 어렸을 때의 가정환경이 성격에 가장 큰 영향을 주는 조건이라고 생각해왔습니다. 그 중에서도 특히 부모 애정과 양육방법이 아동의 성격형성에 가장 많은 영향을 줄 것이라고 믿어왔습니다. 이를 바탕으로 연구해왔습니다.

환경이 성격에 주는 영향을 연구하는 것은 그리 간단하지 않습니다.

특히 부모의 영향을 연구할 때, 우선 부모가 어떤 양육방법을 취하는지 조사할 때 많은 어려움이 있어서 부모 양육방법이 아동의 성격발달에 주는 영향을 연구하는 데에는 난관이 많습니다.

다른 실험과 마찬가지로 심리학자가 부모의 양육방법을 쉽게 조사하려면 양육방법을 측정할 수 있는 검사를 만들어 부모에게 나누어주고 부모 자신이 그 검사에 답하게 하면 됩니다. 그런데 이런 식으로 부모의 양육방법을 측정하면 자신의 양육방법을 객관적으로 적어내지 못합니다. 대부분의 부모들은 자기가 실제로 아이에게 행한 양육방법을 적는 것이 아니라 자기가 이상적으로 생각하는 자녀양육방법을 적어냅니다. 그래서 이 답안지는 신뢰할 수 있는 데이터가 될 수가 없죠.

그렇다면 이제 다른 방법은 없을까요? 각 가정마다 찾아가서 부모가 아이들을 어떻게 양육하는지 관찰하는 방법이 있습니다. 하지만 이것은 많은 인력과 시간이 필요하고 부모의 허락을 받아내기도 어렵다는 단점이 있습니다.

이러한 어려움에도 불구하고 부모의 자녀양육방법과 성격발달간의 관계를 제대로 연구한 사례는 있습니다. 1967년 바움린트라는 심리학자는 가정과 탁아소에서 3~4세 된 아동을 선발, 이들을 대상으로 자제력, 호기심, 생동감, 자립심, 사교성 등 다섯 가지 심리학적 능력을 조사한 다음 그 능력별로 아동을 세 집단으로 분류했습니다.

그는 다섯 가지 능력을 조사한 결과를 바탕으로 가장 성숙하고 유능한 아이들을 모아 집단 1로 분류하고, 자립심과 자제력이 다소 떨어지고 새로운 환경에 경계심을 보이며 친구와의 관계에 관심이 높지 않은 아동은 집단 2로 분류했습니다. 그리고 마지막으로 자제력이 거의 없고 어른의 도움을 바라며 새로운 상황에서 도피하려는 미숙한 아이들은 집단 3으로 분류했습니다.

그런 후 이들 세 집단의 부모를 대상으로 자녀훈육방법을 조사했습니다. 그 훈육방법의 기준은 다음 네 가지입니다.

(1) 통제-부모가 아동의 활동에 어느 정도 영향을 미치고 부모의 기준에 의해 아동의 행동이 어느 정도 통제되는가

(2) 성숙에 대한 요구- 아동으로 하여금 성숙한 행동을 하도록 압력을 가하는 정도

(3) 부모와 아동 사이의 대화-아동과 부모가 서로 의견과 감정을 교환하는 정도

(4) 양육-아동에게 보이는 부모의 애정, 열성, 그리고 자녀의 성취에 대해 부모가 기쁨을 표현하는 정도

바움린트는 위에서 말한 부모의 네 가지 양육방법이 자녀의 성격에 어떤 영향을 주는지 분석했습니다. 아래는 아동을 능력에 따라 세 집단으로 분류한 것과 분류된 아동들의 부모가 보인 네 가지 훈육방법상이 어떻게 다른지 비교한 결과입니다.

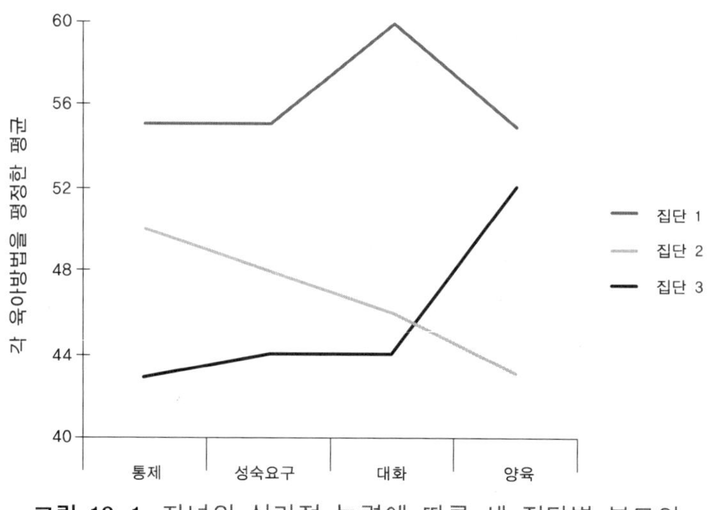

그림 10-1. 자녀의 심리적 능력에 따른 세 집단별 부모의
육아방법

·애정은 듬뿍 쏟고 행동은 엄격히 통제하라!

그림 10-1.은 세 집단 부모의 네 가지 육아방법을 점수로
환산해 평균을 낸 것입니다. 집단 1의 부모는 네 가지 양육
방법에서 모두 가장 높은 점수를 얻었고 집단 2의 부모는 자
녀행동에 통제를 많이 하면서도, 애정은 제일 낮았습니다. 반
면 집단 3의 부모는 애정을 많이 준 데 비해 통제는 거의 하
지 않은 것으로 나타났습니다.

그림을 보면 유능한 아동집단(집단 1)의 부모는 아이들에
게 따뜻하고 애정을 쏟으며 자녀와의 대화를 통해 자녀의 의
견을 존중하는 반면 자녀가 지켜야할 행동의 기준을 정하여
행동을 엄격히 통제했습니다.

보통능력을 가진 아동(집단 2)의 부모는 엄격하지만 자녀
에 대한 애정이 적고 자녀의 의견을 수용하지 않은 것으로
나타났고, 가장 미숙한 아동(집단 3)의 부모는 자녀에게 따뜻

아이를 다정하게 껴안고 있는 엄마가 '이건 안 돼'라고 말하고 있다.
아이는 장난감을 가리키며 사달라고 하고 있었다

하고 많은 애정을 주지만 엄격하지 못했고 성숙에 대한 요구
도 하지 않았습니다.

여기에서 우리가 알 수 있는 것은, 가장 훌륭한 훈육방법
은 아이가 지켜야할 행동에 대해 확고하고 일관된 기준을 제
시하고, 아이가 잘못하면 야단을 치되 따뜻하고 애정을 많이
베풀며 아동의 의견을 존중하는 것입니다. 쉽게 말해, 아이를
사랑하고 존중하되 잘못했을 때는 분명하게 야단을 쳐야 한
다는 것이죠.

또 우리는 부모가 자녀에게 하는 지나친 간섭과 통제, 그
리고 명령은 자제력은 길러주지만 새로운 상황에 대한 불안
감이 높고 자신감이 결여로 나타난다는 것도 알 수 있습니
다. 앞서 말했던 부모토막살해범 이OO의 부모도 아마 여기
에 해당됐을 것입니다.

　이 연구에서 잘 나타나듯이 내 아이를 가장 나쁘게 길러
내는 방법은 지나친 사랑만 넘치게 전해주고 잘못된 행동을
처벌하지도 않고, 자녀와 대화도 잘 하지 않는 것입니다.

　최근 들어 많은 부모들이 자녀를 무조건적으로 사랑하는
맘에 사회적 규범이나 예의를 벗어난 행동에 대해서도 제대
로 통제하지 않은 경우가 많습니다. 부모의 입장에서는 자녀
의 자신감을 키워주는 방법이라고 생각할 수도 있지만 이는
자녀를 아주 무책임하고 자기밖에 모르는, 사회에 잘 적응하
지 못하는 사람으로 만든다는 사실을 기억해야합니다.

심리가 발달을 한다; 발달심리학

지능은 어떻게 발달하는가?

우리의 지능을 어떻게 발달해 가는 걸까요? 신체가 발달하는 것처럼 지능도 저절로 발달하는 것인지, 아니면 꾸준한 자극이 있어야 발달하는 것인지...

지능이 발달해 가는 과정을 정확히 안다면 우리는 지능을 더욱 발달시키는 방법 또한 알 수 있을 것입니다. 그런 의미에서 여기에서는 삐아제와 비고츠키의 이론을 통해 지능이 어떻게 발달하는지에 대해 살펴보기로 하겠습니다.

사물 조작의 기술을 배우면서 지능이 발달한다: 삐아제의 인식론

누구나 알고 있는 세계적인 아동심리학자 삐아제는 원래 물고기의 아가미 진화과정을 연구하는 생물학자였습니다. 그러던 그는 자녀를 낳은 후부터 아동에 대한 관심을 갖게 되어서 아동이 어떻게 세상을 이해하게 되는지에 대한 연구, 즉 인지와 인식발달에 대한 연구를 시작하게 되었습니다.

삐아제는 갓 태어난 아이가 처음에는 자기 몸과 환경을 구분하지 못하다가 점차 자기와 환경을 구분하게 된다는 사실을 증명하였고, 또 엄마의 젖꼭지가 자기 입에 닿아야만 젖을 빨던 것이 환경에 적응해가면서 엄마가 자세를 바꾸면 스스로 자기 몸의 자세를 바꾸게 된다는 것을 확인하면서 아동은 태어날 때부터 환경에 적응하는 능력을 갖고 태어난다는 알게 되었습니다.

처음에 아동은 물체가 눈에 보이면 그 물체가 존재를 인식합니다. 사과를 보고 기어가는 8개월 된 유아는 중간에 책으로 사과를 가려놓으면 이상한 표정을 지으며 더 이상 사과를 찾지 않습니다.

이 때에는 아직 물체가 눈에 보이지 않아도 존재할 수 있다는, 소위 물체영속성의 개념이 발달하지 않았기 때문입니

책 뒤에 숨겨진 사과를 찾지 못하는 아기

다. 그러나 10개월 된 유아에게 같은 장난을 하면 유아는 책 뒤에 숨겨둔 사과를 열심히 찾습니다. 즉 이 때에는 물체가 보이지 않아도 그 물체가 존재한다는 물체영속성의 개념이 발달합니다.

또 이 시기의 유아는 엄마가 눈앞에 없어도 머릿속에서 엄마를 상상합니다. 이것은 유아가 물체영속성의 개념은 물론 엄마에 대한 심적 이미지 또는 개념을 형성했다는 것을 의미합니다.

아동의 심적 이미지는 점점 확대되어 서너 살이 되면 빗자루를 타고 말 타는 흉내를 내는 등 이미지를 서로 대체하기도 합니다. 이 때의 아동은 빗자루를 말로 대신하는 개념의 조작, 이미지의 대체능력이 발달하는 것입니다.

삐아제는 지능발달에 있어서 '조작'이라고 명명한 기술의 습득을 중요하게 생각했습니다. 조작이란 다양한 물건들을 하나로 묶는 것과 같은 간단한 조작에서부터 원인과 결과를 추리해 내는 복잡한 조작에 이르기까지 다양하고 연령에 따라, 또 개인에 따라 그 능력이 크게 다릅니다.

빗자루를 타고 말 타는 시늉을 하는 아이

  예를 들어 동물과 사람을 구분해서 두 집단으로 나누는 것은 간단한 조작이지만, 빵을 네 조각으로 나누고 이것을 합치면 다시 한 개의 빵이 된다는 것은 조금 복잡한 조작입니다. 시계추의 무게와 시계추의 길이가 시계추의 흔들림에 영향을 줄 것이라는 추리를 하고 이를 검증하는 것은 매우 복잡한 조작에 해당됩니다. 마지막의 '매우 복잡한 조작'은 과학자가 가설을 세우고 그 가설의 진위를 검증하는 방법과 같은 수준의 조작입니다. 삐아제는 성인이라 해도 이 마지막 조작기술은 이해하지 못할 수도 있다고 말했습니다.

  삐아제는 자신의 두 아들을 대상으로 연구를 진행했습니다. 그는 어떤 연령에서 어떠한 지적 조작 능력을 보이는지, 또 어떻게 발달하는지에 대해 아이들로부터 정보를 얻어 가설을 정리했는데요. 후에 다른 학자가 삐아제의 연구를 반복해본 결과, 보통의 어린이의 경우 삐아제가 밝힌 연령별 지적발달보다 조금씩 늦게 나타난다는 사실이 밝혀졌습니다. 삐아제의 아이들이 보통의 아이들보다 발달이 빨랐던 모양입니다.

  삐아제는 환경의 영향을 아주 무시하지는 않았지만 아동의 지적 능력은 나이를 먹으면 자연적으로 성장한다고 생각했습니다. 그가 주장한 '적응, '동화' 등의 개념은 내적으로 발달된 인지적 능력이 외부 환경 속에서 어떻게 발달해 나가는가를 설명하기 위한 것이었습니다. 즉 삐아제는 아기의 인지가 발달하는데 영향을 주는 환경과 신체적인 성장의 조건 중에서 신체적 성장을 더욱 중요하다고 결론지었습니다. 그래서 아동의 물체영속성개념은 아동의 근육이 발달하고 주위를 탐색하면서 함께 발달한다고 보았습니다.

  또한 그는 이론에 따르면 아동의 지능이 발달하는 것에

있어서 성인과의 상호작용은 효과적이지 못합니다. 그 이유는 "아동은 성인의 견해를 진정으로 검토하기보다 맹목적으로 따르는 경향이 있기 때문"입니다. 대신 친구의 영향을 중요시해서 "아동은 친구와의 토론을 통해 친구가 자기와 다른 관점을 갖고 있다는 것을 깨닫게 된다"고 설명합니다.

그러나 아동의 이러한 사회적 경험이 아동의 지적 발달에 중요한 역할을 하지는 않는다고 보아 삐아제의 지능발달단계 이론에서는 사회적이거나 문화적인 역할이 포함되지 않았습니다.

동료와의 지적 교류가 지능 발달을 촉진한다: 비고츠키의 이론

최근에는 사회 문화적 영향, 특히 언어의 영향이 아동의 지능발달에 중요한 영향을 미친다는 이론이 등장했습니다. 바로 러시아의 심리학자 비고츠키의 이론입니다.

비고츠키는 "사람은 그가 속해 있는 사회 문화적 환경의 소산이며, 어린이의 생각을 이해하려면 어린이가 성장하고 있는 사회 문화적 환경을 반드시 이해해야 한다"고 말합니다.

특히 그는 "아동은 언어를 통해 사고하며 언어가 사고능력을 자라게 한다"고 주장하며, 그 증거로 아동이 어떤 문제를 풀 때 속으로 웅얼웅얼하는, 소위 사적 언어를 사용한다는 것을 사례를 들었습니다. 그에 따르면 자라면서 이런 사적 언어는 점차 단어로 정리됩니다. 즉 인지능력이 발달함에 따라 사적 언어는 침묵으로 바뀌고 단어로 정리되어 다른 사람과의 대화를 통해 표현됩니다.

언어는 우리가 다른 사람과 의사소통을 하는 중요한 수단인 동시에 사회적 경험이 심리학적으로 표현되는 중요한 수단이기도 합니다. 아동은 점차 언어를 이용해 자신의 생각과 행동을 조직하고 변환하며 통제합니다. 비고츠키는 "지적능력이란 아동이 사회적 상호작용을 내면화한 것"이라고 보고 아동이라도 성인의 행동을 단순히 모방하지는 않으며 오히려 아동이 지적 발달에 더 능동적으로 참여한다고 생각했습니다.

또한 비고츠키는 삐아제와 달리 자기보다 더 능력있는 친구와 성인의 지도가 아동의 지능을 발달시키는 데 커다란 역할을 한다고 말합니다. 비고츠키는 "아동은 그동안 혼자 풀수 없었던 어떤 과제를 성인이나 친구의 도움을 통해서 해결할 수 있다"며 이러한 과제들을 '인접발달영역'이라고 불렀습니다.

이 영역의 과제가 해결되려면 어떻게 해야할까요? 우선 아동의 자라면서 능력, 관심, 목표가 변하는 만큼 성인과의 상호작용도 재조정되어야 합니다. 아동의 지적 능력은 발달하는데 주변인들이 그에 맞는 역할을 해주지 못한다면 아동의 발달이 더뎌지겠죠?

비고츠키의 인접발달영역의 개념은 매우 중요한 계기를 마련해줍니다. 이 개념은 아동의 인지가 발달하는 데 있어 성인과 친구의 역할이 중요하다는 것을 설명하는 동시에 지능측정방법을 개선하였습니다.

사실 비고츠키는 전통적 지능검사와 성취도 검사를 대신해 인접발달영역의 개념을 발표하고, 이러한 지적 능력 개발 교육과 발달에 대한 자신의 견해를 학계에 주장했습니다.

그는 아동의 지능을 측정할 때, 아동이 과거에 이미 습득한 능력을 측정하기보다 미래에 아동이 타인의 도움을 통해 할 수 있는, 역동적이고 미래지향적인 학습 잠재력을 측정해야 한다고 주장했지요. 즉, 비고츠키는 지능을 측정할 때에 친구와의 지적 교류활동이 포함되어야 한다고 생각했습니다. 만일 이러한 관점에서 지능을 측정한다면 지금의 지능검사는 대폭 수정이 필요하겠죠.

앞서 만났던 부모토막살해범 이OO의 지능이 128로 굉장히 높았던 것을 기억해봅시다. 그러나 그의 대인관계능력은 상당히 취약했고 대인기피증까지 있었습니다. 지능검사만으로는 그의 이런 감춰진 성격을 파악할 수 없었습니다. 그런 의미에서 대인관계능력은 지능측정에 포함되어야 하며 학교에서도 이러한 능력을 발달시키기 위한 노력이 필요할 것입니다.

비고츠키가 주장한 인접발달영역은 교육의 핵심적 역할이 무엇인가를 시사하고 있습니다. 삐아제는 "교육이란 아동이 그의 환경을 탐색함으로써 자발적으로 나타나는 능력을 가다듬는 것"이라고 보았지만 비고츠키는 반대로 "교육이 발달을 지도하고 유도해야한다"라며 아동으로 하여금 그들의 잠재적 능력에 알맞은 활동에 참여시키는 것이 교육의 역할이라고 했습니다.

선천적으로 머리가 좋은 아이들도 있겠지만 어른들이 어떻게 이끌어 가느냐에 따라 아이들의 지적 능력은 얼마든지 다르게 발달할 수 있습니다. 주입식 교육과 천편일률적인 학습방법은 더 이상 우리 아이들의 능력을 개발시켜줄 수 없다는 것은 이미 입증되어 있는 사실입니다. 우리의 미래를 책임질 훌륭한 인재 양성을 위해 사회가 변하고 시대가 발전되는 만큼 교육의 여건도 한층 성숙되어야 한다는 명제를 잊지 말아야 합니다.

심리가 발달을 한다; 발달심리학

성격은 변하는가?

여러분의 성격은 어린 시절에 비해 많이 달라졌습니까? 어떤 것은 그대로이고 어떤 것은 많이 달라졌다고 생각하는 분이 많으시겠지요. 예컨대 내향적 성격, 수즙음 같은 것은 그대로지만 적극적인 생각, 진취적 행동, 그리고 인생관 등은 많이 달라졌다고 말하는 사람이 있을 것입니다.

저자는 앞에서 우리의 성격은 기질, 행위, 소망의 세 수준으로 나누어 진다고 말했습니다. 기질은 잘 변하지 않지만 행위, 소망 등은 많이 변하고 또 우리가 성숙해짐에 따라 당연히 변해야 하는 것입니다. 예컨대 아동은 부모에게 의존적이지만 성인이 되어서도 의존성을 그대로 유지하고 있다면 그는 미성숙한 사람이지요.

그렇다면 도대체 성격의 어떤 부분이 어떻게 변해야 하는

걸까요? 여기에서는 그것에 대해 자세히 살펴보기로 하겠습
니다.

이럴 때 성격이 변한다

성격이 일단 형성되고 나면 평생 변하지 않고 지속되는
걸까요? 우리나라 속담에 "세 살 버릇이 여든까지 간다"라는
말이 있습니다. 한번 들인 습관이 평생을 가듯이 우리 성격
도 그렇게 변하지 않고 평생 똑같을까요?

여러분의 성격은 어떻습니까? 지금까지 살아오면서 나이
에 따라 변했었나요? 아니면 변하지 않았었나요? 물론 이것
은 사람에 따라 다릅니다.

혹시 여러분 중에 장영자라는 사람을 기억하는 사람이 있
을지 모르겠습니다. 우리나라의 역사 이래 가장 큰 사기사건
의 주인공이었던 장영자. 큰손 장영자라는 별명으로 더욱 유
명했던 그녀는 교사인 남편과 살았을 때는 평범한 주부였습
니다. 그러나 이혼 후 장성 출신의 남편과 재혼하면서 평범
하던 성격은 말 그대로 '큰손'으로 바뀌어버렸습니다.

당시 이들의 사기로 한 은행이 휘청거리고 온 나라가 장
영자라는 이름으로 들썩거렸습니다. 평범한 주부 장영자는
어떤 과정을 통해 시대의 큰손으로 바뀌어갔을까요? 처음 결
혼했을 때 장영자는 평범한 주부였습니다. 시장도 직접 보는
등 아주 알뜰한 주부였지요. 그러나 그녀가 어떤 이유인지
남편과 이혼하고 두번째 남편을 만나고 나서부터는 성격이
급변했습니다. 두번째 남편은 높은 직위의 은퇴한 군인이었
고 두 사람은 결혼 후 한국 사교계를 주름잡았습니다. 즉 그
녀는 정치가, 경제인들과 교분이 잦았고 사업을 하면서부터

통이 큰 여자로 변신했습니다. 시장에서 몇 십 원을 깎던 그녀가 전 남편에게 용돈으로 1억원을 주었다는 신문보도만 봐도 그 사실을 알 수 있습니다. 그렇다면 혹시 사람들의 성격은 모두 장영자처럼 급변할 수 있는 것일까요?

성격이란 언제라도 변할 수 있지만 특히 청소년기와 성인 초기(40세 전후)에는 더욱 변하기가 쉽습니다. 이 시기에 이렇게 성격이 변하는 사람들의 대부분은 자신의 자아정체가 명확하지 못했거나 부모의 사회적 가치관과 자기의 가치관 사이에서 갈등을 느낀 사람들이 많습니다.

블로크라는 심리학자는 "다 자란 뒤 성격이 변한 남자들은 자신의 고등학교시절이 불안정했다고 회상했다"는 실험결과는 들며 "그들은 그 당시 자기의 인생목표가 불분명했고 또 실제로 인생의 목표를 잠시 잃어버렸으며, 생각이 미숙했고 친구의 가치관을 그대로 모방했다"라고 밝혔습니다. 한편 다 자란 뒤 성격이 변한 여자들은 자기의 고등학교 시절이 불안정하고 부모에게 반항적으로 행동한 때였다고 회고했습니다.

자신감과 뛰어난 적응력은 변하지 않는다

또한 블로크는 "성격이 변하지 않은 사람들은 자신들의 청소년 시절이 안정되었고 인생의 목표가 정해져 있었으며 긴장과 갈등이 없는 시절이었다고 회상했다"고 덧붙였습니다. 즉, 이들은 자신을 긍정적으로 생각했고 기성세대의 가치관과 자기의 가치관을 잘 동화시켰습니다. 블로크의 조사에서 성격이 변하지 않은 사람들은 자신감이 있고 성숙하며, 적응을 잘하고 생산적으로 일하는 사람들이었습니다.

부모를 자랑스런 눈빛으로 쳐다보며 엄지 손가락을 치켜세우는
아이

　고등학교 시절에 비해 성격이 변하지 않았던 여자들은 청
소년 시절에 부모나 다른 기성 세대와 건전한 인간관계를 맺
고 있었습니다. 즉 그들은 부모의 말을 잘 듣고 열심히 공부
하며 전통적인 생각들을 그대로 받아들인 사람들이었습니다.

　불로크의 연구는 성격이 변하는 것보다 변하지 않은 것이
바람직하다고 시사합니다. 그는 또 좋은 성격으로 발달하기
위해서는 청소년시절부터 양호한 가정환경이 중요하다고 강
조했습니다. 부모와 스스로를 동일시하고 부모를 진심으로
존경하는 것은 청소년의 성격발달에 긍정적인 영향을 주고
이렇게 형성된 성격은 그 후에도 잘 변하지 않는다고 말했습
니다.

사회는 아동의 발달을 촉진한다

앞에서 우리는 성격은 변하지 않고 그대로 유지되는 것이 더 좋다는 결과를 보았습니다. 그러나 이것은 성격의 어떤 측면을 이야기하는가에 따라 달라질 수 있습니다.

우리의 기본적인 성격, 즉 내향적이거나 외향적인 성격 자체는 잘 변하지 않습니다. 그리고 우리의 기질적 특성, 양심 및 도덕성 등은 주로 청소년기 때부터 형성되는데 일단 긍정적으로 형성되었다면 변경하지 않는 것이 좋습니다.

그러나 우리의 성격특질 중에서 어떤 것들은 나이에 따라 새로 형성하고 발전시켜야하는 부분도 있습니다. 예를 들어 공동사회에 대한 관심, 인류애 등은 사실 청소년들에겐 너무 무거운 주제입니다. 이러한 개념에 대해서는 나이가 들면서 터득하는 지혜이지요. 우리가 연륜을 쌓아가면서 갖추어야 할 이런 덕성들도 하나의 성격특질에 해당되는데, 이러한 성격은 우리가 의도적으로 학습하고 발달시켜야할 성질의 것들입니다.

성격이 일생을 통해 변해간다고 믿었던 사람이 바로 심리학에 관심이 있다면 사람이라면 한번쯤 들어봤을 에릭슨입니다.

에릭슨은 청소년기 때 자기정체를 확립하지 못했습니다. 아버지가 일찍 돌아가신 후, 어머니가 집안의 가정의였던 사람과 결혼하면서 심리적으로 불안정한 청소년기를 보냈기 때문입니다. 그래서 에릭슨은 학교를 졸업하고도 무엇을 할 것인가를 결정하지 못하여, 일단 유럽 여행을 떠나서 세상물정을 살핀 후 자기가 앞으로 할 일을 결정하기로 했습니다.

그는 프랑스를 거쳐 오스트리아로 들어갔고 우연히 프로

이드와 만납니다. 그리고 프로이드 자녀의 가정교사가 된 에 릭슨은 자연히 프로이드의 정신분석학에 매료되어 역시 정신 분석학자의 길로 들어섭니다.

에릭슨은 사회심리학적인 관점을 가진 최초의 정신분석학 자였습니다. 그는 "사회는 아동의 발달을 촉진시켜주는 역할 을 한다"면서 "우리가 학교란 제도를 만든 것도 아동이나 청 소년들이 사회에 나가 일할 수 있는 능력을 만들어 주기 위 한 것"이라는 이론을 펼쳤습니다.

이것은 얼핏 보기만 해도 일리가 있는 주장입니다. 맨처 음 초등학교 과정만 있었던 학교교육은 세월이 흐르면서 중 학교, 고등학교, 대학교까지 생겨났습니다. 사회가 발전할수 록 우리는 점점 더 고급 학력을 필요로 했기 때문입니다. 즉 청소년에게 필요한 고급지식을 가르치기 위해 학교의 수준도 점점 고급화되어 왔습니다.

청소년들은 학교에 다니는 동안은 가정과 사회의 보살핌 을 받습니다. 학교는 청소년들에게 정신적 도우미 역할을 다 해야 하며 학생들은 가정과 사회의 보호 속에서 사회화 학습 이라는 의무를 충실히 수행해야하는 것이죠.

평생토록 발달하는 성격의 8단계

에릭슨의 성격발달이론은 너무나 독특했습니다. 그는 각 연령단계마다 사회가 우리에게 부과하는 과업이 있다고 보고 우리가 이 과업을 잘 수행하면 성숙한 성격을 가진 사람이 되지만 이 과업을 잘 수행하지 못하면 미성숙한 성격을 가진 사람이 된다고 했습니다.

그는 특히 청소년이 풀어야할 중대한 과업은 '자아정체감'

이라고 말했습니다.

에릭슨이 만들어낸 자아정체감이라는 개념은 그의 청소년 시절과 무관하지 않습니다. 불안한 방황의 연속이었던 청소년기를 보낸 그는 청소년이 풀어야할 과제가 바로 자아정체감이라고 확신했습니다.

에릭슨에 따르면 사람의 성격은 여덟 단계로 발달합니다. 이 여덟 단계는 사람이 태어나서 죽을 때까지를 연령을 고려해 구분한 것으로, 성격발달은 평생을 통해 발달합니다.

프로이드를 위시한 당대의 많은 심리학자들은 "성격은 5세 이전에 형성되고 별다른 변동없이 죽을 때까지 이어진다"고 보았지만 에릭스은 독특하게 우리의 성격이 평생을 통해 형성된다고 보았습니다. 그가 말했던 성격발달의 이론은 다음과 같습니다. 에릭슨은 0~5세 이전까지를 세 단계 즉 유아기, 초기 아동기, 그리고, 후기 아동기로 나누었습니다. 그러나 이렇게 세분한 것은 그다지 큰 지지를 받지 못하고 있기 때문에 여기에서는 이 세 아동기를 한 단계로 묶어 간단하게 설명하기로 하겠습니다.

· 0~5세: 부모와의 애착 형성이 중요하다

5세까지의 성격발달은 프로이드의 성격이론이 바탕이 되었습니다. 5세 이전까지는 부모와의 관계가 매우 중요하고 자녀의 성격발달에 있어서 부모의 역할이 가장 중요합니다.

이때 부모가 아이를 사랑하고 극진히 돌보며 칭찬을 많이 해주면 유아는 신뢰성, 자율성, 진취성이 높은 건전한 성격의 소유자로 발달하지만 부모와의 애착이 잘 형성되지 않은 유아는 불신, 회의, 죄책감을 갖는 사람으로 성장합니다.

· 6세~사춘기: 학교가 주는 과업 수행을 잘 해결하라!

6세부터 사춘기까지는 학교가 부과하는 과업을 얼마나 잘 해결했느냐에 따라 크게 달라집니다. 과업을 잘 해결한 학생은 근면한 성격의 소유자가 될 확률이 높지만 그렇지 못한 학생은 열등감을 갖는 사람으로 발전하기 쉽습니다.

즉, 공부는 사회가 학생들에게 준 과업으로 학생들의 성격발달은 공부라는 과업을 잘 달성하느냐와 밀접한 관계가 있습니다. 오늘날 우리나라에서 많은 학생들이 학업 때문에 좌절하고 자살까지 하는 것을 보면 에릭슨의 이론은 정확히 적중한다고 볼 수 있습니다.

· 청소년기: 자아정체감을 확립하라!

앞에서도 얘기했지만 청소년기의 가장 중요한 과업은 바로 자아정체감의 확립입니다. 자아정체감을 확립하지 못한 사람에게는 어떤 문제가 발생할까요?

그것은 '혼란'입니다. 청소년기에 혼란을 겪으면 성인이 되어도 자아정체감을 확립하지 못하고 그러한 사람은 직업을 자꾸 바꾸고 이혼을 자주 하는 사람으로 성장할 수 있다 설명합니다.. 즉 자기의 적성, 취미, 그리고 자기에게 적합한 배우자상을 제대로 파악하지 못했기 때문에 방황하고 혼란을 겪게 됩니다.

· 결혼적령기: 사랑에 성공하라!

성인초기, 즉 결혼적령기의 사람들이 풀어야할 과제는 무엇일까요? 에릭슨에 따르면 그것은 '사랑'과 '친밀감'입니다

우리 사회는 결혼적령기를 맞은 사람들에게 '결혼'이라는 과제를 줍니다. 그런데 이 과제를 잘 풀기 위해서는 이성에

사랑에 빠진 두 남녀가 서로 손을 잡고 하트 모양을 가슴에 품고
있다

게 친밀감을 느끼고 사랑할 줄 알아야 하며 사랑에 성공해야
합니다. 행복한 결혼생활 유지하는 사람은 친밀감이 발달하
는 반면 실패한 사람은 고립감을 맛보게 됩니다.

· 성인기(40~60세): 다음 세대를 위한 지도와 배려를 아끼지 말라!

에릭슨은 가장 생산적인 시기인 성인기(약 40~60세)에
우리가 획득해야 할 덕성은 '생성'이라고 보았습니다. 생성이
란 다음 세대를 위한 지도와 배려를 말하는 것으로, 지금까
지 부하들에게 깐깐했던 부장이나 이사는 이제 부하들을 배
려하는 마음을 가져야 하고, 자녀를 다 키워 낸 부모들은 자
원봉사 활동 등을 통해 사회에 이바지해야 합니다. 이것이

바로 사회에서 주어진 과제입니다.

　생성은 자기의 직업에서 성공한 사람이 가지기 쉬운 덕성입니다. 하지만 성공하지 못한 사람이라면 이러한 생성의 과제를 풀지 못하고 오히려 옹고집이 될 것입니다. 예를 들어, 자기 직업에서 실패한 사람은 자기의 실패를 합리화하기 위해 더욱 원리원칙을 따지고, 부하에게 자상한 상관이 되기보다는 까다로운 상사가 되어갑니다. 이처럼 생성의 과제를 잘 해결한 사람은 자부심이 높아지는 반면 이를 해결하지 못한 사람은 자기도취에 빠지게 됩니다.

· 노년기: 자신의 인생을 돌아봤을 때 만족할 수 있는가

　마지막 발달단계인 노년기 풀어야할 과제는 생의 마지막을 어떻게 대면하는가에 관한 것입니다. 노년기는 자기가 살아온 생애를 뒤돌아보는 반성의 시간입니다.

　만약 그가 지나간 자기의 인생을 성공적이라 회고하고 각 발달단계에서 제기된 과제들을 성공적으로 해결해 왔다고 생각한다면, 그는 자기의 인생이 보람되었으므로 '충만감'과 '통합성'을 느끼게 됩니다. 반대로 자기의 인생이 실패한 것이고 후회의 연속이라고 판단하면 그의 인생은 '절망스럽게' 느껴질 것입니다.

· 사회가 준 과업을 잘 달성했는가

　에릭슨이 말하는 성격이란 결국 각 연령단계마다 우리가 발달시켜야할 자질과 덕성을 말합니다. 그리고 이러한 자질과 덕성이 얼마나 잘 발달하는가는 사회가 우리에게 부과한 과업을 얼마나 잘 이루어 내는가에 달렸습니다.

　에릭슨이 다른 정신분석학자와 다른 점은 성격발달에 있

어서 사회의 영향을 매우 중요시한 부분입니다.

다른 학자들은 성격발달에 있어 부모의 영향을 강조했고, 사회적 영향을 고려한 학자라고 해도 기껏해야 친구의 영향 정도를 감안했을 뿐이었습니다. 그런 점에서 에릭슨의 이론은 "언어가 지능발달에 가장 유용한 도구이며 친구나 선배 등과의 대화를 통해 지적 발달이 끊임없이 지속된다"라고 봤던 비고츠키의 이론과 아주 유사합니다.

에릭슨은 성격을 상당히 포괄적인 개념인 '자아정체감', '생성'과 '통합' 등으로 설명했습니다. 이러한 개념은 개인의 어떤 단순한 성격특질, 예컨대 내·외향성, 정서적 불안 등이 아니라 성숙한 성격, 성숙한 성격자로서 갖추어야할 어떤 덕성 등을 말합니다.

그의 이론이 갖고 있는 매력은 성격발달을 아동기에서 끝나는 것이 아니라 일생을 통해 발달한다고 본 것이었습니다.

인간의 발달심리를 알면 사회 문제를 해결할 수 있다

발달심리학이 우리에게 주는 메시지는 여러 가지입니다.

우리의 심리발달이 긍정적이지 못하는 경우, 개인은 물론 사회 전체가 혼란에 빠질 수도 있다는 사실역시 그 중 하나입니다.

우리나라의 이혼율은 이미 50%에 육박하고 있습니다. 이혼은 부부 둘만의 문제가 결코 아닙니다. 부모의 이혼으로 상처받은 아이들은 정상적인 심리발달이 이루어지기 힘들고 불안정한 청소년기를 보냄으로써 사회에 진출한 이후에도 혼란스러워하는 경우가 많습니다.

　이렇게 발달장애를 겪는 경우는 비단 이혼의 문제에 국한
되지 않습니다. 아동학대, 아동성희롱, 집단내 왕따 등의 사
건도 결국 사회적 혼란으로 이어집니다.

　특히 최근 들어서는 왕따 문제가 심각한 사회 문제로 대
두되었습니다. 지금 이 순간에도 수많은 학생들은 집단따돌
림을 받고 있으며 이들은 하루에도 몇 번씩 자살을 생각합니
다. 그런데도 가정과 학교에서는 “우리 아이만은 아니길”하는
바램만으로, 별다른 대책없이 수수방관하고 있는 형편입니다.
이렇게 조금이나마 발달심리학을 함께 살펴본 여러분들은 이
제 사회 문제를 해결할 수 있는 능력을 가졌습니다. 앞으로
는 실천으로 옮길 일만 남았군요.

[저자 소개]
서울대학교 문리과대학 심리학과 졸업
서울대학교 대학원 졸업(심리학 전공)
미국하와이주립대학 대학원 졸업(심리학박사)
독일 프랑크푸르트대학 심리학과 교환교수
전 한국심리학회 회장
현, 연세대학교 문과대학 심리학과 교수
　　한국사회과학협의회 이사

<저서 및 역서>

心理學의 理解(編著)	행복의 심리학(저)
인간행동의 이해(공저)	심리학자가 내다본 일의 세계(저)
現代心理學槪論(譯)	심리학자가 들여다본 인간시장(저)
性格心理學(譯)	사회를 읽는 심리학(저)
社會心理學(著)	사람이해하기(공저)
産業 및 組織心理學(譯)	정서심리학(공저)
사회문제와 심리학(저)	연고주의(저)
무기력사회, 그 심리적 대처(저)	사회심리학적 안녕(저)
집단간 갈등의 해소(공저)	

이훈구 교수의 심리학이야기

2005년　1월　25일　초판 인쇄
2005년　2월　1일　초판 1쇄발행

저　자　이　　훈　　구
발 행 인　배　　효　　선

도서
출판　　法　文　社

121-874 서울특별시 마포구 염리동 161-7
등 록　1957년 12월 12일/제2-76호(윤)
전 화　703-6541~5　FAX 703-6549
E-mail　(영업) business@bobmunsa.co.kr
　　　　(편집) edit66@bobmunsa.co.kr
홈페이지　http://www.bobmunsa.co.kr

조　판　(주) 성　지　이　디　피

정가　14,000원　　　ISBN　89-18-21044-2

93180
9 788918 210445
ISBN 89-18-21044-2